高等职业教育公共基础课系列教材

新形态一体化教材

大学生体育

主　编　薛公俭

副主编　朱国顺　杨　超　庞选护

北京邮电大学出版社
www.buptpress.com

内 容 简 介

本书共九章，主要内容包括：体育与体育教学，健康第一、体育锻炼与运动处方、体育竞赛编排方法、田径运动、球类运动、游泳运动、武术、时尚健身类运动、休闲娱乐类运动等，全面系统地讲述了体育的有关基础理论知识和体育运动项目。书中适当设置了相关的"延伸阅读"栏目，增强了本书的可读性和丰富性。

本书对体育教学有一定的指导性，即可作为高校体育课程的教材，也可供其他体育爱好者参考使用。

图书在版编目(CIP)数据

大学生体育/薛公俭主编. —北京：北京邮电大学出版社，2013.7(2021.11 重印)

ISBN 978-7-5635-3547-7

Ⅰ.①大… Ⅱ.①薛… Ⅲ.①体育—高等学校—教材 Ⅳ.①G807.4

中国版本图书馆 CIP 数据核字(2013)第 152408 号

书　　名：大学生体育
主　　编：薛公俭
责任编辑：任肖琳
出版发行：北京邮电大学出版社
社　　址：北京市海淀区西土城路 10 号(邮编：100876)
E-mail：publish@bupt.edu.cn
经　　销：各地新华书店
印　　刷：三河市骏杰印刷有限公司
开　　本：787 mm×1 092 mm　1/16
印　　张：15
字　　数：365 千字
版　　次：2013 年 7 月第 1 版　2021 年 11 月第 7 次印刷

ISBN 978-7-5635-3547-7　　定　价：39.00 元

· 如有印装质量问题，请与北京邮电大学出版社发行部联系 ·

服务电话：400-615-1233

前　言

Preface

大学生体育是一门把身体发展、思想品德教育、文化科学教育、生活和劳技教育、心智开发等寓于身体活动之中并使其有机结合的基础教育课程。本教材针对体育的基础理论知识和体育项目的教学介绍了体育的基本理论和实践常识。

本教材的编写遵循三大原则。

一是理论与实践相结合。本教材的理论基础部分从体系上对体育课程的基础理论进行了梳理归纳,以期从不同的视角出发,对体育形成新的认识与定位。实践教学部分着重从不同项目的特点、分类、发展及功能上入手,对各项目进行简单介绍,继而引入各项目的基本技术和战术及比赛规则分析等内容,简单、全面概括了几大运动项目。

二是传统体育教学项目与社会流行的新兴项目相结合。不仅介绍了传统的体育教学项目,还介绍了新兴运动项目。在休闲运动章节中重点介绍了当前高校流行的健身运动项目,如保龄球、轮滑、定向运动、登山运动、野外生存及野外生存生活训练等。健美运动章节引入了白领阶层盛行的舍宾和瑜伽运动等。在个别章节中还针对不同人群的身体发展特点,专门介绍了与之相适应的练习方法和技巧等。因此,本教材不仅便于学生对传统项目进行认识和把握,也便于学生及时了解社会新兴运动项目及其发展特点和练习方法。

三是基础知识与课外延伸知识相结合。在介绍基础知识的同时,延伸扩展了当前高校学生普遍关注和感兴趣的健康、养生、营养、保健及运动小常识,增强了教材的可读性和丰富性。

本书由甘肃交通职业技术学院薛公俭担任主编。具体编写分工如下:陕西电子信息职业技术学院杨超负责编写第一章和第九章,西安科技商贸职业学院庞选护负责编写第二章,西安科技商贸职业技术学院王小妮、田永周、李小坤负责编写第三章,河南省工业设计学校朱国顺负责编写第四章、第六章和附录,薛公俭负责编写第五章和第七章,鹤壁职业技术学院田华负责编写第八章。全书由薛公俭负责统稿。

本教材在编写过程中参考了大量的相关资料,谨向有关作者表示衷心感谢!

由于编写时间较为仓促,疏漏和错误之处希望同行、专家和读者不吝赐教。

编　者

目 录

Contents

第一章　体育与体育教学，健康第一

主要内容

体育、健康、健康教育一直都是高校体育与体育教学的焦点和热点名词，亦是人类的生存目标和永恒追求。本章主要介绍体育与健康的内涵、功能、影响因素，学生健康体质测试等基本内容。

学习目标

了解学校体育与体育教学的基本内容，准确把握健康、亚健康、体适能及体质间的辩证关系，懂得如何科学评价自身的健康水平。

第一节　体育与体育教学

健康不等于一切，但失去健康却等于失去一切。

健康是基本人权，达到尽可能高的健康水平是世界范围内一项最重要的社会指标。

一、体育

（一）体育概念

体育的概念是随着人类认识活动的逐步深入而逐渐变化的，尤其是随着现代生产生活方式和人文环境等客观环境条件的转变，体育的性质、内容、范围、对象以及时空关系也在不断地进行自我完善。根据我国体育发展的特点和规律，体育可分为广义体育和狭义体育。

1. 广义体育

广义体育是以身体练习为基本手段，以增强体质、增进健康、促进人的全面发展、丰富社会文化生活和促进精神文明建设为目的的有意识、有组织的教育过程和社会文化活动，它包括体育与体育教学、竞技运动和身体锻炼三个方面的内容，是一种特定的社会文化现象，属于社会文化教育的范畴，受社会政治和经济的制约，并为社会政治和经济制度服务。

2. 狭义体育

狭义体育是指促进身体发展、增强体质，传授身体锻炼的知识、技术和技能，培养道德和意志品质的教育过程。它是教育的组成部分，也是培养全面发展人才的一个重要方面。

（二）体育分类

广义的体育可分为学校体育、社会体育和竞技体育三类。

图文
中国大学生体育协会

1. 学校体育

学校体育(school physical education)是指在各级各类学校中开展的,通过身体活动增强学生体质,并传授身体锻炼的知识、技术、技能,培养学生的道德和意志品质的有目的、有计划的教育过程。学校体育的目的是完善学生的自身发展,使学生具有良好的体质,掌握体育锻炼的相关知识、技能,使其终身受用。学校体育具有鲜明的教育性、健身性。

2. 社会体育

社会体育(sport-for-all)也称为大众体育、群众体育,是指为了达到强身健体、医疗保健和休闲娱乐等目的而进行的内容广泛、形式多样的体育健身活动,具有一定的健身性、休闲娱乐性及灵活自主性。社会体育作为我国体育事业的重要组成部分,关系到人民体质的增强、健康水平的提高和生活质量的改善,对现代社会的发展具有重要意义。

3. 竞技体育

竞技体育(sports)亦称竞技运动,是为了最大限度地发挥人在体格、体能、心理及运动能力方面的潜力,为了取得优异竞赛成绩而进行的科学、系统的训练和竞赛活动,既具有对抗性、竞争性和娱乐观赏性,又具有规范性、组织性、国际性及公认性,还具有一定的教育意义,有利于推广普及全民健身活动。

(三) 体育的产生与发展

体育作为人类有目的、有意识的社会活动,是为了适应社会需要和人的生理、心理需求而产生的,其主要产生于生产劳动的过程中。然而由于原始社会生产力水平低下,人们还没有明确的社会职能分工,各种社会活动尚处在萌芽状态,原始社会的体育与教育、军事、医疗卫生、娱乐及宗教祭祀等活动相互关联,相互促进和发展。体育活动正是在人类生存进化的漫长过程中孕育、发展起来,并逐步独立于其他体系,逐渐呈现出竞技的形式,表现出多功能、多元化的形式及特点。

体育运动从萌芽阶段到逐渐成熟的过程中,一直伴随着人类的社会需要而成长、发展,它始终是人类作为满足自身生存、享受和发展需求的一种社会活动。现代体育正在朝着多样化的方向发展,如促进世界和平、民族团结、现代社会文明健康和谐发展,满足人类的生存与发展需求等。

(四) 体育的功能

体育的功能是指体育在社会进步和人类发展过程中所产生的各种效益的状况。随着社会的发展,人类对体育多元化需求层次不断提升,体育的功能也在逐步完善和发展。其功能可分为生物功能和社会功能。

1. 生物功能

体育的生物功能主要表现为健身养生、健美及健心三个层次。

(1) 生命在于运动。体育运动能促进各器官与系统的生长发育,促进人体各组织结构与机能的改善,还可全面发展身体素质,提高人体基本的活动能力、适应自然和抵抗疾病的能力,达到防治疾病、强身健体、延年益寿的目的。

(2) 通过体育锻炼塑造出来的健康美具有恒久的魅力。参加体育活动可以塑造形体美、姿态美、健康美,使整个机体表现出蓬勃向上、充满朝气、青春飞扬的健康活力。

(3) 体育锻炼可以培养人的心灵美，调节人的情绪，培养人良好的心理素质和高尚的道德情操。

2. 社会功能

体育的社会功能主要表现在教育、政治、经济、娱乐、社会情感五个方面。

(1) 体育是教育的重要组成部分，是培养全面发展人才的重要手段。体育可以培养良好的道德品质，培养全面发展的人才，从而提高民族素质。现代体育融健身娱乐为一体，其教育功能早已扩展到整个社会，并在不断优化的过程中整合出新的内涵。

(2) 体育既受政治制度的制约，也为一定的政治服务。体育可使国家扩大国际影响，振奋民族精神；发展国际文化，服务外交事业；加强民族团结，促进国家统一和世界和平。

(3) 体育既受国家经济发展的制约，也为国家的经济发展服务，这是现代体育发展的主要特点和趋势。体育能强身健体，提高劳动者的工作效率，促进产业及科学事业的发展，还能减少社会待业人口。体育产业作为一种新兴产业，以其独特的魅力和广阔的市场引起经济界的高度重视。体育旅游、体育表演、体育建筑和其他体育经营产业正以“朝阳产业”的姿态成为国民经济新的增长点，并不断彰显自身独有的风采和魅力。

(4) 体育为社会提供了娱乐场所，促进了文化形态的发展，满足了人们的精神需要，越来越受到人们的青睐。伴随着休闲体育时代的来临，它给人类提供全新的娱乐享受、减压和宣泄的方式，在促进家庭和睦、愉悦心情等方面带来了新的社会体验。例如，参加户外体育活动可以调节生活，享受大自然的乐趣，促进人际关系和谐。

(5) 体育可以促进社会心理的稳定性，还可净化国民情感，激发民众的爱国热情。体育活动向来被人们视为加强人际交往及国际沟通的平台。

二、高等学校体育

(一) 高等学校体育的基本内容

教育部2002年《全国普通高等学校体育课程教学指导纲要》(以下简称《纲要》)指出了体育课程的性质：“体育课程是大学生以身体练习为主要手段，通过合理的体育与体育教学和科学的体育锻炼过程，达到增强体质、增进健康和提高体育素养为主要目标的公共必修课程；是学校课程体系的重要组成部分；是高等学校体育工作的中心环节。”

《纲要》中还指出：“体育课程是寓促进身心和谐发展、思想品德教育、文化科学教育、生活与体育技能教育于身体活动并有机结合的教育过程；是实施素质教育和培养全面发展的人才的重要途径。”

未来的身体健康教育绝不仅仅是单纯的生物本能性的运动锻炼，而是需要在潜移默化中赋予其丰富的思想和文化内涵的健康教育理念，实现生物人向社会人终极转变的载体和媒介，最终实现人类的健康促进和全面发展。在此过程中，体育理念也随着人的认识及思维理念上的转变而不断更新。因此，高等院校体育与体育教学必须树立“以人为本，健康第一”的教育理念，从而达到健身育人的教育目的。

(二) 高等学校体育课程的教学内容体系

世界卫生组织认为，健康是人的生理、心理、社会适应及道德同时达到完满的状态。因此，高等院校在体育与健康课程设置上将体育与健康教育两者有机结合，系统地从生理、心理、社会适应及道德层面综合增进学生的健康发展，是未来社会发展的需要，也符合“健康第一”的教育指导思想。

1. 注意体育与体育教学与健康教育二元有机结合

传统体育教学主要以增强学生体质为指导思想，偏重于从生物学角度研究人的生理健康或生物体能的提高，忽视心理健康和社会适应这两个问题。而完善的体育和健康教育体系应包括生理健康、心理健康、社会适应状况良好及道德健康四个维度，注重体育教学环节中健康教育思想的渗透，使二者能有机结合。

2. 培养学生的体育能力

高校体育应在教学实践与探索过程中解决学生未来健身需要的问题，即培养学生建立由学校体育转向终身体育的理念和行为模式。体育理论课的内容设置不但传授现实体育锻炼知识，还要积极探索传授未来社会所需的相关内容，找到高校体育与终身体育的对接点。未来社会人们对健康的追求会更为迫切。教学过程中也要考虑如何将身体健康教育、心理健康教育、社会健康教育及学生道德品质教育有机统一，通过体育教学实现教学效果的最优化，达到最佳的教育目的。

3. 注重加强学生的健康教育

“养生之道，常欲小劳，但莫大疲及强所不能堪耳。且流水不腐、户枢不蠹，以其运动故也”的道理不言而喻，但是对自身而言很难合理把握，更谈不上养成终身体育锻炼的习惯了。尤其是到了休闲生活方式时代，人类面临的健康问题并非单纯依赖新医新药、新型医疗器械就能够解决；也不能依靠转基因、克隆这些先进的技术去完善，去弥补人类生活中的不足和缺憾；更不能寄希望于机器人、智能人这样的外界物质帮助人类构建、规划完美人生。人的体质发展需要靠积极主动的自觉行为去维护，而非强迫自己或者完全依赖外力。

4. 注重体育人文精神的培养和熏陶

体育作为一种群众广泛参与的社会活动，不仅可以增强人民体质，而且有助于培养人们勇敢顽强、超越自我的品质，有助于培养人们迎接挑战的意志和承担风险的能力，有助于培养人们的竞争意识、协作精神和公平观念。事实上，健康的体育人文精神培养和人格塑造是新时期体育与体育教学应发挥校园体育文化建设作用的必然选择。

第二节　健康地生活和学习

解决身心健康问题的最好办法就是选择体育运动，并能参与其中；而体育运动恰是一种最积极、最有效的手段，且是最方便、最廉价的途径。

一、健康

（一）健康的概念

世界卫生组织很早就提出“21 世纪人人健康”的口号，但在高速度、快节奏的现代社会中，人类的健康发展面临着诸多挑战。大学生要灵活化解生活和学习中的压力，不仅要具有丰富的知识储备和文化积淀，更要为具备足够的生命长度和生命宽度做好心理、生理、社会适应等方面的多重准备，为成为符合21世纪人才发展战略要求的全方位、多维度、复合型人才而努力。

健康是一个极具时代特征的综合概念。世界卫生组织对健康的内涵和外延也在不断丰富和完善，并在1989年将健康的概念调整为："健康应包括躯体健康、心理健康、社会适应良好和道德健康。"由此概念得出，评价一个人的健康状况需综合考虑这四个方面。

（二）健康的标准

世界卫生组织提出的人体健康的十条标准如下。

（1）精力充沛，能从容不迫地应付日常生活和工作的压力而不感到过分紧张。

（2）处事乐观，态度积极，乐于承担责任，不挑剔。

（3）善于休息，睡眠良好。

（4）应变能力强，能适应环境的各种变化。

（5）能够抵抗一般感冒和传染病。

（6）体重适当，身材匀称，站立时头、臂、臀位置协调。

（7）眼睛明亮，反应敏捷，眼睑不发炎。

（8）牙齿清洁，无空洞，无疼痛，齿龈颜色正常，无出血。

（9）头发有光泽，无头屑。

（10）肌肉、皮肤富有弹性，走路轻松有力。

世界卫生组织提出衡量身心健康的八大标准，即"五快"（衡量身体健康）、"三良好"（衡量心理健康）。

（1）食得快。进食时有很好的食欲，不挑食、不偏食，能快速吃完一餐饭，没有难以下咽的感觉；吃完后感到饱足，没有过饱感或不饱的不满足感。这说明口腔和内脏功能正常。

（2）便得快。一旦有便意时，能很快排泄大小便，且感觉轻松自如，在精神上有一种良好的感觉，说明胃肠功能良好。

（3）睡得快。上床能很快入睡，且睡得深，醒后精神饱满，头脑清醒。

（4）说得快。语言表达正确，说话流利。这表示头脑清醒，思维敏捷，中气充足，心、肺功能正常。

（5）走得快。行动自如、转变敏捷。这证明精力充沛旺盛。

（6）良好的个性。性格温和，意志坚强，感情丰富，具有坦荡胸怀与达观心境。

（7）良好的处世能力。看问题客观现实，具有自我控制能力，适应复杂的社会环境，对事物的变迁能始终保持良好的情绪，能保持社会外环境与机体内环境的平衡。

（8）良好的人际关系。待人接物能大度和善，不过分计较；能助人为乐，与人为善。

（三）影响健康的因素

影响人类健康的因素是多方面的，既有遗传、环境、卫生因素，又有心理、生活习惯等相关因素，归结起来可以概括为以下几个方面。

1. 环境因素

环境是影响人体健康的重要因素，包括自然环境和社会环境。自然环境是人体生存的物质基础，良好的自然环境对人体健康有促进作用；社会环境是指由政治、经济、文化、教育等因素构成的社会系统。

2. 生物因素

生物因素主要指影响人体健康的先天遗传因素和后天获得的各种致病因素，如各种病原微生物、寄生虫等。遗传是指亲代的特征通过遗传物质传递给后代的过程。DNA是遗传的物质基础，遗传基因决定了人体各种遗传性状。目前已发现5 000多种遗传病。随着科学技术的发展，一旦明确各基因功能，解密其基因组编码，未来有望治愈人体的遗传性疾病。

3. 心理因素

人的心理因素与健康长寿有着密切的关系，积极的心理因素是健康长寿的一个重要因素。人在愉快时，由于脑内内啡肽分泌增多，脑细胞活力得到保持，大脑功能得以改善，从而增强了免疫功能，提高了机体防病和治病的能力；如果闷闷不乐，常常处于忧虑、紧张和压抑的精神状态中，便容易引起疾病，而疾病又容易导致不良情绪，如此反复，形成恶性循环。

4. 行为和生活方式因素

行为和生活方式对人体的影响具有潜袭性、累积性、经常性、广泛性和持久性等特点。不良的行为和生活方式范围广泛，如不合理饮食、吸烟、酗酒、缺乏体育锻炼、药物成瘾等。改变引起疾病的不良行为和生活方式，养成健康的行为和生活方式，是保证身心健康、预防现代疾病的重要因素。

5. 卫生服务因素

卫生服务主要是向个人和社区提供范围广泛的促进健康、预防疾病的医疗与康复服务，以保护和改善人体健康。健全的医疗卫生机构、完备的服务网络、一定的卫生投入以及合理的卫生资源配置可以促进健康。

二、亚健康

（一）亚健康的概念

20世纪80年代苏联学者布赫曼(N. Berkman)研究发现，人体除健康和疾病状态外，还存在一种既非健康又非疾病的中间状态，被称为“第三状态”。这一概念被王育学教授引入并创立亚健康(sub-health)理论，之后国内许多学者不断开展理论和实践研究，并将亚健康的内涵和外延进行提升和扩展，提出适合中国人群特点的亚健康概念和亚健康症状表征。赵瑞琴等指出，亚健康也称灰色状态、亚临床期、临床前期、潜病期及不定陈述综合征等，包括无临床症状或症状感觉轻微，但已有潜在的病理信息。

中华中医药学会亚健康中医临床研究指导小组起草发布的《亚健康中医临床指南》将亚健康状态界定为：亚健康是健康与疾病之间的中间状态，其特征为在内外环境不利因素的长期作用下，持续3个月以上反复出现不适状态或适应能力显著减退现象，同时无明确疾病诊断，或有明确诊断但所患疾病与目前不适状态或适应能力减退现象没有直接因果关系。

（二）亚健康的成因及症状表现

1. 亚健康状态的成因

亚健康状态是指由于心理、生理、社会等因素造成人体的神经、内分泌、免疫系统整体协调失衡、功能紊乱，导致机体的内稳态和阴阳平衡出现失调，从而引起机体出现暂时的不稳定状态的现象。因此，亚健康的成因大致可归纳为心理、生理、社会环境等因素综合影响机体的健康、协调发展。

(1) 中医研究指出，个人的体质状态与体质类型有很大的关系。不良、偏颇体质的人不但处于躯体亚健康状态，而且心理状态也多不健康。

(2) 亚健康的发生与个体的性格、个性等心理因素有关。一般个体的认知模式、认知理念等都在某种程度上反映机体的心理水平，心理不健康者对社会变化的适应能力较差，因此敏感、内向、多疑者出现亚健康频率较高。

(3) 生存危机、家庭责任、工作压力等社会因素经常使现代人有不堪重负的感觉。长期处于这种高压之下，对身心两方面的健康都会产生一定的危害，其结果将导致亚健康甚至疾病的出现。

(4) 三高饮食(高热量、高脂肪、高蛋白)，缺乏运动，再加上吸烟、饮酒、熬夜等不良生活方式，都将在某种程度上影响机体的健康水平，使得目前人群发生亚健康的几率明显增加，并呈现年轻化的发展态势。总之，导致亚健康状态产生的原因并非是单一因素作用的结果，很可能是个人本质的“禀赋”，加上外界负载在人们身上的各种隐形“压力”和“负担”，综合造就了亚健康状态的出现。

2. 亚健康状态的临床症状表现

亚健康状态的临床表现主要有以下三种。

(1) 躯体亚健康(physiological sub-health)，以疲劳、睡眠紊乱或疼痛等躯体症状表现为主。

(2) 心理亚健康(psychological sub-health)，以抑郁寡欢、焦躁不安、急躁易怒、恐惧胆怯、短期记忆力下降、注意力不集中等精神心理症状表现为主。

(3) 社会交往亚健康(social interaction sub-health)，以人际交往频率减低、人际关系紧张等社会适应能力下降表现为主。

上述三项中的任意一项持续发作 3 个月以上，并经过系统的检查排除可能导致上述表现的疾患者，可判为躯体、心理或社会交往亚健康。但是亚健康状态的发生及表现不是单一方面的，它是多方位、综合性的，具体在躯体、心理或社会适应等方面都出现不适应症状。

(三) 亚健康诊断标准与方法

国内外针对亚健康状态的测评方法主要有五类，分别为体质测量法、血液生化检测法、健康评估法、症状标准评价法和问卷评定量表，在此并不作详细介绍。目前我国医学界普遍接受的亚健康诊断参考标准为如下。

(1) 持续 3 个月以上反复出现不适状态或适应能力显著减退，但能维持正常工作。

(2) 无重大器官器质性疾病及精神心理疾病。

(3) 尽管有明确的具有非重大器官器质性疾病或精神心理疾病诊断，但无需用药维持，且与目前不适状态或适应能力的减退无因果联系。

延伸阅读

亚健康简易评定量表

下面提供一种简单易操作的亚健康诊断方法。以下 30 项现象中，您感觉自己存在 6 项或 6 项以上，则可视为进入亚健康状态。

(1) 精神焦虑，紧张不安。　　(2) 忧郁孤独，自卑郁闷。

(3) 注意力分散，思维肤浅。　　(4) 遇事激动，无事自烦。

(5) 健忘多疑，熟人忘名。　　(6) 兴趣变淡，欲望骤减。

(7) 懒于交际，情绪低落。
(8) 常感疲劳，眼胀头昏。
(9) 精力下降，动作迟缓。
(10) 头昏脑涨，不易复原。
(11) 久站头晕，眼花目眩。
(12) 肢体酥软，力不从愿。
(13) 体重减轻，体虚力弱。
(14) 不易入眠，多梦易醒。
(15) 晨不愿起，昼常打盹。
(16) 局部麻木，手脚易冷。
(17) 掌腋多汗，舌燥口干。
(18) 自感低烧，夜常盗汗。
(19) 腰酸背痛，此起彼安。
(20) 舌生白苔，口臭自生。
(21) 口舌溃疡，反复发生。
(22)味觉不灵，食欲不振。
(23) 反酸嗳气，消化不良。
(24)便稀便秘，腹部饱胀。
(25) 易患感冒，唇起疱疹。
(26)鼻塞流涕，咽喉疼痛。
(27) 憋气气急，呼吸紧迫。
(28)胸痛胸闷，心区压感。
(29) 心悸心慌，心律不齐。
(30)耳鸣耳背，晕车晕船。

(四) 亚健康干预方法

1. 认知行为疗法

现代社会已进入到“生活方式时代”，人类面临的最大挑战是不健康行为和生活方式对机体造成的危害。当然，健康生活方式的建立并非依靠新医新药、新型医疗器械就能够解决，但不健康行为和生活方式确实与疾病发生存在微妙的因果关系，某种意义上是疾病发生的预兆和前因，也是预防疾病、促进健康的首要改善环节。

2. 运动疗法

运动疗法作为治疗亚健康的主要方法之一，正越来越受到重视。它被视为一种健康积极的康复治疗方法。“流水不腐，户枢不蠹，动也”，“生命在于运动”，当前体育锻炼被认为是促进健康的有效的手段和方法之一。

图文
13条积极心理暗示法

3. 心理疗法

有研究表明，采取一定的心理疗法对于亚健康的缓解和改善有良好的促进作用。亚健康者多不能及时、灵活地适应周围环境的变化，或应付“危机”的能力较差，使自身处在一种“身心不和谐”、“内稳态不平衡”状态之中，此时就需通过多种途径或手段进行调节，如加强亲人间关怀、寻求心理医生疏通指导等。

4. 中医疗法

中医对亚健康状态者的治疗多采用针灸、导引、推拿、按摩、中草药补剂治疗等方法，给予体外调整和体内调和，达到扶正祛邪、平衡阴阳、调节脏腑气血功能，从而使机体各脏腑组织器官的功能调节到或接近最佳生理状态。

此外，还有行为干预、营养、免疫疗法等，这些疗法都可以同健康教育相结合，以促进亚健康状态的转归和改善。

三、体适能

(一) 体适能的概念

体适能(physical fitness)简称体能，是指身体适应生活与环境的能力，即通过心脏、血管、肺等脏器及肌肉所展现出有效率的机能运作，使个人能够适应日常工作和生活上的活动，并且足够应付情急状况的身体活动需求而不致感到力不从心。

（二）体适能的分类

每个人要获得健康都必须具备一定的体适能，但每个人的体能水平不尽相同，一个人良好的体能与其年龄、性别、体型、职业和生理机能水平等有关。身体锻炼是提高体能水平必不可少的重要途径。但需注意的是，良好的体能并不是完全靠身体锻炼就可达到的，还与科学的饮食方法、良好的生活方式、充足的休息时间和身心放松调养等方面有关。

体适能可分为三类：与健康有关的体适能、与动作技能有关的体适能和代谢性体适能。体适能是三类参数的综合表现。

1. 与健康有关的体适能

（1）心肺耐力（cardiorespiratory endurance）。心肺耐力是指一个人持续身体活动的能力。心肺和血管的功能对于氧和营养物的分配、清除体内垃圾具有重要作用，尤其是在进行有一定强度的活动时，良好的心肺功能则显得更加重要。

图文
提高心肺耐力的运动项目

（2）柔韧性（flexility）。柔韧性是指身体各个关节的活动幅度以及跨过关节的肌肉、肌腱、韧带、皮肤和其他组织的弹性和伸展能力，可通过经常性的身体练习来提高。柔韧性是绝大多数的锻炼项目所必需的体适能成分之一，它对于提高身体活动水平、预防肌肉紧张以及保持良好的体态等具有重要作用。

（3）肌肉力量（muscle strength）。肌肉力量是一块肌肉或肌肉群一次竭尽全力从事抵抗阻力的活动能力。所有的身体活动均需使用肌肉力量。肌肉强壮有助于预防关节的扭伤、肌肉的疼痛和身体的疲劳。需注意的是，不应在强调某一肌肉群发展的同时而忽视另一肌肉群的发展，否则会影响身体的结构和形态。

（4）肌肉耐力（muscular endurance）。肌肉耐力是指一块肌肉或肌肉群在一段时间内重复进行肌肉收缩的能力，与肌肉力量密切相关。一个肌肉强壮和耐力好的人更易抵御疲劳，因为这样的人只需花很少的力气就可重复收缩肌肉。

（5）身体成分（body composition）。身体成分包括肌肉、骨骼、脂肪等。体适能与体内脂肪比例之间的关系最为密切，脂肪过多者在活动时比正常人需要消耗更多的能量，心肺功能的负担也更重，因此心脏病和高血压发生的可能性更大。要维持适宜的体内脂肪就必须注意能量吸收和能量消耗之间的平衡，体育锻炼是控制脂肪增加的重要手段。

2. 与动作技能有关的体适能

（1）速度（speed）。速度是指快速移动的能力，即在最短的时间内移动一定的距离。在许多竞技运动项目中，速度对于个人取得优异成绩至关重要。

（2）力量（power）。力量是指短时间内克服阻力的能力，举重、投铅球、掷标枪等项目均能显示一个人的力量大小。

（3）灵敏性（agility）。灵敏性是指在活动过程中，既快速又准确地变化身体移动方向的能力。灵敏性在很大程度上依赖于神经肌肉的协调性和反应时，可以通过提高这两方面的能力来改善人的灵敏性。

（4）协调性（coordination）。协调性主要反映一个人的视觉、听觉和平衡觉与熟练的动作技能相结合的能力。在球类运动中，这种体适能成分显得尤为重要。

(5) 平衡性(balance)。平衡性是指当运动或静止站立时保持身体稳定性的能力。滑冰、滑雪、体操、舞蹈等是很好的提高平衡能力的运动项目,闭目单足站立练习也有相当好的效果。

(6) 反应时(reaction time)。反应时是指对某些外部刺激作出生理反应的时间。反应快速是许多优秀运动员的特征。特别是在短跑的起跑阶段,反应时的作用更大。

3. 代谢性体适能

代谢性体适能是近年来提出的新的体质参数,主要包括血糖、血脂、血胰岛素、骨密度等。它反映的是一种机能状态,同许多慢性疾病的发生或发展直接相关,且与运动锻炼的效果直接相关。运动锻炼可以降低血脂水平,控制血糖,提高骨密度;增强机体代谢性体质,减少各种运动不足性疾病的发生,并影响机体整体体质水平。

(三) 体适能、体质与健康

1. 体质的含义与范畴

体质(physique)是人体的质量,它是在遗传性和获得性的基础上表现出来的人体形态结构、生理功能和心理素质的综合及相对稳定的特征。

体质的范畴包括体格、体适能和适应能力几个方面。体格是指人体的形态结构方面,包括人体生长发育的水平、身体的整体指数与比例(体型)以及身体的姿态。体适能是指人体各器官系统的机能在肌肉活动中表现出来的能力,它包括身体素质和身体基本活动能力。体质是人的生命活动和工作能力的物质基础,是选择健身运动的依据。

体质的综合评价指标包括以下几个方面。

(1) 身体形态发育水平,即体格、体型、姿势、营养状况及身体组成成分等。

(2) 生理生化功能水平,即机体的新陈代谢功能及各器官、系统的工作效能。

(3) 身体素质和运动能力水平,即身体在运动中表现出来的力量、速度、耐力、灵敏性、柔韧性等素质及走、跑、跳、投、攀等身体运动能力。

(4) 心理发展状态,包括本体感知能力、个体意志力、判断能力。

(5) 适应能力,如抗寒、抗热能力,对疾病的抵抗力等。

2. 体质与健康的关系

体质和健康的概念不同。同样是健康的人,其体质却千差万别。对一个人的体质强弱要从形态、功能、身体素质、对环境气候适应能力和抗病能力等多方面进行综合评价。影响体质强弱的因素是多方面的,它与遗传、环境、营养、体育锻炼等有着密切的关系。遗传只对体质的状况和发展提供了可能性前提条件,体质的强弱则有赖于后天环境、营养、卫生和身体锻炼等因素。因此有计划、有目的地进行体育锻炼是增强体质最积极有效的手段。

从体质范畴来看,它更趋向于人体的形态发育、生理机能、心理发展、身体素质、运动能力以及对内外环境的适应和抵抗疾病的能力等。从健康范畴来看,它强调了从环境适应、心理卫生、疾病预防、卫生保健以及生活方式对健康的影响等多角度去关注、把握健康的内涵及意义。

3. 体适能与健康的关系

体适能是机体对于生活、劳动的总体适应能力,体适能良好的人可以实现真正意义上的健康,包括与健康有关的一切正常功能,具有充足的体力和活力,能够轻松完成工作,愉快进行休闲活动,并能应付不可预测的突发状况。

四、健康文明的生活方式

1992 年，国际心脏保健会议提出的维多利亚心脏保健宣言指出健康的四大基石是：合理饮食，戒烟限酒，适当运动，心理平衡。参照国外经验，结合我国特色，可将健康四大基石的内容进行丰富与扩充，用于指导国民健康文明的生活。

（1）合理膳食两句话，一、二、三、四、五，红、黄、绿、白、黑。

“一”指每日饮一袋牛奶，可有效改善我国膳食钙摄入量普遍偏低的现象；

“二”指每日摄入碳水化合物 250～350 g；

“三”指每日进食 3 份高蛋白食品；

“四”指饮食要有粗有细、不甜不咸，指少量多餐、七八分饱；

“五”指每日摄取 500 g 蔬菜及水果，对预防高血压及肿瘤至关重要；

“红”指每日可饮红葡萄酒 50～100 mL，每日进食红色食物；

“黄”指黄色蔬菜，如胡萝卜、红薯、南瓜等，能提高免疫力；

“绿”指绿茶及深绿色蔬菜，具有防感染、防肿瘤的作用；

“白”指燕麦粉或燕麦片，食燕麦对糖尿病患者效果更显著；

“黑”指黑木耳，有助于预防血栓形成。

（2）适量运动三五七：

“三”指每次步行 30 min 或 3 000 m 以上；

“五”指每周至少有 5 次运动时间；

“七”指中等强度运动，即运动时心率不超过 170 减去运动者年龄所得值。

（3）戒烟限酒。每日酒精量不超过 15 g。

（4）心理平衡。只要做到心理平衡，就是掌握了健康的钥匙。

第三节 学生体质健康标准与评价

最好的医生是自己；最好的药物是时间；最好的心情是宁静；最成功的人生是快乐。

一、体质基本概念

世界卫生组织对“健康”的定义是：“健康不仅仅是没有疾病或不虚弱，而是生理、心理的健康和社会适应的完好状态。”结合其对健康含义的概括，形成体质的概念，即机体在遗传变异和后天获得的基础上所表现出来的人体形态结构、生理功能和心理素质综合的、相对稳定的特征。

体质是构成人体各要素能力的一种综合体现。体质学研究强调人体身心两个层面紧密相关，强调在遗传性获得的基础上后天练习对身体的影响。目前的体质学主要是建立在解剖学、生理学、生物化学、运动医学、心理学和社会科学等基础理论之上的一门综合性营养学科。

二、大学体质测试项目及评定标准

（一）大学生体质测试项目内容

《国家学生体质健康标准(2014 年修订)》里设置了符合我国学校实际情况、简便易行的测试项目。它们的准确性、可靠性、客观性和可操作性在学校体育实践中得到了有效证明，这些测试指标也涵盖了人体形态、机能、身体素质和运动能力等多个方面的内容。大学生体质健康测评的单项指标及权重见表 1-1。具体评分结果可以到中国学生体质健康网查询《国家学生体质健康标准》评分表。

表 1-1　大学生体质测试指标及权重

测试对象	单项测试指标	权重/%
大学生	体重指数(BMI)=体重(千克)/身高^2(米^2)	15
	肺活量	15
	50 米跑	20
	坐位体前屈	10
	立定跳远	10
	引体向上(男)/1 分钟仰卧起坐(女)	10
	1000 米跑(男)/800 米跑(女)	20

(二)大学生体质测试评定标准

1. 大学男生体重指数(BMI)单项评分表(见表 1-2)

表 1-2　大学男生体重指数(BMI)单项评分表　　单位：千克/米^2

体重指数	17.9～23.9	≤17.8	24.0～27.9	≥28.0
等级	正常	低体重	超重	肥胖
单项得分	100	80	80	60

2. 大学女生体重指数(BMI)单项评分表(见表 1-3)

表 1-3　大学女生体重指数(BMI)单项评分表　　单位：千克/米^2

体重指数	17.2～23.9	≤17.1	24.0～27.9	≥28.0
等级	正常	低体重	超重	肥胖
单项得分	100	80	80	60

3. 大学男生身体素质评分标准（见表 1-4）

表 1-4　大学男生身体素质评分标准

测试项目 等级、得分		肺活量/毫升		50 米跑/秒		坐位体前屈/厘米		立定跳远/厘米		引体向上/次		1000 米跑/（分·秒）	
等级	单项得分	大一大二	大三大四	大一大二	大三大四	大一大二	大三大四	大一大二	大三大四	大一大二	大三大四	大一大二	大三大四
优秀	100	5040	5140	6.7	6.6	24.9	25.1	273	275	19	20	3′17″	3′15″
	95	4920	5020	6.8	6.7	23.1	23.3	268	270	18	19	3′22″	3′20″
	90	4800	4900	6.9	6.8	21.3	21.5	263	265	17	18	3′27″	3′25″
良好	85	4550	4650	7.0	6.9	19.5	19.9	256	258	16	17	3′34″	3′32″
	80	4300	4400	7.1	7.0	17.7	18.2	248	250	15	16	3′42″	3′40″
及格	78	4180	4280	7.3	7.2	16.3	16.8	244	246			3′47″	3′45″
	76	4060	4160	7.5	7.4	14.9	15.4	240	242	14	15	3′52″	3′50″
	74	3940	4040	7.7	7.6	13.5	14.0	236	238			3′57″	3′55″
	72	3820	3920	7.9	7.8	12.1	12.6	232	234	13	14	4′02″	4′00″
	70	3700	3800	8.1	8.0	10.7	11.2	228	230			4′07″	4′05″
	68	3580	3680	8.3	8.2	9.3	9.8	224	226	12	13	4′12″	4′10″
	66	3460	3560	8.5	8.4	7.9	8.4	220	222			4′17″	4′15″
	64	3340	3440	8.7	8.6	6.5	7.0	216	218	11	12	4′22″	4′20″
	62	3220	3320	8.9	8.8	5.1	5.6	212	214			4′27″	4′25″
	60	3100	3200	9.1	9.0	3.7	4.2	208	210	10	11	4′32″	4′30″
不及格	50	2940	3030	9.3	9.2	2.7	3.2	203	205	9	10	4′52″	4′50″
	40	2780	2860	9.5	9.4	1.7	2.2	198	200	8	9	5′12″	5′10″
	30	2620	2690	9.7	9.6	0.7	1.2	193	195	7	8	5′32″	5′30″
	20	2460	2520	9.9	9.8	−0.3	0.2	188	190	6	7	5′52″	5′50″
	10	2300	2350	10.1	10.0	−1.3	−0.8	183	185	5	6	6′12″	6′10″

4. 大学女生身体素质评分标准(见表 1-5)

表 1-5　大学女生身体素质评分标准

测试项目 等级、得分		肺活量/毫升		50 米跑/秒		坐位体前屈/厘米		立定跳远/厘米		仰卧起坐/次		800 米跑/(分·秒)	
等级	单项得分	大一大二	大三大四	大一大二	大三大四	大一大二	大三大四	大一大二	大三大四	大一大二	大三大四	大一大二	大三大四
优秀	100	3400	3450	7.5	7.4	25.8	26.3	207	208	56	57	3′18″	3′16″
	95	3350	3400	7.6	7.5	24.0	24.4	201	202	54	55	3′24″	3′22″
	90	3300	3350	7.7	7.6	22.2	22.4	195	196	52	53	3′30″	3′28″
良好	85	3150	3200	8.0	7.9	20.6	21.0	188	189	49	50	3′37″	3′35″
	80	3000	3050	8.3	8.2	19.0	19.5	181	182	46	47	3′44″	3′42″
及格	78	2900	2950	8.5	8.4	17.7	18.2	178	179	44	45	3′49″	3′47″
	76	2800	2850	8.7	8.6	16.4	16.9	175	176	42	43	3′54″	3′52″
	74	2700	2750	8.9	8.8	15.1	15.6	172	173	40	41	3′59″	3′57″
	72	2600	2650	9.1	9.0	13.8	14.3	169	170	38	39	4′04″	4′02″
	70	2500	2550	9.3	9.2	12.5	13.0	166	167	36	37	4′09″	4′07″
	68	2400	2450	9.5	9.4	11.2	11.7	163	164	34	35	4′14″	4′12″
	66	2300	2350	9.7	9.6	9.9	10.4	160	161	32	33	4′19″	4′17″
	64	2200	2250	9.9	9.8	8.6	9.1	157	158	30	31	4′24″	4′22″
	62	2100	2150	10.1	10.0	7.3	7.8	154	155	28	29	4′29″	4′27″
	60	2000	2050	10.3	10.2	6.0	6.5	151	152	26	27	4′34″	4′32″
不及格	50	1960	2010	10.5	10.4	5.2	5.7	146	147	24	25	4′44″	4′42″
	40	1920	1970	10.7	10.6	4.4	4.9	141	142	22	23	4′54″	4′52″
	30	1880	1930	10.9	10.8	3.6	4.1	136	137	20	21	5′04″	5′02″
	20	1840	1890	11.1	11.0	2.8	3.3	131	132	18	19	5′14″	5′12″
	10	1800	1850	11.3	11.2	2.0	2.5	126	127	16	17	5′24″	5′22″

5. 加分指标评分表

引体向上、一分钟仰卧起坐均为高优指标，学生成绩超过单项评分 100 分后，应以超过的次数所对应的分数进行加分，具体见表 1-6 和表 1-7；1000 米跑、800 米跑均为低优指标，学生成绩低于单项评分 100 分后，应以减少的秒数所对应的分数进行加分，具体见表 1-8 和表 1-9。

表 1-6　男生引体向上加分评分表

超过的次数/次	大一 大二	1	2	3	4	5	6	7	8	9	10
	大三 大四	1	2	3	4	5	6	7	8	9	10
应加的分数		1	2	3	4	5	6	7	8	9	10

表 1-7　女生一分钟仰卧起坐加分评分表

超过的次数/次	大一 大二	2	4	6	7	8	9	10	11	12	13
	大三 大四	2	4	6	7	8	9	10	11	12	13
应加的分数		1	2	3	4	5	6	7	8	9	10

表 1-8　男生 1000 米跑加分评分表

减少的时间/(分·秒)	大一 大二	4″	8″	12″	16″	20″	23″	26″	29″	32″	35″
	大三 大四	4″	8″	12″	16″	20″	23″	26″	29″	32″	35″
应加的分数		1	2	3	4	5	6	7	8	9	10

表 1-9　女生 800 米跑评分表(单位:分·秒)

减少的时间/(分·秒)	大一 大二	5″	10″	15″	20″	25″	30″	35″	40″	45″	50″
	大三 大四	5″	10″	15″	20″	25″	30″	35″	40″	45″	50″
应加的分数		1	2	3	4	5	6	7	8	9	10

（三）《国家学生体质健康标准》登记卡（大学样表）（见表 1-10）

表 1-10 《国家学生体质健康标准》登记卡（大学样表）

学　校＿＿＿＿＿＿＿＿＿＿

姓　　名		性　　别		学　　号	
院（系）		民　　族		出生日期	

单项指标	大一			大二			大三			大四			毕业成绩	
	成绩	得分	等级	成绩	得分	等级	成绩	得分	等级	成绩	得分	等级	得分	等级
体重指数（BMI）（千克/米^2）														
肺活量（毫升）														
50 米跑（秒）														
坐位体前屈（厘米）														
立定跳远（厘米）														
引体向上（男）/ 1 分钟仰卧起坐（女）（次）														
1000 米跑（男）/ 800 米跑（女）（分·秒）														
标准分														
加分指标	成绩	附加分		成绩	附加分		成绩	附加分		成绩	附加分			
引体向上（男）/ 1 分钟仰卧起坐（女）（次）														
1000 米跑（男）/ 800 米跑（女）（分·秒）														
等级评定														
体育教师签字														
辅导员签字														

注：高等职业学校、高等专科学校参照本样表执行。

三、国民体质检测的内容

体质检测（constitutional examination）主要包括形态、机能和素质检测 3 个方面的内容。

1. 体质检测的形态指标

形态指标（index of morphology）主要包括身高、体重。身高是反映人体骨骼纵向生长水平的指标，而体重是反映人体发育程度和营养状况的指标。

身体形态评价方法主要有身高标准体重法和 BMI（身体质量指数）法。

（1）按照世界卫生组织计算标准体重的方法。

男性：标准体重（kg）＝［身高（cm）－80］×0.7

女性：标准体重（kg）＝［身高（cm）－70］×0.6

注：在标准体重±10％的范围内都是正常的，超过或者低于10％～19％的为过重或过瘦，超过或低于20％的为肥胖或体重不足。

(2) BMI(身体质量指数)法。

$$\mathrm{BMI}=\frac{\text{体重(kg)}}{[\text{身高(m)}]^2}$$

注：BMI＜18.5为体重偏轻；18.5≤BMI＜24.0为正常体重；24.0≤BMI＜28.0为超重；BMI≥28.0为肥胖。

2. 体质检测的机能指标

机能指标(index of physical function)测试主要包括肺活量和台阶试验。

(1) 肺活量是人尽最大努力吸气后再尽最大努力呼气所能呼出的气体量，它代表人呼吸系统的最大工作能力，反映了肺的容积和扩张能力。肺活量的大小与性别、年龄、身高、体重、胸围及体育锻炼等因素有关。

(2) 台阶试验反映了人体心血管机能水平，是运动负荷试验的一种形式，应用相对广泛。台阶试验是以台阶指数来评定人体的心血管功能的一项实验，台阶指数越高，表明心血管机能水平越好。

3. 体质检测的素质指标

身体素质指标(index of constitutional diathesis)包括力量素质、耐力素质、爆发力素质、反应能力素质、柔韧性素质、平衡能力素质等内容，分别用握力、仰卧起坐(女)/俯卧撑(男)、纵跳、选择反应时、坐位体前屈、闭目单足站立等指标来衡量。

(1) 力量素质的评估方法通常是通过握力测试来反映前臂及手部肌肉的力量素质。

(2) 肌肉耐力的评定有助于了解学生目前的肌力水平，判断肌肉力量训练的效果。男子常用俯卧撑，女子常用1 min仰卧起坐。

(3) 爆发力素质主要通过纵跳的测试来评估。纵跳是通过测试受试者的纵跳高度，反映下肢的爆发性力量，可以通过跳绳、蛙跳等方式的训练来提高爆发力。

(4) 反应能力主要是通过反应时的测试来评估。反应时是反映机体神经系统动态反应速度的重要生理指标，反应时越短，说明机体对刺激反应越快。

图文
爆发力训练方法

(5) 身体柔韧性是指人体各主要关节的最大活动能力，主要由关节的骨结构和周围组织体积的大小，跨关节的韧带、肌腱、肌肉与皮肤的伸展性3个方面决定。其中，韧带和肌腱对于提高身体柔韧性素质尤为重要。一般选择坐位体前屈来测定身体的柔韧性素质。

(6) 平衡能力素质是指身体对来自器官、肌肉、肌腱、关节内的感受器及视觉各方面刺激的协调能力，这种能力有助于人体对各种感觉信息进行接收。闭眼单足站立即可用来评价姿势的协调性，前庭功能、视觉及机体本体感觉之间互相协调的能力。

思考与练习

(1) 请结合自己的锻炼情况谈谈体育的功能。

(2) 谈谈你对健康的认识，想想哪些因素影响了健康，并对自己的健康现状进行评估。

(3) 导致亚健康的因素是什么？如何才能避免亚健康状态？

(4) 谈谈体适能、体质与健康之间的关系，并评价一下自己的体质现状。

(5) 结合你的体质测试结果对自己的体质状况进行评价。

第二章　体育锻炼与运动处方

内容简介

随着学校体育的不断发展和完善，对学生而言，科学地进行体育锻炼显得尤为必要。本章主要介绍体育锻炼、运动性疾病、运动处方等相关知识，以便同学们了解科学的体育健身方法。

学习目标

掌握体育锻炼的基本原则和方法，掌握常见的运动性疾病的预防和处理方法、了解运动处方的组成，能够结合个人的身体状况开出适合自己的运动处方。

第一节　科学地进行体育锻炼

人往往年轻时用健康换财富，老年时才用财富换健康。

本节主要介绍体育锻炼的含义、内容、特点、方法和锻炼原则，要求同学们能够掌握科学的体育锻炼方法。

一、体育锻炼的含义

体育锻炼是以身体练习为手段，以增强体质、促进身心健康为目的，达到身体、心理、社会适应和道德品质全面发展的一种综合性的社会实践活动过程。

“生命在于科学运动”，体育锻炼是人体未来发展过程中最积极、最有效的因素，有益于人类进化到更高水平。

二、体育锻炼的内容

体育锻炼的内容，即体育健身运动的作用对象，一般需要根据不同的锻炼者、不同的训练目的进行确定。常见的体育锻炼内容有以下几方面。

(1) 健身运动。它是健身者为了强身健体而进行的身体锻炼。在健身运动过程中，健身者经常采用各种竞技运动项目或者日常生活中一些有健身价值的动作进行锻炼。

(2) 健美运动。它是在健身运动的基础上，为了增加身体美感而进行的身体锻炼。健美运动的针对性较强，一般是结合锻炼者不同的目的和需要，进行专门性、针对性的练习。

(3) 医疗体育。主要是指疾患者为了治愈某些疾病而进行的身体锻炼。在运动过程中，锻炼者需要针对不同的疾病特点、疾病性质采用相应的锻炼手段，避免无针对性的锻炼、本末倒置的锻炼。

(4) 矫正体育。主要是为了弥补身体某些方面的缺陷或者为了克服功能障碍而进行的身体锻炼。练习内容可以根据身体的特殊情况进行专门安排，如轻度驼背者可采用脊柱矫正操进行锻炼。

(5) 娱乐体育。主要是人们为了丰富业余文化生活、调节情绪、缓解精神紧张、善度余暇而进行的身体锻炼，如攀岩、蹦极、定向越野、游泳、钓鱼、棋牌等一些运动项目。

(6) 防卫体育。为了防范各种自然和人为伤害，提高人的应变能力和机体适应能力而进行的身体锻炼，如女子防身术、擒拿术、拳术、摔跤等。

三、体育锻炼的原则和方法

(一) 体育锻炼的原则

体育锻炼的原则是体育运动与锻炼的客观规律和行为准则，是人们在体育煅炼实践中的经验总结，并为更有效地进行体育锻炼提供理论指导。

体育锻炼的原则，归纳起来主要有以下几个方面。

1. 积极主动原则

体育锻炼是一个自我锻炼、自我发展、自我完善的过程。积极主动原则主要是指参与锻炼者必须有明确的锻炼目的，所以在锻炼中，一方面需要把它当做学习生活的自觉需要，激发锻炼的主动性和积极性；另一方面还需要培养对体育锻炼的兴趣，适当发展一两项自己喜欢并擅长的体育项目，作为步入社会后培养体育意识、展开体育行动的兴趣点和开拓点。

2. 循序渐进原则

循序渐进原则就是在锻炼过程中须严格遵守人体的生理特点和生理适应规律，从不同的主客观条件出发，安排适宜的运动负荷，在渐进性练习的基础上提高锻炼效果和水平。在训练过程中，锻炼者要依据个人的年龄、性别、健康状况、体质水平、项目特点和锻炼目的等，学习动作由易到难，运动负荷由小到大，做到锻炼的科学性、合理性和连贯性。

3. 持之以恒原则

体育锻炼贵在持之以恒，养成良好的运动习惯。如果在锻炼过程中三天打鱼，两天晒网，锻炼效果就很难体现。因此，锻炼者在练习中需要不断强化自己的体育意识，不断培养自己对体育运动的热爱，从而达到理想的锻炼健身效果。

4. 运动适宜原则

锻炼者在锻炼中需要合理地安排运动负荷，使之既能达到运动训练的目的，又符合自身的实际接受能力。运动负荷安排是否得当，直接影响运动训练的效果。负荷过小，不能有效刺激机体，达不到强身健体的目的；负荷过大，很可能引发运动损伤。因此，运动一定要实事求是，从实际出发，切忌盲目求大求高。

延伸阅读

体育锻炼时的 FIT 原则，即次数(Frequency)、强度(Intensity)和时间(Time)。F：每周锻炼 3～5 次或隔日进行为佳；I：强度达到个人最大心率的 60%～80%为宜；T：每次锻炼至少要做持续 20～30 分钟的有氧运动。

有氧运动和无氧运动的区别：① 运动强度不同，无氧运动为最大或次最大强度；② 运动持续时间不同，无氧运动时间不超过 3 分钟，有氧运动持续时间可达数小时；③ 个人感觉不同，无氧运动过程中感觉很累，且心慌气短、大汗淋漓；有氧运动只少量出汗，感觉不太累或有点累。

5. 全面锻炼原则

全面锻炼原则要求锻炼者需追求身心的全面发展,使身体形态、机能、各种身体素质以及心理素质得到协调发展。锻炼者在运动中应尽可能考虑身体的全面发展,努力掌握多种运动技能,切忌以偏概全。

(二)体育锻炼的方法

体育锻炼的方法是根据人体发展规律,运用各种身体练习和自然因素,以发展身体的途径和方法。常见的科学体育锻炼方法有下列几种。

1. 重复锻炼法

重复锻炼法主要是指锻炼者在相对固定的条件下,按照锻炼的计划和要求反复多次重复某种练习的方法。重复的次数和时间是决定健身效果的关键。锻炼时,需要注意合理安排重复练习的要素,如练习的次数、练习的强度、间歇时间等,切实保证每次重复练习的质量和效果;注意克服由于反复练习造成的枯燥厌烦情绪,防止机械呆板的练习。

2. 间歇锻炼法

间歇锻炼法是指在两次练习之间,有合理的休息时间,在锻炼者机体尚未完全恢复的情况下,接着进行下一次练习的方法。间歇锻炼法是提高锻炼效果的一种常用方法。锻炼时,需要注意合理规定间歇时间,具体可根据个体的身体状况和锻炼水平决定,但是注意下一次练习前最好将心率控制在120次/分钟左右;同时注意在训练间歇期内安排轻微的活动,如慢跑、按摩、深呼吸等,进行积极性的休息和放松。

3. 变换练习法

变换练习法是指在改变训练内容、强度和环境的条件下通过改变锻炼项目、练习要素、运动负荷等,以提高锻炼效果的一种方法。锻炼时,需注意以锻炼的实际需要为前提,特别是结合锻炼的长期和近期目标有针对性地变换;变换中需要灵活掌握变换锻炼的计划,注意积累有关材料和反馈信息,及时观察,不断总结,为制订新的锻炼计划提供参考依据。

4. 持续锻炼法

持续锻炼法是指在较长的时间内,锻炼者采用较小的运动强度不断进行身体锻炼的方法。采取持续锻炼法时应注意:选择锻炼的项目要适合锻炼者的年龄、生理特点和体质基础;初次锻炼者或体弱者,运动时间不宜过长,经过一段时间的练习之后,可以适当加大练习强度;同时还需要充分结合自己在练习中的体力状况和身体反应,及时调整运动强度和练习方法,以防出现运动损伤和过度疲劳。

5. 循环练习法

循环练习法就是把各种类型的动作,结合具有不同联系效果的手段,组成一组锻炼项目,按照一定顺序循环往复进行锻炼的方法。注意要合理安排各个练习点,安排的内容需简单易行,合理规定各个练习点的次数、规格和要求。同时还要注意不同练习项目之间的衔接。

6. 竞赛表演法

竞赛表演法是指锻炼者面对观众,在相互比较、彼此竞争的情况下进行锻炼的方法。但是它不同于正式的竞技体育比赛,对于培养锻炼者的锻炼热情,巩固锻炼效果,培养团结、合作、顽强、果断和自信心、自制力方面具有特殊的价值和意义。

7. 直观法

传统的直观法有示范、挂图、电视、模型等，现在可以利用计算机模仿、高仿真模型来分析发展运动能力的方法，或者通过网络视频、影像资料进行模仿学习。

第二节　运动中的生理反应和疾病

人生不必苛求完美，只要你拥有一个轻松自我的微笑，只要你拥有一份向上进取的心境，只要你满足于自己的踏实努力，便能够好好地欣赏别人，别人也能欣赏你。

体育锻炼中，人体的生理平衡受到暂时性破坏，并出现某些生理反应及相关疾病。本节主要描述几种常见的运动生理反应和疾病的症状及其预防、处置措施。

一、极点和第二次呼吸

极点和第二次呼吸是长距离运动中常见的生理现象，只要坚持运动和处理得当，极点现象是可以得到延缓和减轻的。

（一）极点

训练不足及体能状态较低的人，通常在运动开始后不久（特别是长跑运动）就会有两腿发软、全身乏力、呼吸困难等感觉。运动生理学中，将这种现象称为极点。

极点的产生，主要是由于内脏器官的惰性引起的，体内各器官及系统都需要一段时间来适应剧烈运动。因此，这是一种正常的生理现象。人体从相对安静状态到剧烈运动时，四肢肌肉能迅速适应，进入工作状态，而内脏器官，如呼吸、循环系统等，都不能很快发挥其最高的机能水平，造成体内缺氧，大量的乳酸和二氧化碳积聚，使自主神经中枢和躯体性神经中枢之间的协调遭到暂时破坏，表现为极点的产生。

极点的出现时间与训练水平、运动前的准备活动有关。经常参加锻炼的人，极点出现得晚，持续时间短，身体反应也较轻；反之，极点出现得早，且持续时间长，表现得也较重。训练水平低及运动前的准备活动不足，都会增加出现极点现象的机率。因此，大学生运动前需要做好充分的准备活动，并在平时加强体育锻炼。

（二）第二次呼吸

极点出现后，如依靠意志力和调整运动节奏继续运动，不久后不适应的生理反应将消失或者减轻，动作变得轻松有力，呼吸也均匀自如。这种状态被称为第二次呼吸。

第二次呼吸产生的原因主要是运动中内脏器官的功能惰性逐步得到缓解，氧供应量增加，乳酸得到逐步清除；同时，运动速度的下降使得运动的每分需氧量下降，减少了乳酸的产生，从而改善机体的内环境，动力定型得到重新恢复。

二、运动性腹痛

运动性腹痛是中长距离运动中常见的一种生理反应。根据腹痛的原因、疼痛部位及严重程度会有所不同。若预防及处理措施得当，症状可以得到适当改善。

1. 运动性腹痛的症状

运动中出现腹痛，其特点为除腹痛外一般不伴随其他症状。多数安静时不痛，运动时才痛。它与运动过程中肝脏淤血、呼吸肌痉挛或活动紊乱、胃肠道痉挛或功能紊乱有关。疼痛程度与运动量大小和强度成正比，一般活动量小、强度低时疼痛不明显，随着负荷量加大疼痛才逐渐加剧；调整运动量和强度，做深呼吸或按压腹部疼痛处多可减轻症状。

延伸阅读

运动时，脐部周围或下腹部钝痛、胀痛，多数是肠痉挛。此时只要停止运动，疼痛即可减轻。用手按揉双侧合股穴，每个穴位按摩 5 分钟，或用热水敷脐区 10～20 分钟，亦可止痛。为防止肠痉挛的发生，在运动前应做好充分的准备活动，忌食生冷食物。

2. 运动性腹痛的处置和预防

一旦运动中出现腹痛，即应减慢运动速度、降低运动强度，加深呼吸，调整呼吸与动作的节奏，用手按压疼痛部位，一般疼痛即可减轻。如无效或疼痛剧烈，则应停止运动，同时可针刺或点掐内关、足三里穴位（见图 2-1、图 2-2）等以缓解疼痛，必要时口服止痛药。

锻炼要讲究科学，循序渐进，膳食要安排合理，饭后 30 分钟才可以进行剧烈运动；运动前不要吃得过饱，不要大量喝水，准备活动要充分；运动中要注意呼吸节律等。

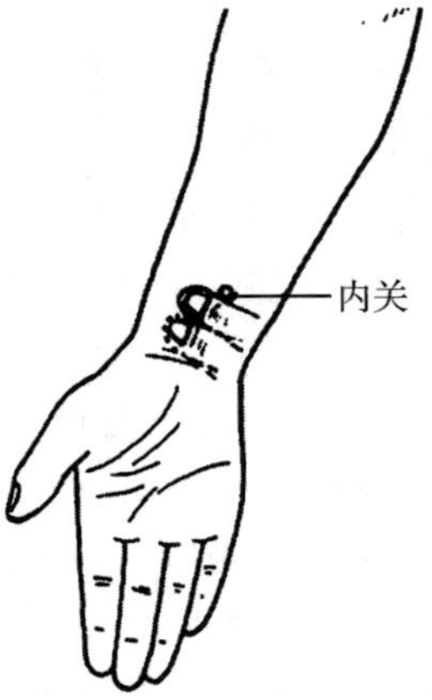

图 2-1　内关穴位图

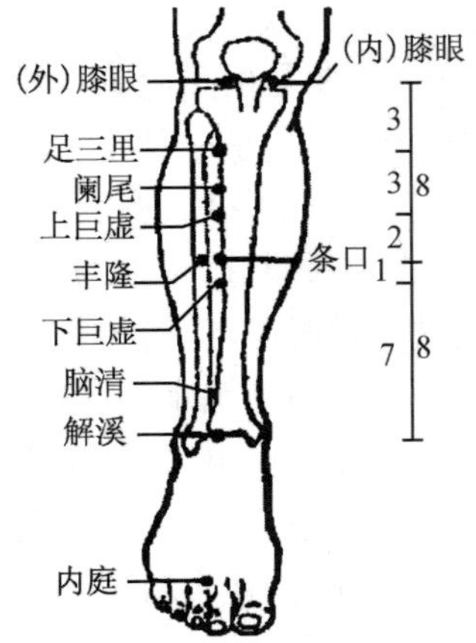

图 2-2　足三里穴位图

三、肌肉痉挛

肌肉痉挛俗称抽筋，是肌肉不自主地突然性强直收缩，肌肉变得异常僵硬，引起局部疼痛和活动障碍的现象。运动中最容易发生痉挛的肌肉是小腿腓肠肌，其次是足拇屈肌和趾屈肌等。

1. 肌肉痉挛的发生原因

肌肉痉挛发生的原因有下列几种。

(1) 肌肉受到低温的影响，兴奋性会增高，易使肌肉发生强制性收缩。因此，寒冷刺激或准备活动不充分，易引发肌肉痉挛。

(2) 运动中大量排汗，特别是长时间的剧烈运动或高温季节运动时，使人体内电解质从汗液中大量丢失。电解质与肌肉的兴奋性有关，丢失过多，肌肉兴奋性增高过快，可发生肌肉痉挛。

(3) 肌肉连续过快收缩，而放松时间短促，以致收缩与放松不能协调地、成比例地交替，从而引起肌肉痉挛。

(4) 身体疲劳会影响肌肉的正常生理功能，疲劳的肌肉往往使血液循环和能量物质代谢改变，肌肉中会有大量的乳酸堆积，乳酸不断地对肌肉的收缩物质起作用，致使痉挛产生。

2. 肌肉痉挛的处置和预防

不太严重的肌肉痉挛，只要以相反的方向牵引痉挛的肌肉，一般都会得到缓解。牵引时切忌用暴力，用力宜均匀、缓慢，以免造成肌肉拉伤；在处理过程中要注意保暖。另外，如果游泳时发生肌肉痉挛，不要惊慌，如自己无法处理或缓解，可先深吸一口气，仰浮于水面，并立即呼救。发生肌肉痉挛后，一般不宜再继续游泳，应上岸休息、保暖，并进行局部按摩。

运动前必须认真做好准备活动，对容易发生抽筋的肌肉可事先做适当的按摩。冬季锻炼要注意保暖，夏季运动时，尤其是进行剧烈运动或长时间运动时，要注意电解质的补充和维生素 B_1 的摄入。疲劳和饥饿时不宜进行剧烈运动。在运动过程中要学会掌握肌肉放松的方法和技巧。

延伸阅读

跑步姿势不当伤身体：跑步时，人的上身应稍向前倾，这样做不仅能减轻关节负担和运动强度，还能延长运动时间。前倾的幅度应以自然、舒适为佳。但是应避免跑步步幅过大，步幅增大会造成腾空时间长、重心起伏大、落地力量重，这样对人体的震动也会增大。不要“内外八字”，“内八字”和“外八字”都会使膝盖和脚尖不能保持在同一个方向上，会加重膝关节负担。不要全脚掌着地，这样落地没有缓冲和过渡，很容易伤脚，也容易伤害颈椎。

四、肌肉酸痛

一次运动量较大的锻炼以后，或停止锻炼很长时间又开始锻炼之后，往往会出现肌肉酸痛的现象。这种酸痛发生在运动结束 1～2 天后，所以也称运动性延迟肌肉酸痛。

1. 肌肉酸痛的症状

肌肉酸痛常见的症状除了酸痛外，还有肌肉僵硬，轻者仅有压疼，重者可能出现肌肉肿胀，妨碍正常的活动。任何骨骼肌在剧烈运动后均可发生延迟性肌肉酸痛，尤其是长距离跑后更易出现。长跑者可能出现髋部、大腿部和小腿前侧伸肌和后侧屈肌的疼痛，在肌肉远端和肌腱连接处症状更明显。在炎热的夏天进行极量运动后，除肌肉疼痛外，还可能出现脱水、低钙、低蛋白等症状。

2. 肌肉酸痛的原因

引发肌肉酸痛的原因主要有以下几个方面。

(1) 肌肉的张力和弹性的急剧增加，引起肌肉结构的物理性损伤。

(2) 新陈代谢的增加,代谢废物堆积使组织内毒性增加。

(3) 肌肉的神经调节发生改变,使肌肉发生痉挛而疼痛。

3. 肌肉酸痛的处置和预防

处置肌肉酸痛,可对酸痛局部进行静力牵拉练习,保持伸展状态 2 分钟,然后休息 1 分钟,重复进行,每天做几次这种伸展牵拉练习有助于缓解肌肉痉挛。充足的维生素供应不仅能提高运动效果,预防运动性疾病,还能使肌肉得到充分的恢复和休息。口服维生素 C 有促进结缔组织中胶原合成的作用,有助于加速受损组织的修复和缓解酸痛。预防方面,锻炼安排要合理,根据不同的体质、不同健康状况,科学地安排肌肉锻炼负荷。锻炼时做好准备活动和整理活动。准备活动中,注意让练习时负荷重的局部肌肉活动得更充分;整理运动除进行一般性放松练习外,还应重视进行肌肉的伸展牵拉练习,这有助于预防局部肌纤维痉挛。此外,尽量避免长时间集中练习身体某一部位,以免局部肌肉负担过重。

五、运动性晕厥

在运动中或运动后,由于脑部一过性①血供不足或血液中化学物质的变化引起突发性、短暂性意识丧失、肌张力消失并伴有跌倒现象,被称为运动性晕厥。

1. 运动性晕厥的症状

运动性晕厥主要是由于剧烈运动或长时间运动,使得大量血液积聚在下肢,回心血量减少所致,同时也和剧烈运动引起的低血糖有关。

运动性晕厥表现为全身无力、头晕耳鸣、眼前发黑、面色苍白、失去知觉、突然晕倒、手足发凉、脉搏变得慢而弱,血压降低,呼吸缓慢等相应的症状。

2. 运动性晕厥的处置和预防

发生运动性晕厥,应使患者立即平卧,足部略高于头部,同时进行由小腿向大腿、心脏方向推摩或拍击,手指点压人中、合谷等穴位。如有呕吐者,应将患者的头部偏向一侧;如停止呼吸,应立即进行人工呼吸。

平时需要经常进行体育锻炼,以增强体质。同时注意:长时间下蹲后,不要立即站立;不要带病参加运动;高强度运动后,不要立即停下来;不要在饥饿的情况下参加剧烈运动。

六、运动中暑

运动中暑往往是在高温环境或者烈日暴晒下运动而发生的一种疾病。

1. 运动中暑的症状

中暑早期有头晕、头痛、恶心、呕吐等现象,逐步发展为体温升高、皮肤灼热干燥。严重者甚至出现精神恍惚失常、虚脱、手足抽搐、心率失常、血压下降,还会昏迷以致危及生命。

2. 运动中暑的预防和处置

在高温炎热的季节进行锻炼运动,锻炼者需要做足充分的准备。例如,尽可能穿浅

---

① 一过性:某一临床症状或体征在短时间内一次或数次出现,往往有明显的诱因,随着诱因的去除,这种症状或体征会很快消失。

色系列的宽松衣物，戴好帽子；避免在烈日直射下进行锻炼；如果训练中遇到不适情况，可减小运动量；运动后补充含有电解质的矿物饮料。

若有运动中暑的情况发生，应立即将患者扶至阴凉通风处休息，同时还需采取果断的降温消暑措施，如解开紧身衣物、冰袋冷敷，并适当补充生理盐水或者葡萄糖生理盐水等。患者情况严重的，经过临时处理后，仍需迅速送至医院做进一步的观察治疗。

七、运动性贫血

运动性贫血是指由于运动引发的血液中血红蛋白含量减少的现象。

1. 运动性贫血的症状

运动性贫血发病缓慢，其症状主要表现为头晕、恶心、呕吐、气喘、体力下降，以及运动后心悸、心率加快、面色苍白等症状。

2. 运动性贫血的发病原因

长期进行高强度的耐力训练导致血浆容量增加，高强度的运动导致红细胞破坏加剧，加上训练中大量出汗增加了铁的丢失，以及食物中铁摄入量不足等原因，容易导致运动员发生运动性贫血。通常情况下，发生运动性贫血症状的女生多于男生；另外，从事中长跑项目的运动员发生运动性贫血的几率较大；而女性运动员，由于生理周期的原因，因经血失去较多铁，更容易发生贫血症状，从而影响训练效果和运动员的身体健康。概括起来，运动性贫血的发病原因可以归结为：运动时，脾脏释放的溶血卵磷脂能使红细胞的渗透性增加；剧烈运动使得血流加速，更易引起红细胞破裂，致使红细胞的生成、凋亡之间的稳态遭到破坏；再加上运动时肌肉对蛋白质和铁的需求量增大，当需求量得不到满足时，即可能引起运动性贫血。

3. 运动性贫血的处置和预防

如果运动中出现头晕、无力、恶心、呕吐等相关症状时，应适当减小运动量，必要时停止训练，并适当补充富含蛋白质和铁的食物，口服硫酸亚铁、生血中药等，以期得到缓解。

预防运动性贫血，需在运动训练后及时补充水分、电解质和维生素，也可饮用一些专业运动饮料；另外，还要加强训练期间的营养补充。

第三节　常见的运动性疾病及损伤的预防和处理

今天的成就是因昨天的积累，明天的成功则有赖今天的努力。其实真正的成功是一个过程，是将勤奋和努力融入每天的生活与工作中。这要靠我们的意志，但更重要的是养成良好的生活习惯和工作习惯——因为你有选择，你主宰自己的人生。

体育运动过程中发生的损伤，称为运动性损伤。它的发生与运动训练安排、运动项目的技术动作、运动训练水平、运动环境和条件等因素有关。运动损伤的种类很多，不同的运动项目各有其发生损伤的症状特点。本节主要介绍运动过程中一些常见的运动性疾病及损伤的预防和处理，要求同学们掌握紧急处理的基本方法和技巧。

一、运动损伤的分类

运动损伤的分类方法很多，常用的分类方法是将其分为软组织损伤、关节脱位、骨折三大类;按照有无创口分为开放性软组织损伤、开放性关节脱位、开放性骨折和闭合性软组织损伤、闭合性关节脱位、闭合性骨折。

二、运动损伤发生的原因

造成运动损伤的原因很多,既与锻炼者自身的体质状况、采取的锻炼方法有关,也与运动项目的技战术特点、技术的难度及运动环境有关,同时还与运动内容的安排、运动量及运动强度、运动负荷(密度)等有一定的关系。

(一)主观因素

造成运动损伤的主观因素有以下几个方面。

(1)思想上认识不足。对损伤的认识不足,运动中不注意事先检查场地、器材设施是否到位。

(2)准备活动不足。运动前的准备活动不足,导致肌肉弹性差,韧带和关节的活动性小而出现肌肉、韧带拉伤。

(3)身体素质较差,身体状况不佳,运动负荷过大,缺乏运动经验和自我保护意识。

(4)运动情绪低下,伴有畏惧、害羞、过分紧张等情绪,致使运动过程中注意力不能集中。

(二)客观因素

造成运动损伤的客观因素主要为:教学中存在的问题,保护方法不正确、不到位,动作粗野、违反活动规则,场地设备老化、设施不到位,运动服装和装备不佳,不良的气候环境,等等。

三、运动损伤的预防

运动损伤的预防需要在思想、场地设施等多个方面进行强化,避免在运动中出现运动性损伤,具体可从以下几方面着手。

(1)加强安全意识。克服麻痹大意的思想,提高预防损伤的意识。

(2)认真做好准备活动。运动前一定要做好准备活动,提高关节的活动度和肌肉的温度,使全身产生温热感。

(3)加强运动中的保护和帮助。在某些项目的练习中,一定要树立相互保护和帮助的意识。

(4)合理安排每次活动的运动内容和运动量。

(5)加强医务监督。

四、常见的运动损伤与急救

(一)软组织损伤

软组织损伤是运动损伤中常见的一种,根据损伤组织是否有创口与外界相通,可分为开放性损伤和闭合性损伤。前者主要有擦伤、撕裂伤、刺伤等,后者有挫伤、肌肉及筋膜拉伤、关节囊和韧带扭伤、肌腱腱鞘炎和滑囊损伤等。

1. 擦伤

皮肤受到外力急剧摩擦引起的表面被擦破出血或者组织液渗出称为擦伤。小面积擦伤可用生理盐水或冷开水洗净创伤口或用70%酒精棉球消毒，然后涂抹红药水或紫药水即可；大面积擦伤需先进行消毒处理，再用消毒布遮盖，最后用纱布包扎。

2. 撕裂伤、刺伤、切伤

撕裂伤主要是剧烈运动中受到钝物击打引起皮肤和软组织的撕裂，伤口边缘不规则，常见损伤有眉际、跟腱撕裂等。刺伤是因尖细物件刺入体内所致。切伤是因锐器切入皮肤所致。这些伤口，轻者，可用消毒液涂抹伤口；创口面较大者，需手术缝合，必要时应注射破伤风疫苗，如跟腱断裂，则需手术缝合治疗。

3. 挫伤

挫伤是因撞击器械与练习者之间相互碰撞而造成的。单纯的挫伤损伤处会出现红肿，皮下淤血，并伴有疼痛。当内脏器官出现损伤时，易导致面色苍白、心慌气短、四肢发凉、烦躁不安，严重者甚至出现休克等症状。遇到这种情况，需要在24小时内冷敷或加压包扎，24小时之后，可进行按摩理疗，恢复期内可进行一些功能性锻炼以促进康复。如果出现严重的内脏损伤，需在临时性处理之后，立即送至医院作进一步的检查和治疗。

4. 肌肉拉伤

通常是因为外力作用导致肌肉过度收缩或被动拉长引发的肌肉损伤。尤其是准备活动不充分，动作不协调更易拉伤。损伤后伤处出现肿胀、压痛、肌肉痉挛，触摸时会发现硬块。常见的拉伤部位有大腿后群肌、腰背肌、大腿内收肌等。严重的肌肉拉伤可导致肌肉撕裂。轻者需要立即进行冰袋冷敷或者流水冲洗，局部加压包扎，抬高患肢，24小时之后可进行按摩理疗。如果肌肉出现断裂，在急救处理之后，需立即送往医院作进一步的处理。

图文
肌肉拉伤的处理

5. 关节、韧带的损伤

关节、韧带扭伤是指在外力作用下，关节骤然向一侧活动而超过其正常活动度时，引起关节周围软组织如关节囊、韧带、肌腱等发生撕裂伤。常见的关节损伤或扭伤主要表现在几个活动度很大的关节，如肩关节、膝关节、踝关节等。

(1) 肩关节扭伤。肩关节扭伤一般是因关节用力过猛及反复劳损所致，或训练时因技术上的失误，违反解剖学原理而造成的。症状主要表现为压痛，急性期甚至出现肿胀、酸痛。单纯的韧带扭伤，可采取冷敷、加压包扎进行紧急处理。出现严重的韧带断裂时，需要在紧急处理之后，立即送往医院进行处理。当关节肿胀和疼痛有所减轻后，可适当进行功能性锻炼。

(2) 髌骨劳损。髌骨劳损也称为“髌骨软化”或“髌骨软骨病”，主要是因膝关节长期负重或反复损伤累积，被一次直接外力撞击而致，如进行弹跳时易导致髌骨损伤。髌骨劳损是膝关节常见的损失。受伤初期应减少剧烈运动和下蹲以保护膝关节，另外，可采用中药外敷、针灸、按摩进行康复理疗。

(3) 踝关节扭伤。踝关节扭伤主要是因弹跳落地时失去平衡，使踝关节过度内翻或外翻所致，尤其是在准备活动不充分，场地不平的情况下更容易发生。症状表现为伤处肿胀、疼痛、皮下淤血等。早期可抬高患肢，进行冰敷(用冰袋冷敷或氯乙烷喷雾剂)包扎以缓解疼痛和减少出血、减轻肿胀。24小时后可用针灸、理疗等消肿、止痛。损伤严重者需要进行绷带包扎固定。

(4) 腰闪伤。腰闪伤主要是因为重力超过躯干所能承受的压力，腰部突然发力引起部分肌纤维撕裂,造成腰肌急性拉伤,或者脊柱运动超过正常的生理范围所致。腰部出现损伤后,患者需要平卧,一般不能立即搬动或移动,如疼痛剧烈,需要担架抬往医院诊治;也可采用针灸、拔火罐、外敷伤药或按摩进行治疗。

(5) 腕关节韧带损伤。腕关节韧带损伤多有明显的外伤史,伤后出现腕部无力,关节活动不灵活等症状。轻者,一般无明显肿胀,仅在大幅度动作时出现疼痛;严重扭伤者,腕部会出现肿胀,疼痛较重。损伤处理与踝关节损伤的处理方法相同。

(二) 脑震荡

脑震荡主要是脑部受到外力打击后由神经细胞和神经纤维所引起的意识和功能的一时性障碍,不久即可恢复,无明显的解剖病理改变。致伤时,会出现神志昏迷,脉搏徐缓,呼吸表浅,肌肉松弛,神经反射减弱或消失等症状。清醒后,患者会有头痛、头晕、恶心、呕吐症状。急救时,应让伤者平卧,保持安静,不可坐或站立;头部冷敷,身上保暖;若出现昏迷可用手指掐人中、内关等穴位;呼吸发生障碍时,可进行人工呼吸。如果昏迷时间超过 4 分钟,或两侧瞳孔大小不对称,或耳、鼻、口内出血及眼睛紫青,或清醒后剧烈头痛、恶心、呕吐,说明损伤严重,应立即送往医院诊治。

(三) 骨折

骨折是指骨或骨小梁发生断裂。体育运动中发生的骨折,多为暴力作用引起的外力性骨折。骨折是较严重的损伤,常见的骨折有肱骨、前臂骨、手骨、大腿骨、小腿骨、肋骨、脊柱和头部骨折等。骨折发生后,患处立即出现肿胀、皮下淤血,活动时剧烈疼痛,肢体失去正常功能,肌肉产生痉挛,有时骨折部位发生变形,甚至有骨摩擦声。严重骨折时,还会伴有出血和神经损伤、发烧、口渴、休克等全身性症状。在进行急救时,需要防止伤者休克,将其进行就地固定,避免断肢移动;伤口处如有出血,应先止血再包扎伤口。

第四节　运动处方

人活着的意义应当是在过程,而不是结论。所以一个人不应该以自己的经验和观点去影响另一个人,何况他不是你,你也不是他。每一个人成长的过程都不一样,人生的酸甜苦辣应当自己尝一尝,尝试才是人生。

运动处方是个体化的运动方案,每个人在运动中根据个人不同的体质状况和身体机能,采取不同的运动训练方法、训练内容等。在实际操作中,基本情况相近的人群可以采取类似的运动处方,在实践过程中,根据不同人的具体情况进行适当调整。本节主要介绍运动处方的概念、分类、制订原则和程序、运动处方的格式和内容。要求同学们能够结合身体状况,开出适合自己健身锻炼的运动处方。

一、运动处方概述

运动处方是指针对个人的身体状况,采用处方的形式规定健身者锻炼的内容和运动量的方法。其特点是因人而异,对"症"下药。20 世纪 50 年代,美国生理学家卡波维奇(Kapovich)提出了运动处方的概念,1960 年,日本的猪饲道夫教授首先使用了运动处方术语,1969 年,世界卫生组织使用了运动处方术语,运动处方从此在国际上得到认可。Hollmann 研究所从 1954 年起对运动处方的理论和实践进行研究,制定出健康人、中老年人、运动员、肥胖病人等各类运动处方,社会效果显著。

1. 运动处方的概念

运动处方是康复医师或体疗师,对从事体育锻炼者或病人,根据医学检查资料(包括运动试验和体力测验),按其健康、体力以及心血管功能状况,用处方的形式规定运动种类、运动强度、运动时间及运动频率,提出运动中的注意事项。运动处方是指导人们有目的、有计划、科学地进行体育锻炼的一种方法。

2. 运动处方的种类

运动处方根据锻炼者不同的运动目的,大致可以分为以下三类。

(1) 健身、健美运动处方。主要是针对健康人群进行锻炼,以增进健康、增强体质为目的的运动处方。

(2) 竞技运动处方。专业运动员按照一定的运动处方进行训练,以提高专业运动成绩为目的的运动处方。

(3) 康复运动处方。一些患者根据运动处方进行康复和治疗,促进机体的康复。

延伸阅读

步行是祛病的良方:步行可增加心肺功能,改善血液循环,预防动脉硬化等心血管疾病。还可改善大脑的能量供应,消除大脑疲劳症状。步行时稍微出汗,可维持毛孔的缩张功能,排除体内的一些代谢产物。正确的步行姿势为挺胸抬头,迈大步,每分钟走 60～80 米。手臂随着步子的节奏来回摆动。走的路线要直,不要左弯右拐。每天宜走半小时左右,强度根据个人体质而定,以微微出汗为宜。另外,步行的时候需要注意:肩放平、背放松、收小腹、不塌腰、缩下颌,保持头部直立,不前倾,不左右歪斜;前后摆动双手,使手臂、胸及背部肌肉得到活动。

二、运动处方的组成

运动处方的构成要素主要包括运动目的、运动类型、运动强度、运动时间、运动频度和注意事项。

1. 运动目的

运动处方的目的有健身、娱乐、减肥、康复治疗等,主要是通过有目的性的锻炼达到预期的效果和目标。在制订具体的运动处方时,个人需要根据自己不同的运动需要来计划实施内容。

2. 运动类型

运动类型的选择需要结合多种因素综合制订。如结合具体的运动条件、场地设施、运动器材、运动项目、目的等,同时还需要结合个人的运动兴趣爱好。

3. 运动强度

运动过程中,一般采用心率作为运动强度的评价指标。通常心率在 120 次/分钟以下为小运动强度，120～150次/分钟为中等运动强度，150～180次/分钟或者180次/分钟以上为较大运动强度，如表2-1所示。适宜运动强度范围，可用靶心率进行控制。以本人最高心率的70%～85%的强度作为标准：

靶心率=(220-年龄)×(70%～85%)

最适宜心率的计算公式：

最大心率=220-年龄

心率储备=最大心率-安静心率

最适宜运动心率=心率储备×75%+安静心率

表2-1　按年龄预计最适宜运动心率及相应吸氧量

运动强度种类	占最大吸氧量/%	梅脱/MET	心率/(次/分钟)				
			20～29岁	30～39岁	40～49岁	50～59岁	≥60岁
较大	90	12	175	170	165	155	145
	80	10	165	160	150	145	135
	70	8	150	145	140	135	125
中等	60	6.5	135	135	130	125	120
	50	5.5	125	125	115	110	110
小	40	4	110	110	105	100	100

4. 运动时间

运动时间指每次锻炼的持续时间，与运动强度紧密相关。一般来讲，运动强度与运动时间成反比关系，运动强度越大，运动时间反而越短。有氧运动的时间一般需要30分钟以上，才可以达到较好的运动训练效果。

5. 运动频度

运动频度指每周的运动次数。参照“体育人口[①]”的界定，一般要求每周运动至少三次以上，隔日进行效果为佳。

6. 注意事项

以治疗和康复为目的的运动处方在运动前需要指出运动禁忌项目，在健身过程中注意观察一些意外和特殊指征。

三、运动处方制订的原则

为了保证运动处方实施的有效性、安全性，加强锻炼效果，达到增强体质、增进健康、健身、健心、健智、健美与防病治病、康复相互促进的目的，在制订运动处方时需要遵循下列原则。

---

① 体育人口：指经常从事身体锻炼、身体娱乐，接受体育教育、参加运动训练和竞赛，具有统计意义的一个社会群体。国际上界定体育人口的标准差异较大，我国体育人口的判定标准为：每周活动频度3次(含3次)以上；每次身体活动时间30分钟以上；每次身体活动强度中等程度以上。

1. 安全有效性原则

为了保证处方安全有效地实施，除了解锻炼者的既往疾病史、家族病史和医学检查外，还需要通过调查针对性地了解不同锻炼者的禁忌症。尤其是身体条件较差的，在实施运动处方时，需要注意严格的监控和医学监督，避免意外事故的发生；而那些身体素质较好的，运动项目和运动内容的选择可以适当灵活。

2. 区别对待性原则

由于个体身体素质的差异性，运动处方内容选择必须根据不同个体的具体情况，因人而异、区别对待。

3. 动态调整性原则

对于初定的运动处方，锻炼者需要经过多次运动实践及多次调整之后，才能适合个人的身体条件，满足个人锻炼的需求。

四、运动处方制订的程序

制订运动处方必须依次做以下几个方面的工作：一般检查、临床检查、运动试验及体力检查、制订运动处方、预防实施运动处方、修改运动处方和实施运动处方等。

1. 一般检查

通过检查了解参加锻炼者或病人的基本健康状况和运动情况，包括询问病史及健康状况，了解运动史，了解健身或康复的目的和社会环境条件等。

2. 临床检查

临床检查主要包括：运动系统的检查、心血管系统检查、呼吸系统检查、神经系统的检查等。其中，运动系统的检查包括肌肉力量的检查和评定、关节活动度的检查等；心血管系统的常规检查指标为心率、心音、血压、心电图等，心血管系统的功能检查一般采取定量负荷试验，常用的有台阶试验、一次负荷试验、联合机能实验、PWC170 机能实验等；呼吸系统的检查包括肺容量的测定、通气功能检查、呼出气体分析、屏气实验、日常生活能力评定等，常用的指标有肺活量、五次肺活量、肺活量运动负荷、时间肺活量、最大通气量、最大闭气、呼吸气体等；神经系统的功能检查为自主神经系统的功能检查，体表感觉神经功能检查，反射、神经肌肉功能检查等。另外，还包括肾功能检查、肝功能检查、代谢功能检查等全面综合系统的检查。

3. 运动试验

运动试验是评价心脏功能、制订运动处方的重要依据，一般采用跑台或者功率自行车进行，逐级增加运动负荷。

4. 体力测试

运动负荷试验无异常的人才可以进行体力测试。体力测试包括运动能力测试和全身耐力测试。目前采用较多的体力测试方式为 12 分钟跑测试。

5. 制订运动处方

根据不同的健身锻炼目的确定运动的类型、运动目的、运动时间、运动强度、运动频度和注意事项等。

6. 运动中的医务监督

处方实施过程中，应对患者进行医务监督，以确保处方的安全性。健康状况好的锻炼者，可在自我监督的情况下进行运动；而对于那些心血管系统疾病、呼吸系统疾病、慢性病、临床症状不稳定的患者，在实施运动处方时，应在有医务监督的情况和条件下进行。

7. 运动处方的修改和微调

运动处方的制订最初并不固定，应先设置一个“观察期”，观察实施运动处方之后患者的反应；再在“调整期”内进行反复调整、修改，最终确定；最后在“相对固定期”内实施最佳的运动处方。

延伸阅读

有雾的天气最好不要在户外锻炼。雾滴中不但溶解了一些酸、碱、盐、胺、苯、酚等有害物质，同时还沾带了一些尘埃、病原维生素等有害的固态小颗粒。当人们在雾中做长跑等剧烈运动时，身体某些敏感部位接触了这些有害物质并大量吸入，可能会引起气管炎、喉炎、眼结膜炎和过敏性疾病。

五、运动处方的内容和格式

1. 运动处方的内容

目前，运动处方没有统一的规定，但是处方的制订需要遵循全面、准确、简明易懂的原则，主要包括以下内容：

(1) 一般资料；

(2) 临床诊断结果；

(3) 临床检查和功能检查结果；

(4) 运动试验和体力测试结果；

(5) 运动目的和要求；

(6) 运动内容；

(7) 运动强度；

(8) 运动时间；

(9) 运动频度；

(10) 注意事项；

(11) 医师签字；

(12) 运动处方的制订时间。

2. 运动处方的格式

运动处方可根据不同的需要采用不同的格式，但在处方中，必须指出禁止参加的运动项目、锻炼的自我监控指标及出现异常情况时停止运动的准则等。大学生常见的锻炼处方卡如表 2-2、表 2-3 所示。

表 2-2　大学生锻炼处方卡(正面)

姓名:	性别:	年龄:

健康状况:
功能检查:20 次/30 秒蹲起、30 次/30 秒下蹲、哈佛台阶试验、功率自行车 (以上测试项目可任意选择)
测试结果:
锻炼内容:
每次锻炼持续时间:
锻炼时最高心率(次/分钟):　　每周运动次数:
注意事项:　　禁忌运动项目:
复查日期:
医生健身指导教师签名:　　年　月　日

表 2-3　大学生锻炼处方卡(背面)

日期:	锻炼情况	身体反应情况

签名:　　年　月　日

六、常见的运动处方

这里主要介绍两种常见的运动处方的制订模式,即提高有氧运动能力和发展肌肉力量的运动处方。同学们可根据自己的需要掌握运动处方制订的基本步骤和基本要素。

1. 提高有氧运动能力的运动处方

(1) 运动项目。运动项目(方式)的选择最好结合自己的兴趣爱好,选择最感兴趣的,并且能够长期坚持的运动项目。常见的有氧运动项目有步行、散步、慢跑、骑自行车、游泳、健身操、太极拳等。

(2) 运动频度。最好是每隔一天进行 1 次,一周 3 次,每次 20～45 分钟就可以促进有氧运动能力的提高,但是随着负荷和运动持续时间的增加,要继续改善有氧运动能力,运动频度需有所增加,一周 3～5 次为佳。

(3) 运动强度。强度的控制需要结合个人的主观感觉进行判断,也可以结合运动适宜心率表格进行确定。一般运动强度以达到最大心率的 70%～85%或最大吸氧量的 50%～70%为目标心率范围。

(4) 运动持续时间。运动时间取决于运动强度,低强度的运动每次活动时间必须超过 30 分钟;而高强度的运动,至少需要持续 20 分钟甚至更长的时间。

(5) 运动处方的实施。每次开始活动前需要做好充分的准备活动以减少肌肉酸痛和受伤。锻炼后期，随着有氧运动能力的增强，处方也需要进行适当的调整，如改变处方的强度、持续时间、频率等。

2. 发展肌肉力量的运动处方

(1) 运动项目。不同的锻炼目的采取的练习方式也有所不同。发展腹肌肌力需要采取的练习方式有：① 仰卧起坐；② 悬垂摆腿或抬腿；③ 仰卧抬腿；④ 俯卧撑；⑤ 杠铃提放。发展腰背肌肌力的练习方式有：① 背屈；② 仰卧抬腿；③ 侧屈。发展腿部肌力的练习方式有：① 负重下蹲；② 负重跳台阶；③ 仰卧屈小腿；④ 仰卧上下摆腿；⑤ 立姿屈小腿等。以上各动作均以 10～20 个为一组进行练习。

(2) 运动频率和运动持续时间。每周锻炼 3～5 次，每次锻炼时间为 1 小时左右。

(3) 运动强度。每次练习可以选取 2～3 个动作，每个动作练习 4～6 组，每组练习 15～20 次，组与组的间歇时间一般为 30～40 秒，最多不超过 50 秒。

(4) 运动处方的实施。每次运动前需要做好充分的准备活动，避免肌肉或韧带的拉伤。刚开始练习时，负荷量不一定大，随着练习时间推移，可以逐渐加大负荷量和练习强度。

(5) 注意事项。肌力练习需要长时间的练习才能达到目的，锻炼时需要注意将局部锻炼和全身锻炼相结合、力量锻炼和耐力锻炼相配合，使得全身各部位的肌肉都能够得到锻炼和提高；同时，还需要在锻炼的过程中加强营养，保证充足的休息和睡眠，避免机体出现过度疲劳。

思考与练习

(1)体育锻炼的健身方法有哪些？

(2)谈谈你在运动过程中遇到的一些急性运动生理反应，并说明应该如何预防与处理。

(3)常见的运动损伤有哪些？体育锻炼中应该如何处理和预防？

(4)试述运动处方的概念和制订运动处方的基本程序。

第三章　体育竞赛编排方法

内容简介

学校为了丰富校园文化生活，促进学生之间的交流，常会定期举行一系列的体育竞赛。学生社团也会举办体育竞赛活动，促进社团会员的交流。而竞赛编排的科学合理与否直接关系到赛事能否成功举办。本章根据高校举办体育竞赛的具体情况，主要介绍田径比赛和球类比赛的编排，希望大家通过本章的学习可以较顺利地举办好中小型的田径比赛与球类比赛。

学习目标

了解田径和球类比赛编排的基本原则和体育竞赛的基本分类；基本掌握田径比赛和球类比赛编排的流程；掌握各类体育竞赛的赛制，并可在实践活动中较熟练地运用；较成功地组织一至两次球类竞赛。

第一节　体育竞赛编排方法简介

体育就是美，体育就是正义，体育就是进步，体育就是和平。

体育竞赛是各种体育运动项目比赛的总称。开展体育竞赛活动可宣传体育运动，引导人们参加体育锻炼，普及群众性健身活动；开展体育竞赛活动为人们进行交流提供了渠道，促进运动水平的提高，丰富和活跃业余文化生活。学校定期开展体育竞赛活动，可丰富校园文化生活，促进学生之间的交流，提高运动技能水平和裁判水平。

体育竞赛具有竞争性、竞赛的公平性、规则的制约性和结果的随机性几大特点，深受不同年龄、性别及阶层人群的喜爱。体育竞赛顺利进行的基础是科学合理的竞赛编排。

一、体育竞赛编排的一般原则

1. 公正性原则

公正是竞赛编排的灵魂，但竞赛的公正性不是无条件的。依据不同的标准，公正性总是相对的，贯彻公正性原则时，应该对此有清醒的认识和科学的态度。

2. 合理性原则

运动竞赛的过程是“选优”，故竞赛的编排应保证竞赛过程实现优胜劣汰，使竞赛结果符合或基本符合参赛者的竞技水平。若竞赛无法客观反映参赛者的真实水准，那么这样的竞赛不仅毫无价值，还会造成不良影响，因此合理性是竞赛编排须贯彻的又一重要原则。

3. 效益性原则

体育竞赛不仅要公正合理，还须创造一定的效益，要以较小投入获得较大产出。竞赛的产出，主要包括竞赛效益、经济效益和社会效益等。在高职高专学校的体育竞赛活动中，应将产出的重心放在竞赛效益和社会效益上，同时兼顾经济效益，使体育竞赛尽量定期举办，形成传统。

二、体育竞赛的分类

根据竞赛方法的不同，可以将体育竞赛分为竞争性体育竞赛和对抗性体育竞赛两大类。

竞争性体育竞赛指参赛各方在尽可能不受干扰的条件下，发挥自身能力去夺取某种时空参数，以获得时空参数的大小来选择优胜、排列名次的竞技活动，如田径、游泳、自行车、举重等一大批运动项目的竞赛。以上所列项目的竞赛结果主要取决于竞争者自身的各种素质，他们相互干扰的可能性几乎没有。

对抗性体育竞赛是指在竞赛过程中，竞赛双方均在对手的干扰和破坏下去夺取比赛胜利，同时要竭尽全力阻止对方获得胜利。大多数球类竞赛、击剑、摔跤等均属于对抗性体育竞赛。对抗性体育竞赛又可分为同场对抗性竞赛和隔网(区)对抗性竞赛。

根据高校举办体育竞赛的具体情况，本章主要介绍田径比赛和球类比赛的编排。

第二节　田径比赛的编排

所取者远，必有所待；所就者大，必有所忍。

一、田径比赛组织工作的基本程序

田径比赛组织工作的基本程序见图 3-1。

图 3-1　田径比赛组织工作基本程序图①

① 汪玮琳:《运动比赛学》,北京,中国经济出版社,2004:133 页。

二、田径比赛的编排方法

（一）编排前的准备工作

编排前的准备工作主要是掌握参赛人数、比赛时间和场地等具体情况；准备比赛用的图或表；编写运动员的号码与姓名对照表；根据比赛天数及作息时间，按每半天为一个比赛单元，除去开、闭幕式时间外，还有多少时间可真正用于比赛，为安排赛程打下基础；制订完整的工作计划并进行具体分工。

（二）编排比赛日程

田径比赛日程编排的复杂性是其他运动项目无法比拟的。为使田径比赛有条不紊地进行，田径比赛的编排须遵循以下基本原则。

（1）注意同一项目各赛次之间、全能比赛各项目之间的休息时间，应按照标准留出休息时间。

（2）按兼项的一般规律将相关项目分开编排，以减少兼项冲突。经常出现兼项的项目有 100 米兼 200 米；100 米兼跳远；200 米兼 400 米；400 米兼 800 米；800 米兼 1 500 米；400 米兼 400 米栏；1 500 米兼 3 000 米；5 000 米兼 3 000 米障碍或 10 000 米；100 米兼 4×100 米接力；400 米兼 4×400 米接力；跳高兼三级跳远；推铅球兼掷铁饼等。

（3）编排时注意运动员在一天内所能承受的运动负荷是否合理。

（4）性质相同的项目，编排时应注意先后顺序。

（5）在条件许可的前提下，尽量延长兼项之间的时间间隔。

（6）不同级别的同一径赛，最好衔接起来进行，以利于裁判工作和场地器材的布置。

（7）若短距离径赛项目赛次较少，最好安排在一天内结束。

（8）不同级别的同一田赛项目，一般不安排在同一单元内进行。

（9）将决赛项目分配至各比赛单元进行，并尽量安排在下午。

（10）在举行场地径走和长距离跑比赛时，最好不安排与其有场地冲突的田赛项目。

（11）每一单元的比赛，尽可能使径赛与田赛同时结束。

（三）具体编排方法

田径比赛里最常用的编排方法有填表法和卡片法，随着田径比赛的规模不断扩大，现很多田径运动会的编排已采用专门的田径运动会编排软件，以节省人力物力。此处主要介绍填表法。

采用填表法确定比赛日程，工序简便，大大节省人力，可大大缩短编排时间。具体的步骤为如下。

（1）根据报名和比赛天数等情况制作日程编排空表（见表 3-1）。

表 3-1　田径比赛日程编排表　　组别________

比赛日期						
比赛单元	上午	下午	上午	下午	上午	下午
100 米						
200 米						

续表

比赛日期						
比赛单元	上午	下午	上午	下午	上午	下午
400 米						
……						
标枪						
十项全能						
每日决赛项数						
每日比赛项数						

(2) 先排全能项目后排单项,先排径赛项目后排田赛项目。

(3) 有决赛项目时,应预留颁奖时间。

(4) 将田径比赛日程编排表送相关人士进行审核,审核通过后即印发给各参赛单位。

(四) 比赛中的编排记录公告工作

1. 临场编排

提前半天或一天将记录表交田赛裁判长。提前半天或两小时左右将径赛卡片按比赛顺序交给径赛裁判长或检录长。

2. 竞赛成绩公告

在基层的田径运动会中,收到成绩表后,应立即检查有无裁判长的签名,若签名齐,则认为该成绩表有效。之后将成绩单复印,一份汇编秩序册,一份张贴于成绩公告栏,一份留底,若打破纪录,则还应印发破纪录成绩公告。

3. 统计纪录、奖牌和总分

负责此项工作的裁判员应认真学习竞赛规程,并熟记本次比赛的记分办法,准备好相应的成绩记录表、团体总分表、奖牌统计表和破纪录统计表。在比赛进程中,根据收到的成绩单立即填写相应表格。如采用电脑录入,则须与电脑操作员复核结果。

(五) 基层田径运动会计分方法

根据田径规则的规定,一般各项决赛可取前六或前八名,分别按 7、5、4、3、2、1 分或 9、7、6、5、4、3、2、1 分计算。对实际参加决赛人数不足原规定录取人数的,计分方法亦可不变。

第三节　球类比赛的编排

生命就是一连串的选择,每个状况都是一个选择:你选择如何回应;你选择人们如何影响你的心情;你选择处于好心情或是坏心情;你选择如何过你的生活。每天你都能选择享受生命,或憎恨它。这是唯一一件真正属于你的权利,没有人能够控制或夺去的东西。

球类比赛通常采用的赛制有循环赛、淘汰赛和混合赛三种。一般根据参赛队伍数或人数多少、场地分布和数量等确定赛制。

一、循环赛

（一）循环赛的分类与特点

循环赛指参赛队或个人之间，均要互相轮流比赛，最后按照各参赛队或个人在全部比赛中的胜负场数和得分多少排定名次的比赛方法。它包括单循环、双循环和分组循环三种，最常被采用的是单循环和分组循环。单循环是所有参赛队或个人相互轮赛一次。分组循环是参赛队或个人较多时，采用种子法，把参赛队或个人分散于各组，先进行小单循环赛，再根据小组名次组织第二阶段的比赛。

采用循环赛进行比赛时，比赛期限拉得较长，占用场地和时间较多，不易合理安排比赛的顺序。

（二）单循环赛轮数与场数计算公式

1. 轮数

每个参赛队赛毕一场（轮空队除外），称为一轮结束。轮数的确定方法为：当参赛队或个人数为单数时，比赛轮数等于队数或个人数；参赛队或个人数为双数时，比赛轮数在参赛队或个人数的基础上减去一。例如，参赛队为 5 个，则比赛轮次为 5 轮；参赛队为 8 个，则比赛轮次为 7 轮。

2. 比赛场数

比赛场数的计算公式为：

$$\text{比赛场数}=\text{队数}\times\frac{\text{队数}-1}{2}$$

（三）单循环赛具体编排方法

1. 参赛队或个人数为单数

可采用右上角逆时针循环编排方法。将所有参赛队或个人进行编号，并在最后补“0”，使其成为双数。之后将其分为两组，前一组的号数按序自上而下写于左边，另一组号数按序自下而上写于右边，并将相对应的号横线连接，即为第一轮比赛对阵情况。与“0”相遇的队伍即轮空。以 5 个队或 5 个人参赛为例，轮数应为 5 轮，共赛 10 场，第一轮编排情况如图 3-2 所示。

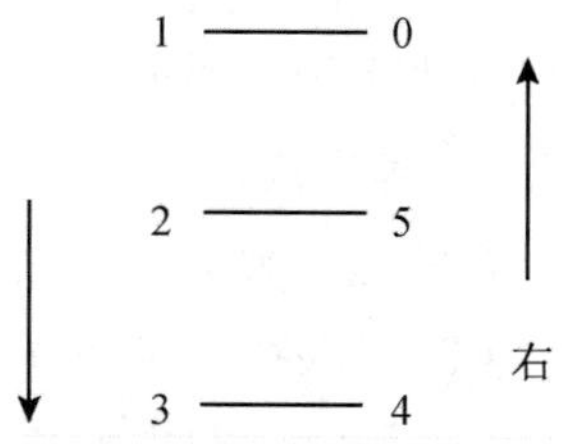

图 3-2 单数队第一轮编排图

第一轮编排完后，“0”的位置保持不动，将其他数字按逆时针方向旋转一个位置，再用横线将对应号进行连接，即为第二轮对阵情况。以后各轮按同一方向轮转一个位置，依次排出各轮比赛对阵情况。请看图 3-3(a)、3-3(b)和 3-3(c)所示的 5 个队或个人参赛第二轮和第三轮对阵情况，其他几轮依此类推。

2. 参赛队或个人数为双数

仍然将各参赛队或个人按数依序编号，按次序将号数分为两组，并用横线相连，即为第一轮对阵情况。第二轮时“1”号的位置固定不变，其余号数按逆时针方向轮转一个位置。之后的轮次对阵情况依此类推。

如有 6 个队（或个人）参加比赛，其单循环对阵情况见表 3-2。

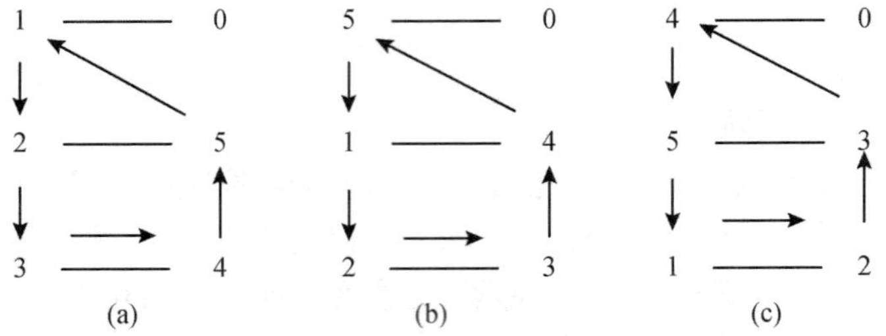

图 3-3　循环赛编排逆时针轮转图

表 3-2　6 个队(或个人)参赛对阵情况表

第一轮	第二轮	第三轮	第四轮	第五轮
1—6	1—5	1—4	1—3	1—2
2—5	6—4	5—3	4—2	3—6
3—4	2—3	6—2	5—6	4—5

（四）分组循环比赛编排方法

分组循环赛一般分为预赛和决赛两个阶段。

1. 预赛阶段

当参赛队伍较多时,可采用分组循环赛制进行比赛。分组循环与单循环不同的是需要确定种子队(个人)的数目。分组循环赛一般按分组数或分组数的 2 倍数定种子。若种子数与组数相等,则将种子队或种子选手分别安排在各小组的 1 号位置;若种子队为组数的 2 倍,则采用“蛇形”排列法。

(1) 确定种子队或个人数目,种子队或个人的数目一般等于小组数。

(2) 抽签方法:种子队先抽签,确定各种子队的级别,然后其他各队或个人再抽签确定组别。

2. 决赛阶段

决赛阶段一般采用同名次赛、分段赛和交叉赛三种主要的编排法。

(1) 同名次赛。以预赛时分为四组的比赛为例,决赛阶段每组的第一名编成一组进行单循环赛,决出一至四名,各小组的第二名编在一起决出五至八名。

(2) 分段赛。以预赛时分为两组的比赛为例,决赛阶段每组的第一、二名编在一起决出一至四名,每组的三、四名编在一起决出五至八名。

(3) 交叉赛。各组的前两名交叉比赛,两场胜者进行决赛以决出第一、二名,两场负者再相互比赛决出第三、四名,各组第三、四名用同样方法决出第五至八名,其余依此类推。

二、淘汰赛

（一）淘汰赛的种类与特点

淘汰赛又称淘汰法。通过比赛逐步淘汰成绩差的,最后评出优胜者的赛制即为淘汰赛。

淘汰赛可分单淘汰、双淘汰和交叉淘汰三种。在球类比赛中若采用淘汰赛,则须一对对地按淘汰表的顺序进行比赛,每次胜者进入下一轮,直到最后一对决定冠亚军。采用此种赛制可大大增加比赛容量,使比赛具有更加强烈的对抗性,但要注意以下几个事项。

(1) 运用“种子”分区、抽签和定位等方法,使强者或同一单位参赛者之间避免过早相遇。

(2) 采用附加赛法,以确定第二名以后的名次。

(3) 增设双淘汰赛,失败两场方被淘汰。

(二) 淘汰赛轮数与场数计算

(1) 单淘汰赛轮数与场数计算方法。

① 当参加比赛队数或个人数等于 2 的乘方数,则比赛轮数等于 2 的指数。

② 当参加比赛队数或个人数不是 2 的乘方数,则比赛轮数为最接近比赛队数或人数的、较大或较小的 2 的指数。

③ 比赛场数为参赛队数或个人数减去 1。

例如:若参赛队数或个人数为 8,$8=2^3$,则轮数为 3 轮,比赛场数为 7 场。若参赛队数或个人数为 28 人,$16(2^4)<28<32(2^5)$,且 32 比 16 更接近 28,则轮数为 5 轮,比赛场数为 27 场。

(2) 双淘汰赛轮次和场数计算方法。

① 胜方轮次与单淘汰赛相同。

② 负方轮次=胜方轮次×2－2。

③ 双淘汰比赛场数=2×参赛队(个人)数－3。

例如:16 个参赛队(个人)进行双淘汰赛,胜者须赛 4 轮,负人须赛 6 轮,比赛场数为 29 场。

(三) 如何确定淘汰赛中的“号码位置”

在淘汰赛中安排参赛队(人)位置的号码称“号码位置”。由于参赛队(人)的人数不一定恰好为 2 的乘方数,在确定淘汰赛的号码位置时,应根据参赛队数或人数,选择最接近的、较大或较小的 2 的乘方数作为号码位置数。

例如:112 人参赛,$64(2^6)<112<128(2^7)$,128 较 64 更接近于 112,故使用较大的 128 个号码位置,将出现轮空号码。132 人参赛,选择较小的 128 个号码位置,将出现有的号码要抢号的现象。

(四) 淘汰赛编排方法与注意事项

1. 轮空与抢号方法

(1) 轮空。在淘汰赛中,当参赛队(人)数小于选用的号码位置数时,第一轮未安排比赛的参赛队(人)即轮空。

轮空队(人)数确定的方法为:轮空队(人)数等于略大于参加比赛队数的 2 的乘方减去参加比赛的队(人)数。轮空号码的定位须查“轮空位置表”(见表 3-3)。

表 3-3　轮空位置表

2	255	130	127	66	191	194	63
34	223	162	95	98	159	226	31
18	239	146	111	82	175	210	47
50	207	178	79	114	143	242	15
10	247	138	119	74	183	202	55

续表

42	215	170	87	109	151	234	23
26	231	154	103	90	167	218	39
58	199	186	71	155	135	250	7
6	251	134	126	70	187	198	59
38	219	166	91	102	155	230	27
22	235	150	107	86	171	214	43
54	203	182	75	118	139	246	11
14	243	142	115	78	179	206	51
46	211	174	83	110	147	238	19
30	227	158	99	94	163	222	35
62	195	190	67	126	131	254	3

查表方法:用稍大于参赛队(人)数的 2 的乘方数作为最大位置号数。根据轮空队(人)数,在轮空位置表上由左向右依次找出小于最大位置号数,就是轮空位置。与轮空位置相应的队(人)即在第一轮轮空,直接进入第二轮比赛。

(2) 抢号。当参赛队(人)数量刚超过或较少地超过某一个 2 的乘方,采用轮空则会给制表带来不便,也不利于比赛进行,故常采用“抢号”的方法来确定参加第一轮比赛的队或人。

抢号的方法为:一部分选手通过一场比赛争夺淘汰赛号码位置表上的某一个号码,胜方获得淘汰赛号码位置表上的某些号码,负方则直接被淘汰。

注意“抢号”中被抢的号码亦是通过“轮空位置表”查得,只是查“轮空”号码时较查“抢号”号码时高一次幂乘方数的号码位置。

2. 分区方法

将全部号码位置分成若干个相等的部分,称为“分区”。例如:将全部号码分为上下两个半区,将分出的上下两个半区再分成两半,即为 1/4 区,依此类推。

3. 种子编排法

在淘汰赛中,由于参赛队(人)数较多,为避免强队或强手过早相遇,降低比赛的精彩程度,可以将他们确定为“种子”。“种子”在号码位置中的具体位置可查“种子位置表”(见表 3-4)。

表 3-4 种子位置表

1	256	129	128	65	192	193	64
33	224	161	96	97	160	225	32
17	240	145	112	81	176	209	48
49	208	177	80	113	144	241	16
9	248	137	120	73	184	201	56
41	216	169	88	105	152	233	24
25	232	153	104	89	168	217	40
57	200	185	72	121	136	249	8

查表方法:按比赛所设的种子队数,在种子位置表上从左向右依次找出小于或等于最大位置号数,就是种子队的位置。

4. 抽签方法

(1) 拟定抽签方案。

(2) 准备抽签用具:签卡、抽签记录表、分区控制表。

(3) 抽签人员分工。

(4) 抽签实施方法:

① 种子抽签与定位;

② 非种子的抽签与定位:按抽签方案确定的顺序,将各参赛队(人)先分区,后定位;

③ 各单位的运动员分批进行抽签;

④ 控制平衡与复核检查。

5. 淘汰赛编排时的注意事项

(1) 球类个人项目赛常采用淘汰赛,由于竞赛项目和场次多,且交叉进行,个别选手还涉及兼项,故编排时应全面检查,以免出现重场、漏场和连场等问题。

(2) 淘汰赛时比赛应逐轮进行,以保持比赛进度。

(3) 安排好队和个人单项比赛的"决赛",以保证比赛的悬念和精彩程度。

(4) 对于同一场馆内安排若干场地进行比赛的小球项目(羽毛球和乒乓球)竞赛,应注意科学合理地使用比赛场地。

三、混合赛

一次竞赛中同时采用循环制和淘汰制的赛制为混合制。采用此赛制时,一般将比赛分为两个阶段进行,第一阶段先将参赛队(人)分组,小组内进行单循环赛,可称为预赛阶段;第二阶段进行交叉淘汰赛决出最后名次,可称为决赛阶段。第一阶段的具体编排见单循环赛。第二阶段采用交叉淘汰赛,每场比赛均须决出胜负。

例如:第一阶段将参赛队(人)分为 A、B 组进行了单循环赛,在决赛阶段,首先将各两组的前两名共计 4 个队(人)编成一组,决出第一至四名;两组的第三至四名编成一组,决出第五至八名。在第一组的比赛中,由 A 组第一名对 B 组第二名、A 组第二名对 B 组第一名,胜者决出冠亚军,负者决出第三、四名。在第二组的比赛中,由 A 组第三名对 B 组第四名、A 组第四名对 B 组第三名,胜者决出第五、六名,负者决出第七、八名。通过以上方法即可决出比赛的前八名。

混合赛制特别适合基层的球类比赛,既可促进参赛者之间的交流,亦不失比赛的对抗性与激烈性。

思考与练习

(1) 如何编排一场田径比赛?

(2) 球类比赛的赛制有哪几种?都有何特点?

第四章　田 径 运 动

主要内容

本章主要介绍田径运动的基本组成、特点、功能，径赛中的短跑、中长跑、跨栏跑和接力跑项目及田赛中跳远、跳高、铅球、标枪等运动项目的动作技术要领及练习方法，田径运动的竞赛规则。

学习目标

了解田径运动的基本组成，掌握高校体育活动中常见的田径运动项目的基本动作技能，能在未来的终身体育锻炼过程中加以运用，达到强身、健体、健心的效果。

第一节　田径运动概述

运动是一切生命的源泉。

一、田径运动概念

田径(track and field)是指人类从走、跑、跳、投等自然运动发展起来的身体练习运动和竞技项目，可分为竞走、跑、跳跃、投掷和全能五部分内容。其中以时间计算成绩的竞走和跑的项目称为径赛(track)；以高度、远度计算成绩的跳跃、投掷类项目称为田赛(field)；而由跑、跳、投掷等部分项目组合成的综合项目称为全能运动(all-around sports)。

二、田径运动分类

田径比赛的项目可划分为五大类(见表 4-1～表 4-5)。

表 4-1　成人竞走类项目

项　　目	场地赛/km	公路赛/km
	5　10	20　50

表 4-2 成人跑类项目

项目	短距离跑/m	中距离跑/m	长距离跑/m	超长距离跑/m	跨栏跑/m	障碍跑/m	接力跑/m	公路赛和越野赛
男子	100 200 400	800 1 500 3 000	5 000 10 000	马拉松 42 195	110 m栏 (栏高1.067) 400 m栏 (栏高0.914)	3 000	4×100 4×400	包括马拉松在内的公路赛及由大会决定的各种距离不等的公路赛和越野赛
女子	100 200 400	800 1 500 3 000	5 000 10 000	马拉松 42 195	110 m栏 (栏高0.84) 400 m栏 (栏高0.762)		4×100 4×400	

表 4-3 成人跳跃类项目

类别	男子	女子	类别	男子	女子
高度项目	跳高 撑竿跳高	跳高 撑竿跳高	远度项目	跳远 三级跳远	跳远 三级跳远

表 4-4 成人投掷类项目

项目	铅球/kg	标枪/kg	铁饼/kg	链球/kg
男子	7.26	0.8	2	7.26
女子	4	0.6	1	4

表 4-5 成人全能运动类项目

组别	项目	内容和比赛顺序
成人男子	十项全能	第1天:100 m、跳远、铅球、跳高、400 m 第2天:110 m栏、铁饼、撑竿跳高、标枪、1 500 m
成人女子	七项全能	第1天:100 m栏、铅球、跳高、200 m 第2天:跳远、标枪、800 m

三、田径运动的产生与发展

1. 田径运动的起源

在生存环境严酷的原始社会,人类为了生存与繁衍,不得不长途迁徙以躲避各种灾害或奔跑追赶猎物,途中还会越过各种障碍,人类通过投掷石块或锐器等各种捕猎工具获取生活原料。由于在劳动中不断重复这些动作,人类便逐步形成了走、跑、跳跃和投掷等各种技能。随着社会发展和进步,人们将走、跑、跳跃、投掷等作为基本的游戏、锻炼和比赛形式;军事训练中的跑、跳、投掷等身体技能方面的练习,也是促成田径运动诞生的重要因素。

2. 田径运动的发展

古希腊是古代奥林匹克运动的发祥地。公元前776年,这里举办了首次真正意义上的有组织、有章程的古代田径运动竞赛。直至1896年,在法国社会活动学家、教育家顾拜旦的奔走倡议下，以田径运动为主要比赛项目的首届现代奥林匹克运动会得以召开。此后，田径运动赛事的影响力与日俱增。进入 20 世纪以后，田径运动赛事更是得以在全球各地普遍开展。今天，世界田径运动水平不断提高，新的世界纪录不断被刷新，田径运动正以昂扬的姿态和蓬勃的激情开创新的发展纪元。

3. 我国田径运动的发展与成就

现代田径运动直到 20 世纪初才被我国正式引入。1910 年，我国举办了第一届全运会，但其组织、规则制定、裁判员及工作人员等皆由外籍传教士包办。1924 年我国成功举行了由中国人自己主办的第三届全运会。1930 年，在第四届全运会上，女子田径比赛项目正式设立。我国短跑运动员刘长春分别于 1932 年和 1936 年代表中国参加了洛杉矶和柏林奥运会，其 10.7 s 的 100 m 全国纪录保持长达 25 年之久，到 1958 年才被中国运动员梁建勋打破。新中国成立后，我国田径运动得到较快发展，运动员成绩大幅度提升，涌现出了众多优秀的田径运动员，如郑凤荣、朱建华、王军霞、刘翔等。他们在世界田坛享有盛誉，为我国田径运动发展起了重要的宣传和推动作用。

延伸阅读

“飞人”刘翔

刘翔，中国田径 110 米栏一级运动员。1983 年生于上海普陀区，1998 年开始转向跨栏训练。在 2004 年雅典奥运会上，刘翔以 12.91 s 的成绩平了保持 11 年之久的世界纪录。这枚金牌是中国男选手在奥运会上夺得的第一枚田径金牌，抒写了中国田径新的历史！2006 年在瑞士洛桑田径超级大奖赛上以 12.88 s 的成绩打破沉睡 13 年之久的世界纪录；2007 年创造了第九道奇迹，以 12.95 s 的成绩获得日本大阪的第 11 届世界田径锦标赛冠军，成为世界上唯一一个集奥运会冠军、世锦赛冠军和世界纪录保持者于一身的男子 110 m 栏“大满贯”得主。10 道高栏、110 m 的距离、炮弹般的速度，不仅改变了一个民族关于速度的记忆，弥补了一段想象中的记录空白，也宣告了“刘翔时代”的到来。

四、田径运动特点

1. 参与广泛

田径运动中的走、跑、跳、投是人类生活和劳动的重要技能，也是田径运动中最基本的活动形式，对提高人体健康水平和发展人的身体素质最全面，且其项目众多，人们可根据自身情况选择不同项目进行锻炼。学校体育教学中，田径项目教学是全面发展学生身体素质的基本途径，也是教学的基本和重点。

2. 竞争激烈

田径运动竞赛是素质、技战术和心理的多重较量，在高水平比赛中这些特点尤为突出。径赛运动员在同一起跑线上进行同等距离的较量，田赛运动员依靠瞬间的发挥取得的成绩；公路赛和越野赛中对运动员意志力的考验等，都充分体现了田径比赛激烈的竞争性。

3. 户外运动为主

田径运动的大部分项目以在户外运动为主，在与大自然亲密接触过程中进行身体活动，对忙碌且缺乏锻炼的现代人而言是非常难得的体验。

4. 能力要求多样化

田径运动的基本运动形式走、跑、跳、投等综合反映了人在速度、力量、耐力、灵敏和柔韧等方面的能力。由于田径运动每个项目都较突出地反映了人体某一方面的能力，因此对其身体素质也提出了不同要求。

5. 技术性强

虽然田径运动各项目的动作都较简单，但要求却非常精准。要取得优异成绩，必须使个人技术既符合人体生物学结构的基本特点，又符合个人特点。如比赛中运动员常会因一个小细节的偏差而导致成绩下降，甚至动作失败。

五、田径运动功能

田径运动不仅能够有效提高人全面的身体素质和心理素质，还能实现其教育、培养、塑造人等多重价值。

1. 健身功能

跑可增强心血管系统、呼吸系统及其他系统的工作能力，同时有助于提高中枢神经系统的调节能力；还能有效地发展速度、速度耐力、耐力、力量等基本身体素质，提高心肺功能及无氧和有氧代谢水平。

人体在做跳跃类动作时必须进行高强度的神经活动，肌肉须用力克服重力障碍，这些动作可提高身体控制和集中用力能力，是发展弹跳力、爆发力以及协调性、灵敏性的首选。

投掷项目的健身价值主要体现在对力量的训练上，可保持并增强肌肉力量，改善人体灵活性。通过投掷练习能有效发展肩、躯干、臀部和腿部等肌肉力量，使身体线条更完美。

2. 教育功能

田径运动对培养学生坚强的意志品格，养成不断战胜自我的性格和促进独立个性完善等方面有着异曲同工之妙。主要表现在田径运动严格的规章制度有利于培养人的独立性和自我调控能力；项目的持久、枯燥重复性有利于培养人坚忍的意志品格、高度的集中注意力等。

3. 竞技和观赏功能

国际综合性运动比赛中常有"得田径者得天下"之誉，田径运动项目众多，参设的金牌数目相对也较多，因此人们对其关注度也较高。尤其是一些综合性大赛尾声阶段，往往是悬念重重，不到最后一刻很难决出胜负。

目前国际上重要的田径赛事主要有夏季奥运会田径比赛、世界杯田径赛、世界田径锦标赛和世界田径赛系列赛(黄金大奖赛)；国内重要田径赛事主要有全国运动会田径比赛、全国田径运动会、全国田径冠军赛和全国青年田径锦标赛。

第二节 径 赛

最返璞归真的环境，最适量有养的运动，最合理营养的膳食，最与世无争的心情。

径赛(track)项目主要包括竞走和跑步项目，如常见的短跑、中长跑、长跑、跨栏跑、接力跑、竞走等以时间来计算成绩的运动项目。径赛运动项目相对较多，本书主要介绍高校体育活动中常见的短跑、中长跑、跨栏和接力跑等动作技术的基本要领及练习方法。

一、跑类项目的技术原理

跑步(running)是周期性的运动项目，一个跑步周期包括人体的左右腿各支撑一次地面，身体出现两次腾空，以此划分跑步的技术为支撑阶段和腾空阶段。从单腿的动作分析来看，可分为连续不断且互相衔接的下落着地、支撑缓冲、蹬伸离地和折叠前摆四个技术阶段。

决定跑速的因素主要有步长和步频，两者的乘积即为跑步速度。

步长(step length)的大小受身体形态、下肢运动幅度、跑步动作协调性、关节灵活性、蹬地力量大小和方向、蹬伸动作质量及跑道弹性、风向及风力等众多因素影响。步频(stride frequency)主要受人体神经系统灵活性支配，还与下肢运动关节比例、髋部和腿部肌肉力量及协调性等因素的影响。二者互相依存，互相制约，实践中需保证适宜的步长和协调的步频才能达到理想的跑步速度。

延伸阅读

慢跑的健身作用

慢跑简便易行，健身作用明显，目前在国内外已成为一种锻炼身体和预防疾病的重要方法，为越来越多的人所接受和选择，并被人们称为“有氧代谢运动之王”而风靡全球。

进行放松的慢跑运动，能增强呼吸功能，增加肺活量，提高人体的肺通气和换气能力；还可使血流加快，血管弹性增加，改善血液循环；能加快机体新陈代谢，改善脂类代谢，防止血液中脂质过高；能有效控制体重，预防动脉硬化，调整大脑皮质的兴奋和抑制过程，有效消除大脑疲劳；锻炼血管平滑肌，增加血管的张力等。因此慢跑对于增进健康、增强体质、减肥瘦身、保持优美体态和心情舒畅具有重要的作用。

二、跑类项目的动作技术分析及练习方法

图文
中国短跑巨星

(一) 短跑项目的动作技术分析及练习方法

短跑项目包括 60 m、100 m、200 m 和 400 m 跑，距离越短，最快速跑的可能性越大，对其技术要求也越高。这些运动项目主要依靠 ATP-CP 和糖酵解系统供能，称为极限强度运动。

短跑(sprints)是一个不可分割的整体，习惯上将短跑分为起跑、起跑后的加速

跑、途中跑及终点跑几部分。现逐个介绍其技术要领。

1. 起跑

起跑(get off the mark)是为了使身体迅速摆脱静止状态,获得向前的最大初速度,为之后的加速跑创造条件。正规田径短跑比赛中运动员必须在起跑器上采取蹲踞式姿势起跑,目的是使脚有更加稳定的支撑并形成良好的用力姿势,利于起跑时获得更大的前冲力,为加速跑创造更有利的条件。

起跑过程包括“各就位”、“预备”和“鸣枪”三个阶段。

听到“各就位”(on your marks)后,运动员可连续做几次深呼吸,适当放松来稳定情绪,到起跑器前,俯身,两手撑地,两脚依次蹬在起跑器的抵足板上,后膝跪地。之后将双臂收回至起跑线后支撑并伸直,两手间距离与肩同宽或比肩稍宽,双手虎口向前,四指并拢或稍分开与大拇指成“人”字形支撑。身体重心稍前移,肩与起跑线基本平行,头与躯干在一条直线上,颈部自然放松,两眼目视前方半米处,注意听“预备”口令(见图 4-1)。

听到“预备”(set)口令后,臀部抬起至与肩同高或比肩稍高,重心前移,身体重量落在两臂和前腿上。前腿的大小腿夹角为 90°～100°,后腿的大小腿夹角为 110°～130°,两脚紧贴抵足板,保持整体动作的稳定性,注意力集中,准备听枪声(见图 4-2)。

听到枪声后,两腿迅速蹬离起跑器,两臂屈肘用力做前后摆动,使身体向前上方运动,躯干尽量前倾,与水平线夹角为 15°～20°(见图 4-3)。

图 4-1 各就位后姿势示意图

图 4-2 预备后姿势示意图

图 4-3 鸣枪后姿势示意图

2. 起跑后的加速跑

起跑后的加速跑是从蹬离起跑器到途中跑之间使身体达到最高速度的一个阶段,这个阶段长度为 20～25 m,目的是在最短时间内使身体获得最高速度。

两腿蹬离起跑器后,躯干尽量保持前倾使身体获得更多的加速力量,还须加快手臂的摆动和脚的蹬地动作。身体的前倾角度随步长和跑速的增加逐渐减小,最后接近于途中跑的动作姿势。起跑后的加速跑,前面几步步长不宜过大,第一步为 2～2.5 脚长,第二步为 4～4.5 脚长,之后逐渐加大。

3. 途中跑

途中跑是短跑过程中跑动距离较长、距离终点约 10 m 的一个阶段,百米跑中全长约为 65～70 m,目的是使身体保持最高跑速。

以脚前掌落地,做出向下、后的扒地动作,在支撑腿的膝关节缓冲过程中,只做最小幅度的弯曲,支撑腿的髋、膝、踝关节在蹬离地面时,充分伸展,摆动腿迅速将大腿摆至水平位置。腾空阶段可分为前摆和回收阶段。前摆阶段摆动腿的膝向前、上摆动;回收阶段支撑腿的膝关节明显弯曲，以形成小的摆动半径，摆臂积极放松。支撑腿即将落地时，主动向后用力，尽最大可能避免落地时发生的减速动作。

4. 终点跑

终点跑是短跑的最后阶段，其目的是尽力以途中跑的高速度跑过终点线。

终点跑要求在身体已疲劳的情况下，保持途中跑的正确技术，动员全部力量，以最快速度冲过终点。技术上要求上体稍微前倾，并注意加强后蹬和两臂的用力摆动，到离终点1～2步时，上体前倾，用躯干撞击终点线。注意跑过终点后逐渐减速，不要突停以免跌倒受伤。

5. 弯道跑

在200 m和400 m项目中，有一半以上距离在弯道上进行，因此其起跑、起跑后的加速跑和弯道阶段的跑在技术上与直道跑略有不同。

弯道跑时为克服向前跑进直线性运动的惯性，需改变身体姿势和后蹬、摆动的方向以产生向心力，能顺势沿弯道跑进。跑进时身体稍向圆心方向倾斜；后蹬时右脚用前脚掌的内侧，左脚用前脚掌外侧着地；右膝关节稍向内，左膝关节稍向外；右臂后摆时肘关节稍偏向右后方，前摆时稍向左前方，左臂靠近体侧，右臂的摆动幅度大于左臂。

6. 短跑技术要点分析

(1) 起跑后的加速跑上体要保持较大前倾，随速度、步长的逐渐增加，上体逐渐抬起。

(2) 途中跑动作轻松，上体和两腿的蹬摆配合协调。注意摆动时幅度要大，动作积极迅速；小腿回摆后积极迅速扒地。

(3) 终点跑注意高速度，上体以较大的前倾度做撞线动作。

7. 短跑技术练习方法

(1) 小步跑练习。上臂正直，肩放松，两臂自然摆动。髋、膝、踝关节放松，迈步时膝向前摆出，髋关节稍有转动；当摆腿的膝向前摆出时，另一侧的大腿积极下压，足前掌积极扒地，着地时膝关节伸直，足跟提起。

(2) 高抬腿跑练习。上体正直或稍前倾，两臂自然摆动。大腿积极向前上方摆动并高抬到水平位置，稍微带动同侧髋向前，大小腿尽量折叠，脚跟接近臀部。抬腿的同时，另一腿积极下压，用足的前脚掌着地，重心提起，踝关节缓冲。

(3) 后蹬跑练习。上体正直或稍前倾，两臂自然摆动。摆动腿积极向前上方摆出，摆动腿前摆时，另一腿积极下压，前脚掌扒地着地，膝、踝关节缓冲后迅速转入后蹬。

(4) 车轮跑练习。高抬大腿的基础上，加大大腿的摆动幅度，大腿下压同时，小腿主动回摆扒地，前脚掌扒地式着地。

(二) 中长跑项目的动作技术分析及练习方法

中长距离跑是耐力性较强的运动项目，主要靠糖酵解和糖、脂肪及蛋白质的有氧氧化分解供能。一般将800～10 000 m统称为中长跑项目。中长跑项目的完整技术均可分为起跑、起跑后的加速跑、途中跑和终点跑四个环节。

1. 起跑

中长跑采用站立式起跑。当听到“各就位”口令后，先做几次深呼吸，然后走到起跑线后，两脚前后开立，用力脚在前，紧靠起跑线后沿，前脚跟和后脚尖之间的距离约一脚长，两脚左右间隔约半脚，身体重心落在前脚上，后脚用前脚掌支撑站立。眼睛看前下方，身体保持稳定，集中注意力听枪声或“跑”的口令。

听到枪声或“跑”的口令后，两腿用力蹬地。后腿蹬地后迅速前摆，前腿迅速蹬直，两臂配合两腿动作做快而有力的摆动，使身体快速向前冲出，在短时间内获得较快的跑速。

2. 起跑后的加速跑

加速跑时两腿迅速用力蹬地，配合两臂积极摆动，力争较短时间内达到预定速度。一般中距离跑的加速距离稍长。无论是在直道还是弯道上起跑都应尽量沿跑道内侧切线方向跑进，以抢占有利位置。

3. 途中跑

途中跑是中长跑的关键环节，直接影响最终成绩，且其距离较长，因此要调整好途中跑节奏，动作轻松合理。上体正直或稍前倾，两臂稍微离开躯干，肘关节自然弯曲，以肩为轴前后自然摆动，摆幅适当。当摆动腿通过身体垂直部位向前摆动时，支撑腿的各关节要迅速蹬伸，首先伸展髋关节，再迅速伸展膝关节和踝关节，后蹬结束时腿几乎伸直。后蹬腿蹬离地面后，身体进入腾空时期。当后蹬腿的大腿开始向前摆动时，小腿顺惯性自然摆起，膝关节弯曲，形成大小腿折叠的姿势。当摆动腿的大腿开始下落时，膝关节亦随之自然伸直，并用前脚掌着地。

4. 终点跑

终点跑是临近终点的一段加速跑，进入最后直道时，要尽全力进行冲刺跑。技术要求类似于短跑的终点跑。

中长跑途中会出现极点现象，它是一种正常的生理现象，一方面要加深呼吸，调整跑速；另一方面要发扬拼搏精神，坚持到底。全程跑时注意力要集中，还应合理调节跑速，有计划地分配体力以充分发挥身体潜能。

5. 中长跑的战术分析

中长跑由于距离较远，对运动员身体耐力素质要求较高，因此在运动过程中需要掌握一定的战术技巧。

(1) 匀速跑战术。除了起跑后的加速跑和重点的冲刺跑外，全程采取高速的匀速跑。

(2) 变速跑战术。可采取突然加速或减速的方法，打乱对手的跑步节奏。

(3) 领先跑战术。起跑后一段距离，尽力保持高速度直至终点。

(4) 跟随跑战术。起跑后始终跟随在领先者后面，力争在最后冲刺阶段超越对手。

6. 中长跑技术练习方法

(1) 匀速跑练习。规定时间内反复跑一定距离，并估算时间。

(2) 定时跑练习。规定时间和距离之内必须到达。

(3) 变速跑练习。弯道加速、直道匀速或弯道匀速、直道加速跑练习。

(4) 越野跑练习。在草地或公路上跑一定距离。

(三) 跨栏跑项目的动作技术分析及练习方法

跨栏跑的基本技术可分起跑至第一栏的技术、过栏技术和栏间跑技术。

1. 起跑至第一栏

起跑的过程与短跑基本相同，一般采用 8 步起跨，起跑时应把起跨脚放在前起跑器上；

起跑后上体抬起要比短跑时来得快。

2. 过栏

过栏是跨栏技术的关键部分，它由起跨、腾空过栏和下栏着地等动作组成。

（1）起跨。起跨前应保持较高跑速，最后一步步长比前一步小，当起跨腿脚掌着地时，摆动腿由体后向前摆动，大小腿在体后开始折叠，膝关节摆至超过腰部高度。两腿蹬摆配合完成起跨运动过程中上体随之加大前倾，摆动腿异侧臂往前上方摆出，另一臂屈肘摆至体侧，形成“攻栏姿势”，如图 4-4(a)所示。

（2）腾空过栏。腾空后身体重心沿起跨形成的腾空轨迹向前运行。起跨腿蹬离地面后，摆动腿大腿继续向前上方摆至膝关节超过栏架高度，小腿迅速前摆，当脚掌接近栏架时，摆动腿几乎伸直，脚尖稍微上翘。摆动腿的异侧肩臂一起伸向栏架上方。上体加大前倾使头部接近摆动腿的膝略高于踝，如图 4-4(b)所示。

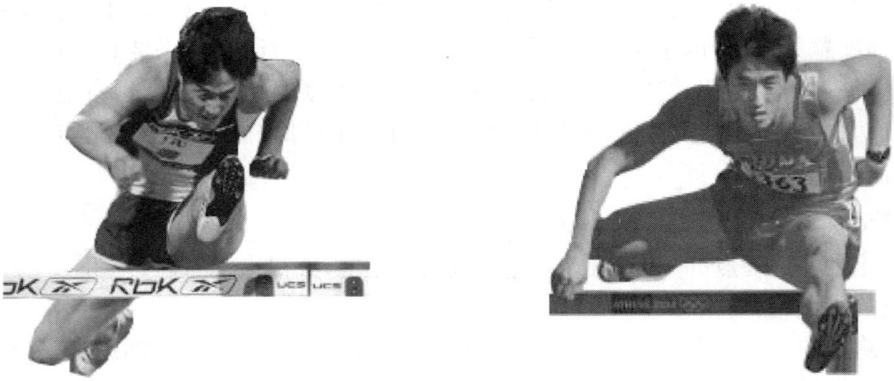

(a) (b)

图 4-4 起跨攻栏姿势及腾空过栏姿势示意图

（3）下栏着地。摆动腿积极下压，起跨腿加速向前提拉，以髋为轴完成两腿剪绞动作，摆动腿脚掌移过栏架的同时，起跨腿屈膝外展，小腿收紧抬平，脚尖勾起足跟靠臀，以膝领先经腋下加速前拉，当脚掌过栏后，膝继续收紧向身体中线高抬，脚掌沿最短路线向前摆出，身体成高抬腿跑的姿势，伸直下压的摆动腿在接触地面时，前脚掌积极扒地。

3. 栏间跑

栏间跑第一步的水平速度因过栏有所降低，蹬地起步时膝关节始终伸直，因而第一步短于后面两步。第二步的动作结构和支撑及腾空时间关系大致与短跑的途中跑相同。第三步因准备起跨形成一个快速短步，动作特点与跨第一栏的最后一步相同。

4. 跨栏跑动作技术要点

（1）掌握好栏间跑节奏，跑步轻松自然，节奏合适。

（2）全程跑分配好体力，尽量用匀速跑，控制好节奏。

5. 跨栏跑技术练习方法

（1）原地支撑栏架外侧起跨腿过栏练习。距肋木 1 m 处横放一栏架，起跨腿靠近栏架一侧站立，做起跨腿提拉练习。

（2）走或慢跑起跨腿栏侧过栏练习。栏间距设为 7～8 m，中间走或慢跑，摆动腿抬高迈步过栏，起跨腿提拉过栏练习。

(3) 慢跑中跨栏步练习。徒手跨栏步练习，不用支架。慢跑中摆动腿屈膝向前上方摆出，接着大腿下压用前脚掌着地。同时起跨腿蹬离地面，屈膝外展经体侧向前提拉到身体正前方，两臂协调配合摆动。

(4) 全程跨栏跑完整技术练习。站立式起跑跨过栏间距离的 8～10 栏，然后蹲踞式起跑跨栏，最后逐渐将栏间距离拉大，接近正式比赛距离。

(四) 接力跑项目的动作技术分析及练习方法

接力跑(relay race)的技术基本同短跑，只是要在跑的过程中传递接力棒，要求队员之间协调配合，保证在快速跑中完成传、接棒动作。

1. 起跑

起跑可分为持棒起跑和接棒起跑两种。

(1) 持棒起跑。第一棒采用蹲踞式起跑，右手持棒，用右手的中指、无名指和小指握住棒的下端，拇指和食指分开，虎口朝前成"人"字形撑地，起跑的基本技术与短跑相同。

(2) 接棒起跑。接棒起跑一般采用半蹲踞式或站立式起跑姿势进行起跑。第二、四棒选手站于跑道外侧，第三棒选手站于跑道内侧。起跑时眼看传棒选手并进入加速跑状态。

2. 传接棒

传、接棒技术可分三阶段：预备、加速和传接棒阶段。在预备阶段，传棒人须尽可能保持最大跑速，接棒人准确掌握起跑时机。在加速阶段，传棒人须继续保持跑进速度，接棒人则尽最大能力进行加速，使二人的速度尽量保持一致。在传接棒阶段，运用专门的技术在最短时间内完成接力棒的传接。这里主要介绍传接棒方法。

传接棒一般采用不看棒的传接方式，分为上挑式和下压式两种。

(1) 上挑式。接棒人手臂自然后伸，手臂和躯干约成 40°～45°，掌心向后，虎口朝下。传棒人将棒由下向前上方挑送到接棒人手中(见图 4-5)。

(2) 下压式。接棒人手臂后伸，与躯干约成 50°～60°，掌心向上，虎口向后，拇指向内。传棒人将棒的前端由上向下压送到接棒人手中(见图 4-6)。

图 4-5　上挑式示意图

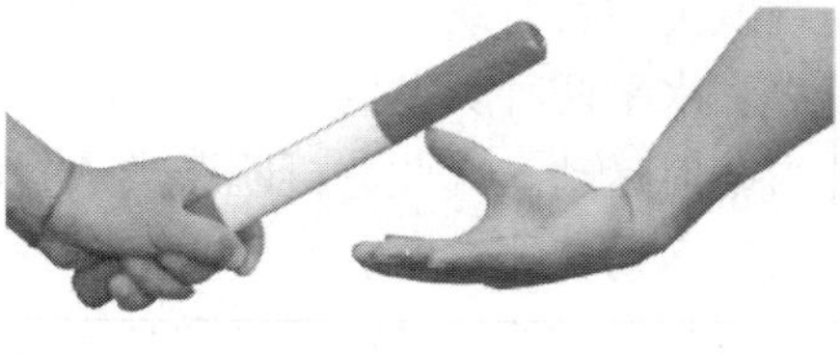

图 4-6　下压式示意图

传接棒的时机是在 20 m 接力区和 10 m 预跑区的 30 m 内，传接双方都发挥自己最高跑速时，为传接棒的最佳时机。

一般当传棒人距离接棒人 1.5～2 m 时，传接双方在高速情况下顺利完成传接动作的瞬间，身体重心相隔的最大水平距离为获益距离。

3. 各棒人员的配合

4×100 m接力跑成绩主要取决于各队员的短跑速度和传接棒技术。在棒次安排上，一般第一棒选择善于起跑和弯道跑的选手；第二棒则是传接棒技术熟练且速度耐力较好的选手；第三棒除具备与第二棒相同的长处外，还应善于跑弯道；第四棒应选用短跑成绩最好、冲刺能力最强的选手。

4×400 m接力跑传接棒技术相对简单。接棒运动员背向传棒运动员，左手后伸等待传棒运动员；接棒运动员根据传棒运动员的跑进速度进行加速跑；传棒运动员右手持棒将接力棒传给接棒运动员；接棒运动员接棒以后迅速将接力棒交换至右手。棒次安排上，一般将实力较强的选手放在第一棒，以便在第一棒过后成为领先者。第四棒选择实力最强的选手。第二、三棒选手实力大概相同。

4. 接力跑技术练习方法

(1) 持棒原地摆臂、走步或慢跑中做传接棒练习。

(2) 中速或快速跑，在接力区内做传接棒练习。

(3) 进行全程跑的接力跑的比赛练习。

第三节　田　　赛

寡欲清静，心理平衡，稳中自控，静中养生。做到八点："头空、心静、身轻、精充、血通、气盈、形全、神凝"。利于健康，不生疾病。

田赛项目(field)主要包括跳跃类和投掷类项目，如常见的跳高、跳远、掷铅球、掷标枪、掷铁饼等以高度和远度来计算成绩的项目。田赛的项目众多，本书主要介绍高校教学和竞技比赛中常见的运动项目跳高、跳远、掷铅球、掷标枪等运动技术的基本动作要领及练习方法。

一、跳跃类和投掷类项目的技术原理

(一) 跳跃类项目的技术原理

跳跃类项目有跳高、撑竿跳高、跳远和三级跳远四个项目。虽然它们跳跃的形式不同，有垂直和水平两种类型的跳跃，但是动作都是先从静止状态下开始身体的水平位移运动，然后转为抛射运动。因此分析跳跃类项目的技术原理可采用物理学中机械力学抛物线运动理论来指导运动技能实践。

物理学抛物线运动中远度和高度公式分别为：

$S=(V_0^2\sin 2a)/g$，$H=(V_0^2\sin^2 a)/(2g)$（S代表远度，H为高度，V_0为初速度，a为抛射角度，g为重力加速度）

结合这两个公式，研究认为影响跳跃类项目运动成绩的基本因素为腾起初速度、腾起角度和腾起瞬间身体重心高度。腾起初速度受人体起跳前获得的水平位移速度的大小和起跳时高速度的利用率等因素的影响。腾起角度受人体腾起瞬间向前的水平分速度和向上的垂直分速度的影响，与蹬地反作用力方向有关。腾起瞬间身体重心高度受自身身高和各运动关节所处的位置所制约。

（二）投掷类项目的技术原理

投掷类项目有铅球、标枪、铁饼和链球四个项目。虽然这四个项目使用的器材形状、重量和技术形式不同，但是它们都是通过人体运动将器械掷出，近似物体的抛物线运动，因此分析投掷类项目的技术原理可采用生物力学、生理学及力学等理论来解释和分析。

投掷类项目属于物体斜抛运动，其力学公式为：

$S=(V_0^2\sin 2a)/g$（S 代表器械飞行距离，V_0 为初速度，a 为抛射角度，g 为重力加速度）

决定投掷类项目成绩远度的因素有器械出手的初速度、出手的角度、出手点的高度和器械在空气中飞行时受到气流影响等。

二、跳跃类项目的动作技术分析及练习方法

（一）跳远动作技术分析及练习方法

跳远(long jump)的完整技术可分为助跑、起跳、腾空和落地四个环节。

1. 助跑

跳远助跑是由站立式起跑逐渐加速的过程，理想稳定的助跑方式是由逐渐、持续加速跑实现的。一般助跑距离为 30～50 m，助跑至起跳前跑的步幅和步频不断增加，上体逐渐直立；在最后 3～5 步助跑中，将由水平速度转换为垂直速度，因此需尽可能保持已获得的最大速度。尤其是下肢膝关节应比短跑摆腿时摆地更高，以确保上体正直姿势；最后 3 步助跑中，步幅和节奏应调整为短—长—短形式，倒数第二步的步幅稍长，适当降低身体重心，利于在起跳时增大垂直分力的加速度距离。

助跑动作技术要点如下。

(1) 助跑必须做到加速快，上板准，步幅和步频要相对稳定，最后几步助跑节奏要积极；重心移动轨迹平稳，直线性好。

(2) 助跑速度逐渐提高，当踏上起跳板时，争取达到最高的助跑速度。

2. 起跳

起跳由踏板、缓冲和蹬伸三阶段完成。踏板阶段，需全脚掌快速着地，同时起跳腿充分伸直，起跳脚快速向下，向后扒地；缓冲阶段，起跳脚应适当弯曲约 165°，摆动腿快速前摆；起跳离地时，运动员摆动腿前摆至大腿几乎呈水平，小腿自然下垂，上体保持正直。

起跳动作技术要点如下。

(1) 最后一步摆动腿蹬地送髋要积极，起跳腿迈步放脚要迅速。

(2) 起跳时抬头挺胸，上体正直，髋、膝、踝三关节充分蹬直伸展；蹬摆配合协调，摆动动作积极快速，幅度要大。

3. 腾空

跳远有三种腾空式技术类型，主要介绍常见的蹲踞式。起跳腾空后摆动腿充分前摆，尽可能保持长时间的腾空步姿势。腾空初期，躯干保持正直，手臂完成由前上向下绕至身体后方的半圆动作；准备落地时，起跳腿向前摆动，摆动腿的膝关节充分伸直，躯干向前倾；着地瞬间，身后的手臂快速前摆。

腾空动作技术要点如下。

(1) 腾空阶段必须保持身体在空中的平衡，落地前能够做到高抬大腿，前伸小腿，充分做好落地前的准备动作。

(2) 腾空阶段必须保持抬头挺胸姿势。

4. 落地

脚跟触及沙面后，迅速屈膝缓冲，臀部顺势前移，两臂由后向前摆动，自然协调平稳落在沙坑里。

5. 跳远技术练习方法

(1) 连续跑 3～5 步起跳练习。跑 3～5 步后，做跳远—起跳—腾空步的动作后摆动腿或双腿落地。腾空时上体保持正直，抬头挺胸，摆动腿摆动幅度要大。

(2) 原地或行进间空中技术模仿练习。原地或者行进间可按照节拍做摆动起跳—空中展体—收腹举腿落地动作，注意动作间的协调。

(3) 全程助跑跳跃练习。全程助跑 16～18 步，进行跳远完整技术练习，尽量体现跑得快、上板节奏快、起跳快的技术特点。

(二) 跳高动作技术分析及练习方法

图文
六种跳高姿势

主要介绍背跃式跳高动作基本技术特点及练习方法。背跃式跳高是用特定的弧线助跑，起跳后背对横杆并背跃过杆的跳高技术，由助跑、起跳、过杆和落地几个环节构成。

1. 助跑

助跑步数通常是 8～12 步，助跑时采取先直线后弧线的助跑路线。助跑的后三步，身体向助跑弧线圆心倾斜度逐渐增加。在倒数第二步，前倾的身体适度后倾来降低身体重心，延长身体重心的加速路线。最后一步，起跳脚着地时，身体内侧的一侧抬高，身体转为直立姿势，重心顺势提高，产生在腾空阶段身体转动所需的角动量。

助跑动作技术要点如下。

(1) 助跑轻松自如，速度由慢到快，尽量发挥水平速度。最后几步节奏积极，频率加快，为起跳做准备。

(2) 助跑的直线和弧线衔接自然、连贯、平稳。弧线助跑要内倾，内侧肩关节低于外侧肩，最后一步不能倒向横杆。

2. 起跳

起跳脚着地时身体稍后倾，起跳脚沿助跑弧线的切线方向，距横杆近一米处以全脚掌着地，积极有力和伸展性着地，产生强大的反应弹应力。动作特点是身体直立、起跳腿用力蹬伸、弯曲摆动腿向上摆动和手臂提起。

起跳动作技术要点如下。

(1) 起跳腿迈步踏上起跳点时，身体达到最大内倾，不能将身体重心移过支撑点而倒向横杆。起跳脚落地轻快，放脚位置沿助跑线的切线，不外撇。起跳时起跳腿送髋积极，迈步放脚低、平、快，全脚掌扒地迅速。

(2) 摆动腿最后一步蹬伸积极有力，快速摆动，协调好摆动腿和手臂。起跳腿膝关节支撑缓冲要小，做到快速起跳和助跑的自然衔接。

3. 过杆和落地

起跳结束时，充分伸展身体，向上腾空，利用摆动腿的力量尽量抬高髋部位置，然后以摆动腿同侧的臂、肩先过杆，顺势仰头、倒肩、挺髋，围绕横杆旋转；在横杆上，髋部超过两膝时，形成背弓的拱形结构，使头、肩、背、腰、髋、腿依次越过横杆。当髋和大腿越过横杆后，屈髋，小腿积极上举，收下颌靠近胸部。落地时保持一定的肌紧张，背部落地，顺势缓冲(见图 4-7)。

图 4-7　过杆瞬间示意图

过杆和落地技术要点如下。

(1) 过杆时仰头、倒肩、挺髋、收腿需连贯自然，顺势完成；仰头倒肩时机适宜；腰腹肌需主动控制空中姿势，使身体各部分成为一个整体。

(2) 仰头过杆后顺势收下颌，避免头部先落垫，造成颈部损伤。

4. 跳高技术练习方法

(1) 走 1～2 步的迈步起跳摆动练习。在横杆前自然走动 1～2 步，摆动腿积极蹬伸送髋，起跳脚迅速迈步放脚支撑挑起，摆动腿、臂用力向上摆动。

(2) 弧线上跑 2～3 步迈步起跳摆动向内转体 90°练习。弧线上跑 2～3 步，迈步放脚起跳，摆动腿和摆动臂积极摆动，顺势向内转体 90°，面对圆心。

(3) 原地双脚起跳背跃过杆练习。背对垫子，两脚蹬地起跳，顺势向后上方仰头、倒肩、送髋，做出背弓越过横杆后，背肩部继续下潜，顺势收腹甩小腿，背部落垫。

(4) 全程助跑背跃式过杆练习。全程助跑 8～10 步，充分向上跳起，顺势向后上方仰头、倒肩、送髋，做出背弓越过横杆后，背肩部继续下潜，顺势收腹甩小腿，背部落垫。

三、投掷类项目的动作技术分析及练习方法

(一) 铅球动作技术分析及练习方法

主要介绍背向滑步推铅球的基本技术特点及练习方法。背向滑步推铅球可分为握持铅球、预备姿势、滑步、最后用力和缓冲五个环节，具体的连续动作如图 4-8 所示。

图 4-8　背向滑步推铅球连续动作示意图

1. 握持铅球

以右手投掷为例，五指自然分开，将球放在食、中、无名指指根处，拇指和小指夹在球两侧，手腕背屈。握好球后，将铅球放在肩上锁骨窝处，贴着颈部，右臂屈肘，掌心向前，握持臂的大臂和身体夹角保持约45°。

2. 预备姿势

双脚平行站立在投掷圈的后沿内，上体前倾呈水平，左腿轻轻弯曲，靠近支撑腿，在动作无停顿的情况下滑步(低姿势)或摆动腿向后上方抬起约与地面成水平，当支撑腿弯曲大约呈100°时，摆动腿弯曲并靠近支撑腿(高姿势)。

3. 滑步

滑步(以背向滑步为例)由摆动腿向投掷方向的摆动开始，右脚蹬离地面，身体重心向投掷方向移动。左腿向斜下方摆动，使身体向投掷方向运动。当身体重心移过支撑腿时，右腿开始向投掷方向用力。右腿积极回收，右脚以前脚掌着地，并逐渐转向投掷方向，此时下肢动作领先于身体，上体和铅球留在后面，头和左臂转向投掷方向，髋与肩约成90°。

滑步动作技术要点如下。

(1) 掌握适宜的摆蹬时机，左腿的摆蹬应指向抵趾板，上体处于适宜的背向姿势。

(2) 收拉小腿时，右腿应沿直线回收，上体不能主动抬起，并尽可能保持原来的背向姿势，形成肩与髋轴的扭紧状态。

(3) 滑步时，注意摆、蹬、收、落动作之间的协调配合。

4. 最后用力

由右腿开始用力，遵循右腿—右髋—躯干的用力顺序。右髋积极转向投掷方向，形成肩与髋的扭紧姿势，上体逐渐抬起并移向推球方向，当身体左侧移至与地面垂直的瞬间，左肩固定，右腿快速蹬直，形成以身体左侧为支撑的支撑轴。上体、头转向推球方向，右肩前送，抬头挺胸，以胸带肩，右臂迅速积极地将球推出，当球要离手时，右手屈腕，手指有弹性地拨球，加快球出手速度，将球从右肩上方沿35°～40°的角度推出。

最后用力动作技术要点：

铅球离手以左脚用力、右手拨球结束推球动作。

5. 缓冲

铅球出手后，紧接一个换步，右腿的支撑可缓冲身体向前的动作，左腿后摆，同时降低身体重心以防止踩上抵趾板。

6. 铅球技术练习方法

(1) 双手正向推铅球练习。两脚前后开立，左脚在前，右脚在后，右膝微屈，上体稍后仰，重心在右腿，双手持球于胸前，右腿快速蹬伸，结合躯干及手臂的力量将球向前上方推出。

(2) 原地背向推铅球练习。两脚左右开立，左腿稍向右，躯干右转且前倾，身体重心位于弯曲的右腿上，左臂横于胸前，右腿蹬转，上体逐渐转向投掷方向后，两腿充分蹬伸，右臂迅速将球掷出。

(3) 上步推铅球练习。两腿前后开立，左脚在前，躯干保持正直且稍向右扭转。右腿向前跨出，使上体形成一定的后倾，左脚前跨着地时，迅速将球掷出。

（二）标枪动作技术分析及练习方法

掷标枪的完整技术，从技术结构上可分为四部分，由握持枪、助跑、最后用力和缓冲动作组成。

1. 握持枪

以右手持枪为例。标枪斜放在右手掌心，拇指和中指握在标枪把手末端上沿，食指自然弯曲斜握在标枪上，无名指和小指握在把手上。握好枪后，右手持枪于右肩上，持枪在头侧，枪尖稍低于枪尾。

握持枪动作技术要点如下。

(1) 注意肌肉用力大小，标枪与身体保持的位置、枪尖与枪尾的高低、助跑中手对枪身的控制等。

(2) 注意引枪到位，引枪与低、平、快的投掷步协调。

2. 助跑

助跑的距离应根据投掷者发挥速度的快慢而定，一般为 25～35 m，可分为两个阶段，即预跑阶段和投掷步阶段。

预跑阶段主要是加速，持标枪于头部高度，枪尖稍微低，手背朝外。跑进中上体需稍微前倾，前脚掌着地，大腿稍抬高，加强后蹬力量，动作轻快而富有弹性，持枪臂随着跑步节奏与左臂配合，前后自然摆动，并与下肢动作协调一致，在加速中进入投掷步。预跑路线呈直线，步数可根据自身的运动能力，选择 8～12 步不同的步数。

五步投掷步的前四步一般是：第一步大，第二步小，第三步大，第四步小。前四步动作要领具体如下。

第一步。左脚踏上第二标志线，右脚积极前迈，同时右肩后撤并开始向后引枪，左肩逐渐向标枪靠近，左臂自然摆至胸前，眼向前看，髋部正对投掷方向，持枪臂尚未完全伸直。

第二步。当右脚落地，左脚离地前迈开始了投掷步的第二步。左脚前迈时，髋稍向右转，右肩继续后撤并完成引枪动作，右手接近于肩的高度，枪身与前臂夹角较小，枪尖靠近右眉，保证标枪纵轴和投掷方向一致。

第三步。由左脚落地开始，左脚一落地，右腿膝关节自然弯曲，大腿带动小腿积极有力地向前摆出，当右腿靠近左腿时，左腿快速有力地蹬伸，促使右腿加快前迈。此时髋轴转向投掷方向，并与肩轴形成交叉状态。左臂自然摆至胸前，有助于左肩继续向右转动，加大躯干的向右扭转。右脚尖外转用脚跟外侧先落地，然后过渡到全脚掌，与投掷方向约成 45°。躯干和右腿成一条直线，整个身体向后倾斜与地面形成一定的夹角。

第四步。交叉步右脚尚未落地之前，左腿积极前迈。右腿落地，重心落在弯曲的右腿上，右腿继续积极蹬地，加快髋部水平方向移动，同时加快左腿的前迈。左腿前迈时，大腿不宜抬得过高，左脚用内侧或脚跟先着地，做出强有力的制动和支撑，左脚落地的位置应在右脚落地前投掷方向线的左侧 20～30 cm 处。

3. 最后用力

投掷步的第四步右脚着地后，由于惯性，髋部迅速向前运动，在超越了右腿支撑点之后，右脚开始最后用力。当第五步左脚着地，便形成了以左脚到左肩的左侧支撑，为右腿继续蹬地转髋创造条件。右腿继续蹬地，推动右髋加速向投掷方向运动，使髋轴超过肩轴，同时髋部牵引着肩轴向投掷方向转动，在肩轴向投掷方向转动的同时，投掷臂向上转动，带动前臂、手腕向上翻转，当上体转为正对投掷方向时，形成了“满弓”姿势。此时投掷臂处于身后，约与肩高，与躯干几乎成直角。弯曲的左腿做迅速有弹性蹬伸，同时胸部尽量前送，并带动小臂向前做“鞭打”动作，使全身的力量通过手臂和手指作用于标枪纵轴。标枪出手的适宜角度为30°～35°。

最后用力动作技术要点如下。

(1) 助跑与最后用力之间的衔接要快，有用力意识，鞭打动作放松有力，标枪飞行正常，落地有效，步点准确。

(2) 翻肩鞭打同时要有送髋动作，形成腿、髋、腰、胸、肩、臂和手的链状鞭打动作，体会“自上而下”“以大带小”的鞭打用力姿势。投掷步低，协调滚动向前。

4. 缓冲

标枪出手后，右腿应及时向前跨出一大步，降低身体重心，保持平衡。

5. 标枪技术练习方法

(1) 原地投枪练习。两脚前后开立，身体重心位于弯曲的右腿上，前腿稍微弯曲，向右侧转肩使左侧面对投掷方向，同时身体后倾，伸直右臂完成引枪。之后向前转动右膝及右髋，经全身协调用力将标枪掷出。

(2) 交叉步投枪练习。侧对投掷方向站立，投掷臂引枪充分伸展，从右腿到左腿依次向投掷方向跨出，右脚落地后，左脚于右脚落地前，迅速向前转动右脚、膝、髋，掷出标枪。

(3) 投掷步标枪练习。面对投掷方向站立，举枪于肩，向右转肩90°，完成引枪，眼向前看，保持投掷臂伸直，使枪尖位于眉毛处。可选择四步投掷步：第一步从右脚开始，第二步左脚向前迈，第三步交叉步，第四步最后用力，第四步左脚落地要迅速，向投掷方向转动髋部，掷出标枪。

第四节　田径运动竞赛规则

乾隆皇帝在位六十年，享年八十九岁，被世人誉为“耄耋天子，帝王寿魁”。其养生口诀为：“吐纳肺腑，活动筋骨，十常四勿，适时进补”。十常即：“齿常叩，津常咽，鼻常揉，耳常弹，肛常提，腹常旋，面常搓，足常摩，眼常运，肢常伸”。四勿为：“食勿言，卧勿语，饮勿醉，色勿迷”。

一、田径比赛通则

参加比赛的运动员必须佩带号码，并将其佩戴在胸前和后背显著位置。跳跃类竞赛，只需将号码牌佩戴在胸前或后背一个地方。

径赛项目运动员须沿跑道逆时针方向跑进，即左手靠近内场。

径赛运动员挤撞或阻挡别人而妨碍别人走或跑进时，应取消其该项比赛资格。

如果一名运动员参加一项径赛项目和一项田赛或多项田赛，而这些项目又同时举行比赛时，有关主裁判可以允许运动员只在某一轮次比赛中以不同于赛前抽签确定顺序先试跳

(掷)一次。如果该运动员后来在轮到他试跳(掷)时未到,一旦该次试跳(掷)时限已过,则应视该次试跳(掷)为免跳(掷)。

判定名次和成绩相等时判定名次的方法。径赛项目中,判定运动员到达终点的名次顺序,是以运动员躯干的任何部分到达终点线内沿的垂直面的先后为准。以决赛的成绩作为个人的最高成绩,而不以预、次、复赛的成绩判定最后名次。

二、径赛主要规则

400 m及400 m以下包括4×100 m接力的项目,运动员应采用蹲踞式起跑。犯规2次以上者取消比赛资格,全能运动员的犯规上限为3次。

在分道跑项目中,运动员跑出自己的分道,如没有获得利益,也未阻挡他人,一般不应取消比赛资格,否则应取消其资格。中长跑时,运动员擅自离开跑道后,不得继续比赛。跨栏跑时,运动员手脚低于栏顶面、跨越他人栏架、有意用手或脚碰倒栏架,均属犯规。接力跑时,在接力区外完成接棒、捡棒时阻挡他人或空手跑过终点,均属犯规。如用3只秒表计成绩,应以2只表所示成绩为准;如各不相同,则以中间成绩为准。

三、田赛主要规则

1. 跳高类项目比赛主要规则

跳高比赛时,抽签排定试跳顺序,比赛必须用单脚起跳。比赛开始前,主裁判应向运动员宣布起跳高度和每轮结束后横杆的提升高度。每轮之后,横杆升高不少于2 cm且横杆升高幅度不得增大。

一旦比赛开始,运动员不得使用助跑道或起跳区进行练习。出现下列情况之一者,则判为试跳失败。

(1) 试跳后,由于运动员的试跳动作,致使横杆未能留在横杆托上。

(2) 在越过横杆之前,运动员身体的任何部位触及立柱以外的地面或落地区。

在任何高度,只要运动员连续3次试跳失败,即失去继续比赛的资格。运动员在某一高度上请求免跳后,不准在该高度上恢复试跳,除非出现第一名成绩相等的情况。每名运动员应以其最好的一次试跳成绩,包括因第一名成绩相等而进行的决名次赛的试跳成绩,作为其最后的决定成绩。

2. 跳远类项目比赛主要规则

田赛远度项目比赛时,一旦比赛开始,运动员不得使用比赛助跑道进行练习。如有下列情况之一,则判为试跳失败。

(1) 在未做起跳的助跑中或在跳跃中,运动员以身体任何部位触及起跳线以外地面。

(2) 从起跳板两端之外的起跳线的延长线前面或后面起跳。

(3) 在落地过程中触及落地区以外地面,而落地区外触地点较区内最近触地点更靠近起跳线。

(4) 完成试跳后,向后走出落地区。

(5) 采用任何空翻姿势。

测量成绩时,应从运动员身体任何部位触地的最近点量至起跳线或起跳线的延长线,测量线应与起跳线或其延长线垂直。应以每名运动员最好的 1 次试跳成绩，包括因第一名成绩相等而进行的决名次赛的试跳成绩，作为其最后的决定成绩。

3. 投掷类项目比赛主要规则

投掷类项目比赛应抽签决定试掷(投)顺序。赛前运动员可在比赛场地练习试掷，练习组应在裁判员监督下按抽签顺序进行。一旦比赛开始，不得持器械练习，无论持器械与否，均不得在投掷或落地区以内地面试掷。下面以铅球为例，介绍投掷铅球的具体规则。

投掷前规定。应从投掷圈内将铅球推出。须从静止姿势开始试掷，用单手从肩部将铅球推出，允许触及铁圈和抵趾板内侧。当运动员进入圈内开始试掷时，铅球应抵住或靠近颈部或下颌，在推球过程中持球手不得降到此部位以下。不得将铅球置于肩轴线后方。不允许使用任何装置对投掷时的运动员进行任何帮助，

投掷中规定。进入圈内开始投掷后，如果身体的任何部位触及圈外地面，或触及铁圈和抵趾板上面，或以不符合规定的方式将铅球推出，均判为一次投掷失败。

投掷后有效成绩确定。铅球必须完全落在落地区角度线内沿以内，试掷认定有效。每次有效试掷后，应立即测量成绩。从铅球落地痕迹的最近点取直线量至投掷圈内沿。最终成绩确定。应以最好一次投掷成绩，包括因第一名成绩相等而进行的决名次赛的试掷成绩，作为最后的决定成绩。

其他投掷项目，除场地、器械和投掷方法与铅球有差异外，比赛规则与铅球基本相同。

思考与练习

(1) 谈谈你对田径的认识，什么是田径运动，由哪些项目组成，你最感兴趣的是哪些项目。

(2) 结合你的锻炼经验，谈谈田径运动具有哪些功能。

(3) 谈谈跑类项目的动作技术原理是什么，如何提高奔跑的速度。

(4) 谈谈跳跃类项目的动作技术原理是什么，如何提高跳跃的远度。

(5) 谈谈投掷类项目的动作技术原理是什么，如何提高投掷的远度。

第五章　球类运动

■ 主要内容

球类运动量较大，对抗性、竞争性、娱乐性强，可全面增强体质，培养勇敢、机智、果断等品质和团队精神。经常参加球类运动可使人反应灵敏、判断准确，提高大脑和身体的反应与控制能力，还可增强心肺功能，使骨骼粗壮、肌肉结实、关节灵活。本章介绍了在体育锻炼中最常见的六个球类项目：篮球、足球、排球、乒乓球、羽毛球和网球。

■ 学习目标

了解篮球、足球、排球、乒乓球、羽毛球和网球的发展历程；基本掌握本章介绍的篮球、足球、排球、乒乓球、羽毛球和网球的基本技术动作与练习方法；较灵活地运用本章介绍的技术进行体育锻炼；能看懂篮球、足球、排球、乒乓球、羽毛球和网球比赛。

第一节　乒　乓　球

中国社会几千年来一直从团体或集体的角度来构建多种文化，并在传统文化思想体系中，表现出一种强烈的群体意识。乒乓球运动开展过程中，集体主义的文化模式必定潜移默化地影响和左右着国人乒乓价值观的选择和设定。

一、乒乓球简介

乒乓球(table tennis)，由英文可知乒乓球是由网球发展而来。19 世纪末，欧洲盛行网球运动，但受到场地和天气的限制，人们无法天天进行此项运动。英国有些人便把网球移到室内，以餐桌为球台，书作球网，用羊皮纸做球拍，在餐桌上打来打去，后逐渐形成今天为世人所知的乒乓球。

20 世纪初，乒乓球运动在欧洲和亚洲迅速发展。1926 年，在德国柏林举行了国际乒乓球邀请赛，同年在英国伦敦成立了国际乒乓球联合会(ITTF)。

乒乓球运动于 1904 年传入我国。新中国成立后，我国在全国范围内开展了群众性乒乓球运动。

延伸阅读

1953 年，我国首次参加了第 20 届世界乒乓球比赛。

1959 年，我国男子乒乓球运动员容国团第一次夺得世界乒乓球锦标赛男子单打冠军。从此以后我国的乒乓球运动在世界崛起，在国际大赛上取得不少好成绩。

20 世纪 70 年代，中美两国开展了著名的“乒乓外交”，运动员的互访打开了两国人民友好往来的大门，同时技术水平得到快速的发展，也使得中国的乒乓球水平一直处于世界领先地位。自容国团赢得第一个世界冠军至今，中国乒乓球队在世界三大赛中共夺得 100 多个世界冠军，并囊括了 5 次世锦赛、3 次奥运会的全部金牌。我国著名的乒乓球运动员有容国团、庄则栋、徐寅生、李富荣、邓亚萍、王涛、刘国梁、王楠、张怡宁等，许多国外运动员到中国参加乒乓球联赛以提高竞技水平。除此以外，中国的乒乓球群众基础扎实，目前我国经常打乒乓球的人口约 1 000 多万。

目前，国际和国内重大的乒乓球赛事主要有：世界乒乓球锦标赛、世界杯乒乓球赛、奥运会乒乓球赛、世界明星巡回赛和全运会乒乓球赛。

延伸阅读

世界乒乓球锦标赛奖杯

图文
乒坛传奇人物

男子团体冠军杯——斯韦思林杯（由斯韦斯林夫人捐赠）

女子团体冠军杯——马塞尔·考比伦杯（由原法国乒协主席马塞尔·考比伦捐赠）

男子单打冠军杯——圣勃莱德杯（由原英格兰乒协主席伍德科先生捐赠，以伦敦圣勃莱德乒乓球俱乐部名称命名）

女子单打冠军杯——吉·盖斯特杯（由匈牙利乒协主席吉·盖斯特先生捐赠）

男子双打冠军杯——伊朗杯（由伊朗国王捐赠）

女子双打冠军杯——波普杯（由前国际乒联名誉秘书波普先生捐赠）

男女混合双打冠军杯——兹·赫杜塞克杯（由原捷克斯洛伐克乒协秘书兹·赫杜塞克先生捐赠）

世乒赛的所有奖杯都是流动性的，获奖者只在奖杯上刻上自己的名字。各项冠军获得者可保持奖杯到下一届世乒赛开赛前，然后交给世乒赛由选手再次争夺。唯有男女单打冠军，连续 3 次获得“圣勃莱德杯”或蝉联 4 次获得“吉·盖斯特杯”，由国际乒联制作一个小于原奖杯一半的复制品，永远由获得者保存。

乒乓球是以智能为主，智能、技能和体能三者兼容的隔网对抗运动项目。它具有速度快、变化多、技巧性强、趣味性高、设备较简单、不受年龄性别和身体条件限制、运动量可调节等特点。经常从事乒乓球运动可提高视觉的敏锐性和神经系统的灵活性，改善人的心血管和脑血管机能，提高控制情绪的能力，培养机智果断、顽强拼搏和勇于进取的优秀品质与作风，还能起到积极的心理调节作用，提高人的社会适应能力。

二、乒乓球基本技术

乒乓球基本技术种类繁多，本书主要向大家介绍握拍、基本移动步法、发球、推挡、攻球和搓球。

（一）握拍

1. 直拍握法

大拇指第一指节和食指第二指节位于拍柄两侧并握于拍前，其余三指自然弯曲顶在拍后中间(见图 5-1 和图 5-2)。此种握拍法可打出大力的正手直线球和斜线球,拍面变化不大,但反手相对缺乏攻击力。

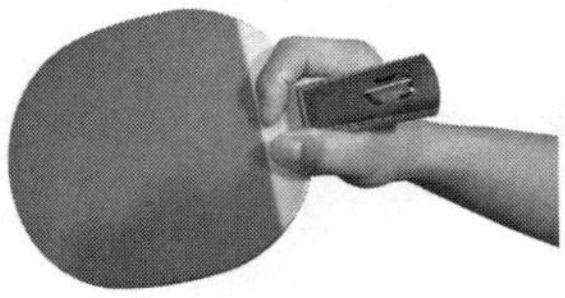

图 5-1　乒乓球直拍握法正面图

图 5-2　乒乓球直拍握法反面图

2. 横拍握法

中指、无名指和小指握住拍柄,大拇指自然伸开放于拍面,食指斜顶于拍面的另一面(见图 5-3 和图 5-4)。此种握拍法正反手攻球力量大,攻削球时握法变化小,但正反手交替击球时,需变换击球拍面,攻斜、直线时调节拍形幅度大,易被对方识破。

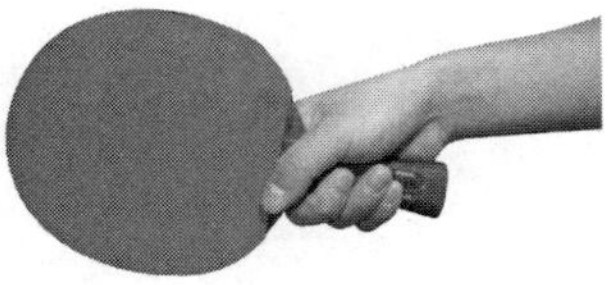

图 5-3　乒乓球横拍握法正面图

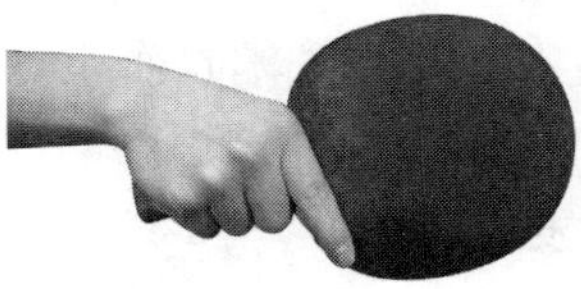

图 5-4　乒乓球横拍握法反面图

3. 握拍注意事项

无论采用哪种握拍法,握拍应松紧适度,否则将影响击球时的发力动作和击球的准确性。对初学者而言,最好选定一种握拍法进行学习,以免影响打法类型和风格的形成。

(二) 基本移动步法

球类运动中基本移动步法是十分重要的,乒乓球亦不例外。本书主要介绍单步、跨步、并步和交叉步。

1. 单步

以一只脚为轴,另一只脚向前、后、左、右不同方向移动,身体重心随之落在移动脚上。

2. 跨步

一脚蹬地,另一脚向移动方向跨一大步,蹬地脚随后跟上半步或一小步,身体重心即移到跨步脚上。

3. 并步

一脚先向另一脚并半步或一小步,另一脚在并步脚落地后随即向来球方向移动一步。

4. 交叉步

以靠近来球方向的脚为支撑脚,该脚的脚尖高速指向移动方向,远离来球方向的脚在体前交叉,向来球方向跨出一大步,身体随之向来球方向转动,支撑脚跟着向来球方向再迈一步,此为前交叉步;后交叉步在体后完成交叉动作。

5. 基本移动步法常用练习方法

(1) 听口令或看信号原地做基本步法移动练习。

(2) 站于乒乓球台前进行左右移动练习。

(3) 结合握拍法进行组合练习。

延伸阅读

打乒乓球的四个基本要素

乒乓球技术四个基本要素是:力量、速度、旋转和落点。

(1) 力量。力量作用于球,通过球的前进速度和旋转强度表现出来。如果要在进攻当中猛力扣杀,使对方接不好,就必须打得有力量。为加强旋转的强度,无论是制造上旋球还是下旋球,一定要用力摩擦球。

(2) 速度。为了尽量减少对方的准备时间,必须抓紧时间,争取在最短时间内把球回击到对方的台面上,使对方措手不及。

(3) 旋转。为增加对方还击难度,制造各种旋转球,迫使对方回球失误后出"机会"球。

(4) 落点。乒乓球不大,要使打过去的球更具威力,必须要调动对方前、后、左、右的移动或奔跑,需讲究乒乓球的落点。

(三) 发球

乒乓球发球变化多端,且有正手发球与反手发球、旋转与不旋转之分,根据初学者的学习基础,本书主要介绍正手位发逆向侧上下旋球和反手位发右侧上下旋球。

1. 正手位发逆向侧上下旋球

以右手持拍为例,站于左半台,左脚在前右脚在后,身体侧向球台,重心稍低;左手将球抛起,拍先略向后引,当球下降至接近网高时再向前上方挥动,腿和腰腹用力带动手臂,球拍前挥时,肘关节向外提起,前臂和手腕内收;球拍横向挥动摩擦球的外侧中部,发出的球为侧上旋,向侧下方挥动中摩擦球的外侧中下部,发出的球为侧下旋;击球后球拍顺势挥动并还原(见图 5-5,以直拍握法发球为例)。

图 5-5 乒乓球正手位发逆向侧上、下旋球动作示意图

2. 反手位发右侧上下旋球

以右手持拍为例,站于左半台,右脚稍前或平站,身体略向左偏斜,左手掌心托球置于身体左前方,随即左手抛球,右手手腕稍内旋,使拍面几乎垂直,向左后方引拍,腰部略向左转动;当球下降至接近网高时,右手前臂加速从左后方向右方挥动,直握拍手腕伸,横握拍手腕内收,腰部配合向右转动;击球中部向右上方摩擦将发出右侧上旋球,击球中部向右侧下方用力摩擦侧面则会发出右侧下旋球;球击出后手臂继续向右上方随势挥动并迅速还原(见

图 5-6，以横拍握法发球为例）。

图 5-6 乒乓球反手位发右侧上、下旋球动作示意图

3. 发球常用练习方法

（1）原地徒手模仿发球动作，熟练后与抛球结合进行练习。

（2）正反手位发固定落点球。

（3）二人一组，一人发球，一人接发球，交替进行练习。

（四）推挡

食指压拍，中指第三关节夹住拍子，拇指放松，引拍至腹前，肘关节贴在身体内侧，由后向前向上推，略加一点点手腕力（见图 5-7，以直拍推挡为例）。

微课
反手推挡直板

图 5-7 乒乓球直拍推挡

（五）攻球

本书介绍横拍正手近台攻球动作要领。以右手持拍为例，胳膊拉开，前臂稍稍弯曲与上臂呈 45°，身体重心朝前下方，右肩略低，双腿与肩同宽，左脚略在前，右腿蹬地，通过转腰将小臂收至眉心，随即还原成准备姿势（见图 5-8）。

图 5-8 乒乓球横拍正手近台攻球

（六）搓球

搓球以右手持拍为例，近台站位，右脚稍前，持拍手臂自然弯曲，击球时用前臂和手腕向前下方用力，拍面后仰，在球的下降期击球中下部（见图 5-9）。

图 5-9　乒乓球横拍

（七）推挡、攻球和搓球常用练习方法

（1）原地徒手模仿动作，掌握技术要领。

（2）自己抛球，将球推挡或攻或搓过球网。

（3）二人一组，一人发球，另一人做推挡、攻球或搓球练习；熟练后二人连续进行推挡、攻球或搓球练习。

（4）由教练或同伴连续喂球，练习者连续进行推挡、攻球或搓球练习，熟练后可进行固定落点的练习。

（5）与发球组合进行练习，以提高实战应用能力。

三、乒乓球主要竞赛规则

（一）场地和器材

正式场地为可容纳 4 张或 8 张球台（视竞赛方法而定）的长 16 米、宽 8 米的长方形区域。所有球台的照度为 1 500～2 500 勒，比赛区域其他地方的照度不得低于比赛台面照度的 1/2，光源距地面不得少于 5 米，应避免耀眼光源和未遮蔽的窗户的自然光。

地面为木制或经国际乒联批准的品牌和种类的可移动塑胶地板，地板具有弹性且无其他体育项目的标线和标识，颜色不能太浅或反光强烈，亦不得过量使用油或蜡，以免打滑。

馆内温度为 20～25 ℃，空气流速在 0.2～0.3 米/秒。

球台长 2.74 米、宽 1.525 米、高 76 厘米，颜色为墨绿色或蓝色。球网高 15.25 厘米，台外突出部分长 15.25 厘米，颜色与球台颜色相同。球为白色或橙色且无光泽，直径 40 毫米、重量 2.7 克的硬球。挡板高 0.75 米、宽 1.4～2 米，颜色与球台颜色相同。

球拍由底板、胶皮和海绵三部分组成，其中胶皮又可分为正胶、反胶、生胶、长胶和防弧胶皮几种，根据打法的不同可以进行选择。正式比赛对球拍大小、形状和重量无限制，但底板应平整、坚硬，占厚度 85%的部位应为天然木料。胶皮为颗粒向外的连同黏合剂厚度不超过 2 毫米，用边颗粒向内或向外的“海绵胶”覆盖的连同黏合剂厚度不超过 4 毫米。球拍两面不论是否有覆盖物，必须无光泽且一面为鲜红色，另一面为黑色。

（二）赛制及计分方法

比赛采用每球得分制，先得 11 分的一方为胜方，若比分为 10∶10，则一方须净胜 2 分才可结束本局比赛。单项比赛采用七局四胜制，团体赛中的单项比赛采用五局三胜制。

（三）比赛规则及说明

1. 次序和方位

(1) 在获得 2 分后，接发球方变为发球方，依此类推，直到该局比赛结束，或直至双方比分为 10 平，或采用轮换发球法时，发球和接发球次序不变，但每人只轮发 1 分球。

(2) 在双打中，每次换发球时，前面的接发球员应成为发球员，前面的发球员的同伴应成为接发球员。

(3) 在一局比赛中首先发球的一方，在该场比赛的下一局中应首先接发球，在双打比赛的决胜局中，当一方先得 5 分后，接发球一方必须交换接发球次序。

(4) 一局中，在某一方位比赛的一方，在该场比赛的下一局应换到另一方位。在决胜局中，一方先得 5 分时，双方应交换方位。

2. 发球和击球

发球时，发球员须用手将球几乎垂直地抛起，不得使球旋转，抛球高度不得低于 16 厘米，直至被击出前球不能碰到任何物体。

当球从抛起的最高点下降时，发球员方可击球，使球首先触及本方台区，然后越过或绕过球网装置，再触及接发球员的台区。双打中，球应先后触及发球员和接发球员的右半区。

从发球开始，到球被击出，球要始终在台面以上和发球员的端线以外，而且不能被发球员或其双打同伴的身体或衣服的任何部分挡住。

在运动员发球时，球与球拍接触的一瞬间，球与网柱连线所形成的虚拟三角形之内和一定高度的上方不能有任何遮挡物，并且其中一名裁判员要能看清运动员的击球点。

对方发球或还击后，本方运动员必须击球，使球直接越过或绕过球网装置，或触及球网装置后，再触及对方台区。

3. 失分

出现以下所列情况时则判失分：

(1) 未能合法发球；

(2) 未能合法还击；

(3) 击球后，该球没有触及对方台区而越过对方端线；

(4) 阻挡；

(5) 连击；

(6) 用不符合条款规则的拍面击球；

(7) 运动员或运动员穿戴的任何物件使球台移动；

(8) 运动员或运动员穿戴的任何物件触及球网装置；

(9) 不执拍手触及比赛台面；

(10) 双打运动员击球次序错误；

(11) 执行轮换发球法时，发球一方被接发球一方或其双打同伴，包括接发球一击，完成了 13 次合法还击。

(四)休息时间

(1) 在局与局之间,有不超过1分钟的休息。

(2) 在一场比赛中,双方各有一次不超过1分钟的暂停。

(3) 每局比赛中,每得6分球后,或决胜局交换方位时,有短暂的时间擦汗。

实地训练

乒乓球发球

【目标】通过实训掌握乒乓球发球技术,提高反应能力。

【内容】正手位发奔球、发短球、正手高抛发球、正手位发左侧上(下)旋球。

【场地】乒乓球台或乒乓球室。

【器材】乒乓球拍、乒乓球若干。

【方法与步骤】1. 正手位发奔球:抛球不宜太高,提高击球瞬间的挥拍速度,第一落点要靠近本方台面的端线,击球点与网同高或稍低于网。

2. 发短球:抛球不宜太高,击球时,手腕的力量大于前臂的力量,发球的第一落点在球台中区,不要离网太近,发球动作尽可能与发长球相似,使对方不易判断。

3. 正手高抛发球:抛球勿离台及身体太远,击球点与网同高或比网稍低,在近腰的中右处(15厘米)为好,尽量加大向内摆动的幅度和弧线,发左侧上、下旋球与低抛发球时,触球后,附加一个向右前方的回收动作,可扰乱对方的判断。

4. 正手位发左侧上(下)旋球:发球时要收腹,击球点不可远离身体,尽量加大由右向左挥动的幅度和弧线,以增强侧旋强度。发左侧上旋球时,击球瞬间手腕快速内收,球拍从球的正中向左上方摩擦;发左侧下旋球时,拍面稍后仰,球拍从球的中下部向左下方摩擦。

第二节　羽　毛　球

羽毛球运动不但渴望智慧、启迪智慧,而且还充满智慧;羽毛球运动是智慧的运动!

一、羽毛球简介

羽毛球(badminton)是两人或四人用长柄轻球拍把带羽毛的球打过横跨球场中线挂的球网的运动。现代羽毛球运动诞生于英国,19世纪六七十年代在英国的伯明顿镇风行开来,并很快流行起来,因此"伯明顿"即成为英文羽毛球的名字。

延伸阅读

1877年,第一本《羽毛球比赛规则》在英国出版。

1893年,英国成立了世界上最早的羽毛球协会。

1896年,国际羽毛球联合会成立。

1988年，第24届汉城奥运会上，羽毛球被列为表演项目；第25届巴塞罗那奥运会上被列为正式比赛项目。

中国运动员在此项目上颇有实力，连续多次获得世界羽毛球比赛个人和团体冠军。

目前，国际重大的羽毛球比赛主要有：汤姆斯杯赛（世界男子团体羽毛球锦标赛）、尤伯杯赛（世界女子团体羽毛球锦标赛）、苏迪曼杯赛（世界羽毛球混合团体赛）、世界羽毛球锦标赛、世界杯羽毛球赛和全英羽毛球锦标赛。

延伸阅读

我国羽毛球运动的技术风格

我国羽毛球运动的技术风格是"快速、凶狠、准确、灵活"。对技术的要求是快字当头，基本技术全面、熟练，特长突出，进攻点多，封网积极，杀劈凶狠，防守刁稳，以攻为主，能攻善守，达到全面结合，正确运用。

快：意识上强调判断、反应快；步法上要求起动、移动、制动、回动快；手法上要求出手动作快，击球点高而前；战术上力争突击进攻快，防守反攻快，战术变化快。

狠：进攻点多、凶狠凌厉，落点刁钻，抓住有利时机突击，连续进攻或一拍结束战斗。

准：落点准，战机抓得准，在快速多变中准确掌握技术并运用自如，有多拍控制能力。

活：握拍活，站位活，步法活，战术变化机动灵活。

二、羽毛球基本技术

羽毛球基本技术主要包括步法和手法。步法主要指基本步法和前后左右移动的综合步法。手法则包括握拍法、发球法、接球法和击球法。下文所介绍的技术要点均以右手持拍为例。

（一）握拍法

1. 正手握拍法

右手持球拍柄，使拍面与地面基本垂直。张开右手，虎口正对拍柄窄面的小棱边，拇指与食指贴于拍柄的两个宽面，食指与中指稍分开，中指、无名指和小指并拢握住拍柄，握拍位置一般以球拍柄端靠近手掌的小鱼际为宜（见图5-10）。注意击球前握拍放松，击球的一刹那握紧球拍。

图5-10　正手握拍法示意图

2. 反手握拍法

在正手握拍基础上，将拍柄稍向外旋，拇指稍向上提，拇指内侧顶贴于拍柄第一斜棱旁的宽面上，或将拇指放于第一、二斜棱间的小窄面上，掌心留有空隙，食指稍向下靠，其余三指放松(见图 5-11)。击球前，手腕放松，击球瞬间手再握紧拍子。

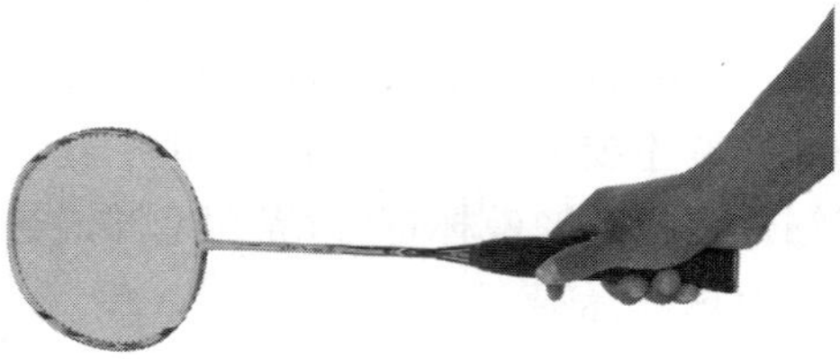

图 5-11　反手握拍法示意图

3. 握拍法常用练习方法

持拍进行正拍和反拍握法练习，熟练后连续进行正、反拍的换握练习，使动作正确娴熟。

4. 握拍法易犯错误及纠正方法

(1) 五指并拢用劲抓的“拳握法”，手臂肌肉僵硬；虎口对着拍面的“苍蝇握拍法”，屈腕困难。

纠正方法：持拍握拍时检查虎口的位置和手掌的松紧度，熟练后眼不看球拍进行握拍练习。

(2) 反手击球时，未转换成反手握拍法，影响反手击球的发力和控球灵活性。

纠正方法：反复进行正、反握拍法转换练习，或听教师和同伴口令进行握法转换。

延伸阅读

三招让羽毛球更耐打

(1) 用 70 ℃左右的温水浸泡羽毛部分 10～20 min(不能浸到羽毛捆扎线)，然后自然风干。

(2) 把待打的羽毛球放在浴室里，使洗澡时产生的水蒸气润湿羽毛。

(3) 在使用羽毛球的前一晚，将羽毛球拿到水龙头下冲羽毛部分，轻轻甩下之后马上将球放入球筒内，合上盖子密封好，第二天羽毛球会变得比较湿润，打起来很顺手。

(二) 发球

与排球、乒乓球相似，发球亦是羽毛球各项击球技术中不受对方击球限制，完全凭发球者主观意愿击球的技术。高质量的发球，可使对手陷于被动，为得分创造条件，甚至直接得分；低质量的发球，则可能使自己陷于被动。发球可采用正手或反手，通常单打多采用正手发球，双打和混合双打中则常用反手发球。

1. 正手发球

正手可发高远球、平高球、平射球和网前球，本书主要向大家介绍正手发高远球和网前球。

单打时，一般站在发球区内离前发球线 1 米左右的中线附近，有利于迎击对方击来的各个方向的球，双打时则可站前一点。左脚在前，脚尖正对网，右脚在后，脚尖斜向右侧方，两脚开立与肩同宽，上体自然伸直，重心落于右脚，左肩斜对球网。右手握拍向右后侧举起，肘部微屈，左手拇指、食指和中指夹住球，球位于腹部右前方，放开球后右手挥拍击球。击球时，身体重心由右脚移至左脚。

（1）发高远球。手放开球使球下落时，右手转拍由上臂带动前臂，自右后方沿身体向前左上方挥动；触球瞬间，紧握球拍，并利用手腕屈收的力量向前上方发力击球，接着顺势向左上方挥动缓冲（见图 5-12）。

（2）发网前球。击球时，握拍放松，上臂动作小，主要靠前臂带动手腕向前切送，用力较轻，见图 5-13。注意手腕不能有上挑动作，发出的球应贴网而过，落点在前发球线附近。

微课
正手后场高远球

图 5-12 正手发高远球示意图

图 5-13 正手发网前球示意图

2. 反手发球

站于前发球线后 10～50 厘米且靠近发球区中线。面向球网，两脚前后站立，任一脚均可在前；上体稍前倾，重心落于前脚；右手手臂弯曲，用反手握拍将球拍横举于腰间，拍面位于身体左侧腰下。左手拇指与食指捏住球的两三根羽毛，球托向下，球对准拍面；击球时，前臂带动手腕朝前横切推送，使球的飞行弧线略高于网顶，下落至对方前发球线附近。具体动作见图 5-14。

图 5-14 反手发网前球示意图

3. 发球常用练习方法

原地持拍模仿发球动作；熟练后持球进行发球练习，逐渐过渡至练习不同发球法和发不同落点的球。

4. 发球易犯错误与纠正方法

（1）挥拍路线不正确，放球与挥拍配合不好。

纠正方法:多练习徒手挥拍,由他人帮忙纠正错误动作;多进行放球和挥拍击球的配合练习。

(2) 挥拍时,手臂僵直,无转体动作或转体不够,前臂带动手腕动作不协调。

纠正方法:多练习前臂带动手腕的鞭打动作,熟练后持拍进行徒手模仿练习,再过渡至持球练习,力量由小至大。

(三) 接发球

单打接发球站位离前发球线约 1.5 米处,在右发球区时站位靠近中线,左发球区则在中线稍偏边线的位置。双打接球时站位可靠近前发球线。准备接球时,左脚在前,右脚在后,侧身对网,重心落于前脚,后脚脚跟稍抬起,双膝微屈中,收腹含胸,持拍于右身前,两眼注视对方,随时准备迎击来球。当球过网后,可根据具体情况采用各种击球法回击来球,但是,不管采用哪种击球法,均应抢在球位于网上最高点时,主动进攻。

延伸阅读

米字型落点

羽毛球场 4 个角落有 4 个点,中路前后 2 个点,边路中场 2 个点,加上场地中心 1 个点,共有 9 个点,穿过中心点可连成“米”字,这 9 个点即为米字型落点。

(四) 击球法

羽毛球的击球方法众多,本书主要向大家介绍正手击高远球、正手击吊球、正手杀球、搓球、放网前球、推球和挑球。

1. 正手击高远球

使用基本步法调整好身体与来球间的位置,击球点位于右肩稍前的最上方,两脚开立与肩同宽,左脚在前,右脚在后,重心落于右脚,侧对球网;右手正手握拍屈肘举于体侧,上臂和前臂间夹角约为 45°,左手自然上举,保持平衡,双眼注视来球,当球下落至一定高度时,肘关节上抬,手臂后倒引拍,以肩为轴做回环动作,同时右脚蹬地,身体左转,前臂充分向后下方摆动并外旋,手腕伸展;击球时前臂急速内旋带动手腕加速向前上方挥动,手腕屈,收手指屈指发力,用正拍面将球击出;击球点位于右肩前上方,高度约为持拍手臂自然伸直击球为宜;击球后右手随惯性继续向左前下方挥动,然后顺势收回至体前,还原至击球前的准备姿势。具体动作见图 5-15。

2. 正手击吊球

准备姿势、引拍动作及击球后的动作与正手击高远球基本相同。击球点位于右肩前上方,较击高远球稍前一点。主要靠手腕和手指控制力量,击球时手腕由伸腕到屈收,手指捻动发力,以手指转动使球拍形成一定的外旋,用斜拍面切击球托后部和侧后部。若吊斜线球,则球拍切击球托右侧并向左下方发力;吊直线球时则拍面正对前方向下方切击。

3. 正手杀球

杀球时击球力量最大、速度最快,是比赛中最常见的得分手段。

后场正手杀球的准备姿势、引拍动作和击球后的动作与正手击高远球相同。击球点位于右肩前上方较击高远球和吊球稍前一点的位置，引拍动作较后场击高远球大一些，充分利用下肢、腰腹和上肢的力量。击球前身体后仰几乎呈“弓”形，在击球瞬间将全身的力量通过手腕由伸到屈的快速闪动，用正拍面向前下方发力压击球。用正拍面向正前下方击球杀出直线球，向斜前下方击球则杀出斜线球。

(a)　(b)　(c)　(d)

图 5-15　正手击高远球动作示意图

4. 搓球

不管采用正拍还是反拍搓球，均在伸拍时前臂外旋或内旋做半弧形引拍动作；击球时手腕由展至收发力，由右至左或由左至右以斜拍面切击球托的右后侧或左后侧部，使球翻滚旋转过网；击球后手腕伴有一定的制动动作；右脚掌触地后立即蹬地向中心位置回动，同时击球手臂收回，还原成准备姿势，随时回击下一个来球，具体动作见图 5-16 和图 5-17。

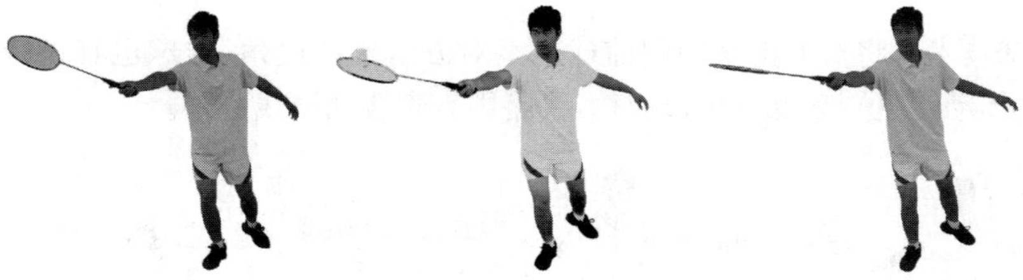

(a)　(b)　(c)

图 5-16　正手搓球动作示意图

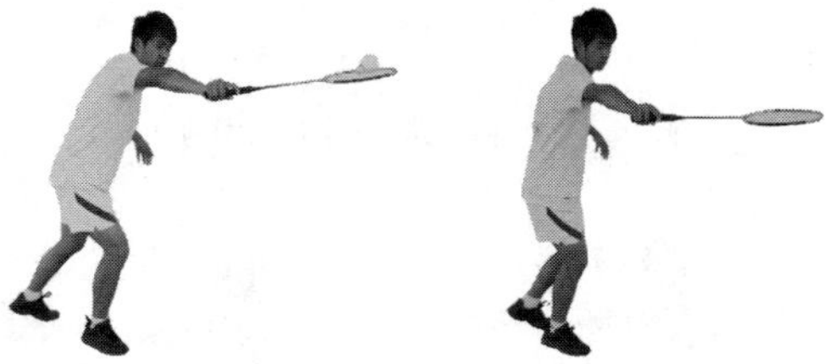

(a)　(b)

图 5-17　反手搓球动作示意图

5. 放网前球

放网前球有正手和反手两种击球姿势。

正、反拍放网前球其击球前的准备动作、引拍动作和击球后的动作均与正、反拍搓球相同。正拍放网前球击球时握拍手放松，拍面相对球托而言几乎呈仰平面并置于球托下，用手指力量轻轻向上“抬击”球托底部，使其越网而过，贴网下落。反拍放网前球击球时主要靠拇指和食指力量，轻轻向前上方抖动，手腕发力切击球托底部。具体动作见图 5-18 和图 5-19。

(a)　(b)　(c)

图 5-18　正手放网前球动作示意图

(a)　(b)　(c)

图 5-19　反手放网前球动作示意图

6. 推球

利用推球技术可将对方击来的网前球击至对方后场两底角，推球也有正拍和反拍两种击球方法(具体动作见图 5-20 和图 5-21)，线路则有直线和斜线两种。

(a)　(b)　(c)　(d)

图 5-20　正手推球动作示意图

(a)　(b)　(c)　(d)

图 5-21　反手推球动作示意图

采用正拍推击时击球前的准备动作、引拍动作和击球后的回位与正手网前搓球相同；以肘为轴，前臂由外旋回转至内旋并带动手腕由伸至展向前快速挥动发力击球，击球瞬间应充分发挥食指的力量。

反拍推击时击球前的准备动作、引拍动作和击球后的回位与反手网前搓球相同；击球时上臂从稍有一定的内旋回至外旋并带动手腕由展至收向前挥动，击球瞬间拇指充分前顶，其余三指握紧拍柄屈指发力将球推击出去。用反拍面向正直方向击球为直线球，向斜前方向击球则为斜线球。

7. 挑球

挑球是在处于被动情况下运用的一种过渡球，其也有正手和反手两种击球方法。

正、反手挑后场高球的握拍、准备动作及击球的还原动作均与正、反手搓球相同。

正手挑后场高球时，以肩、肘为轴心，前臂外旋带动手腕在身体右前下方做半弧形回环引拍动作，在拍面击球瞬间，前臂迅速内旋带动手腕向前上方发力击球；采用正拍面向正前上方挥动挑出直线高球，向斜上方挥动则挑出斜线高球。具体动作见图 5-22。

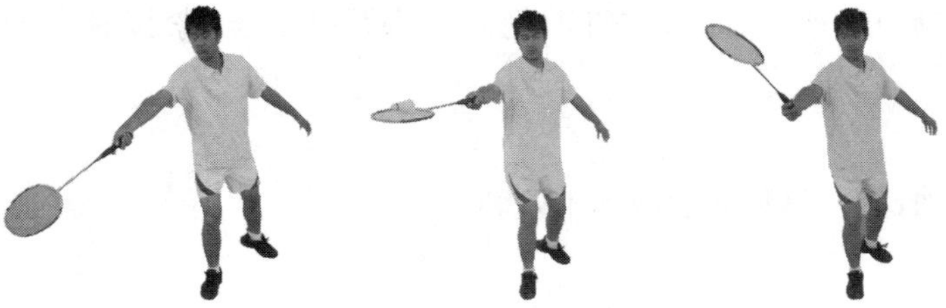

(a)　(b)　(c)

图 5-22　正手挑球动作示意图

反手挑后场高球时，以肩、肘为轴心，前臂内旋在身体左前下方带动手腕展腕，并做半弧形回环引拍动作，在拍面击球瞬间前臂外旋带动手腕收腕发力，拇指充分顶拍柄将球击出；采用反拍面向正前上方发力挑出直线球，向斜前上方发力则挑出斜线球。注意击球后须迅速转回正拍握拍以随时准备回击下一个来球。具体动作见图 5-23。

图文
打好羽球 16 法

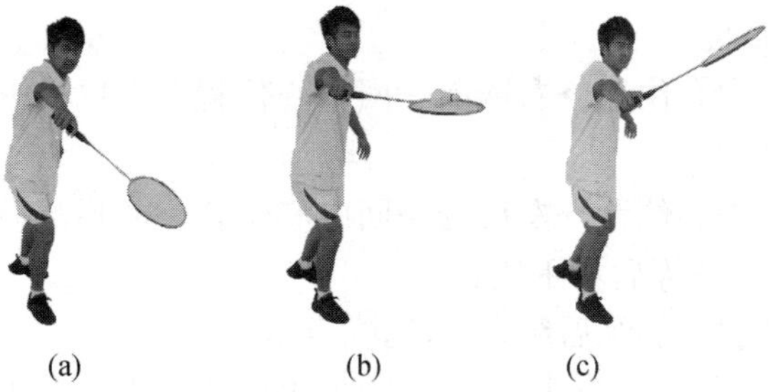

(a)　(b)　(c)

图 5-23　反手挑球动作示意图

8. 击球法常用练习方法

(1) 原地徒手模仿各击球法完整动作，形成正确的动作概念。

(2) 原地击固定球，以便掌握好正确的击球点。

(3) 教师、教练或同伴喂多球，练习者做原地的各种击球法练习，熟练后与步法结合练习移动中的击球。

(4) 两人一组进行对击练习,以练习各种击球法,熟练后一人击不同落点的球,另一人灵活采用各种击球法并配合步法将球回击给同伴,提高技术的实战运用能力。

(五) 步法

步法是手法效果有效发挥的基础,步法和手法相辅相成、缺一不可。对初学者而言,应基本掌握垫步、交叉步、并步、蹬转步、蹬跨步和腾跳步。

1. 垫步

当一只脚向前(后)迈出一步后,另一只脚跟进,紧接着以同一脚向同一方向再迈一步即为垫步。

2. 交叉步

左右脚交替向前、向侧或向后移动为交叉步。经另一脚前面超越的为前交叉步,后面超越的为后交叉步。交叉步多用于后退打后场球。

3. 并步

右脚向前(向后)移动一步时,左脚即刻向右脚跟并一步,紧接着右脚向前(向后)移动一步。

4. 蹬转步

以一只脚为轴,另一只脚向后或向前蹬转。

5. 蹬跨步

在移动的最后一步,左脚用力向后蹬的同时,右脚向来球方向跨出一大步。它多用于上网击球和后场底线两角移动抽球。

6. 腾跳步

起跳腾空击球的步法即为腾跳步。腾跳步可分为两种,一种是上网扑球或向两侧移动突击杀球时,以领先的脚或双脚起跳,进行扑球或突击杀球;另一种则是对方击来高远球时,用右脚或双脚起跳至最高点进行杀球。

7. 步法常用练习方法

(1) 单个基本步法反复练习。

(2) 步法练习线路:中心位置→右网前→回中心位置→左网前→中心位置,熟练后可持拍模仿搓、挑等网前手法。

(3) 步法练习线路:中心位置→左后场→回中心位置→右后场→中心位置,熟练后可持拍模仿高远球、平高球、吊球等后场手法。

(4) 全场步法练习线路,熟练后结合手法进行练习。

(5) 教练或同伴喂不同落点的球,练习者须采用正确步法和手法回击来球。

注意:在步法练习中,每次移动击球(持拍模仿或用拍回击球)后须回到中心位置,以便于下一次的击球。

三、羽毛球常识与主要竞赛规则

(一) 羽毛球场地及器材

羽毛球场地呈长方形,长 13.40 米,单打场地宽 5.18 米,双打场地宽 6.10 米。球场外面两条边线为双打场地边线，靠里的两条边线为单打场地边线。靠近球网1.98米与网平行的两条线为前发球线，离端线0.76米与端线相平行的两条线为双打后发球线。前发球线中点与端线中点连起的线为中线。球网中央高1.524米，双打边线处网高1.55米。

羽毛球重4.74～5.50克，由16根羽毛插在半球形的软木托上制成。球托直径25～28毫米，底部呈圆形。羽毛顶端亦围成圆形，直径58～68毫米，羽毛用线或其他适宜材料扎牢。

羽毛球拍用木料、铝合金或碳素纤维等材料制作而成。拍子总长不超过680毫米，宽不超过230毫米，拍弦面应是平的，长不超过280毫米，宽不超过220毫米。

（二）主要竞赛规则

1. 比赛项目

羽毛球比赛分为男、女单打，男、女双打和混合双打五个单项比赛，还有由单、双打组成的男、女团体比赛及混合团体比赛。单项比赛采用三局二胜每球得分制，每局21分。男、女团体赛由三场单打和两场双打组成，采用五场三胜制，每场比赛为三局二胜每球得分制，每局21分。混合团体赛由男、女单打，男、女双打和混合双打各一场组合而成，赛制同男、女团体赛。

2. 计分方法与赛间休息时间

采用每局得分21分制，记分方法类同乒乓球。每局双方打至20平后，一方领先2分即赢得该局比赛胜利；若双方打成29平，则一方再领先1分即可获得该局胜利。

每局比赛中除特殊情况（如地板较湿，球需更换等）外，一般球员不得提出中断比赛要求，但某一方以11分领先时，可进行1分钟的技术暂停。首局获胜方在接下来的一局率先发球，两局之间的休息时间为2分钟。

3. 比赛中注意事项

(1) 发球时不得违规延误发球。发球员发球时脚不得踩线、移动或离开地面。

(2) 发球击球瞬间，球的任何部位不得高于腰部，拍框应低于发球员手部，违者判发球违例。

(3) 发球时球不到前发球线或双打中过了双打后发球线，或发错区均判作“界外球”。球擦网顶落在合法发球区内算作好球。

(4) 接球员应站在发球区内，在对方完成发球动作前，不得过早移动。

(5) 一人不得连续击球两次，否则判“连击”违例。

(6) 比赛中，身体、衣服或球拍不得触及球网或网柱，不得有阻挠或影响对方击球的动作与行为。

(7) 球落在场地线外即为出界。球落地时，如球托或羽毛的任何部分压在线上，则属界内球。

实地训练

羽毛球吊球技术

【目标】通过实训掌握三种羽毛球吊球技术。

【内容】正手吊球、反手吊球、头顶吊球。

【场地】羽毛球场。

【器材】羽毛球拍、羽毛球若干。

【方法与步骤】1. 正手吊球：击球时拍面稍向内倾斜，手腕做快速切削下压动作，击球托的后部和侧后部。若吊斜线球时，则球拍切削球托右侧并向左下方发力；若吊直线球，则拍面正对前方向下方切削。

2. 反手吊球：吊直线球时，用球拍反面削球托的后中部，向对方的右半场网前发力；吊斜线球时，用球拍反面切削球托的左侧，朝对方左半场网前发力。

3. 头顶吊球：头顶吊斜线球时，中指、无名指和小指屈指外拉拍柄，使拍子内旋，拍面前倾，以斜拍面击球托左侧部位；吊直线球时，球拍击球托的正中部。

第三节　网　　球

人到无求，心神自安。淡泊以明志，宁静以致远。一笑不妨闲度日，无忧无虑似神仙。福不期求而自得也；寿不期长而自长也。

一、网球简介

网球（tennis）作为世界第二大球类运动，目前在全世界特别是欧美地区非常盛行。它最早是 11 世纪时法国僧侣们用来打发无聊时间的一种游戏，后传入宫廷，并于 14 世纪传入英国。

延伸阅读

1873 年，英国少校温菲尔德（M · W · Winfield）改进了古式网球的打法，并将场地从室内移至室外，后又制定了网球打法，规定了球场大小和球网高低。

1874 年，网球传入美国并在全美得到普及，同时场地从仅限于草地扩大到可在沙土、水泥地和柏油地等地面上举行比赛。

1875 年，英国网球俱乐部修订了网球比赛规则，并于 1877 年举办了第一届温布尔顿草地网球锦标赛，后来此组织把网球场定为 23.77 米×8.23 米，球网中央高度为 99 厘米，采用古式室内网球 0、15、30、40 的每局计分法。1884 年，英国伦敦玛丽勒本板球俱乐部把球网中央高度定为 0.914 米，至此，现代网球在英国形成。

1896 年，网球成为现代奥运会中最早的比赛项目之一。

1913 年，在法国巴黎成立了国际网球联合会。

20 世纪 70 年代以后取消了职业选手与业余选手的界限，使比赛激烈程度大增，促进了网球运动的发展。

进入 20 世纪 90 年代和 21 世纪后，网球发展加速，在世界各大洲流行起来，网球各级赛事奖金的提高亦促进了网球运动的职业化和商业化程度。

我国女子网球运动水平近年来逐渐向世界水平靠近，先后涌现李婷/孙甜甜、郑洁/晏紫等双打组合，更有李娜、彭帅等优秀女子单打运动员征战于世界各级网球赛事并取得不少好成绩。

目前，国际重大的网球赛事主要有：网球四大公开赛——澳大利亚网球公开赛、法国网球公开赛、温布尔顿网球公开赛和美国网球公开赛，大师系列赛，网球大师杯赛，WTA 年终总决赛，“戴维斯”杯男子网球团体赛，“联合会”杯女子网球团体赛和奥运会网球赛。自 2004 年开始在中国北京举行的中国网球公开赛已成为顶级综合网球赛事之一，吸引了不少大牌球星前来参赛。

图文
网球四大公开赛场地介绍

世界网球组织主要包括国际网球联合会（ITF）、国际男子职业网球联合会（ATP）和国际女子职业网球联合会（WTA）。

二、网球基本技术

网球基本技术主要包括握拍法、基本移动步法、抽击球（正反手）、发球、接发球、截击球（正反手）、高压球、放轻球、挑高球和反弹球，初学者应基本掌握握拍法、基本移动步法、正反手抽击球、发球、接发球和正反手截击球。本节将向大家简要介绍以上谈到的初学者应基本掌握的网球技术，注意以下各基本技术动作要领的讲解均以右手持拍为例。

（一）握拍法

1. 东方式握拍法

（1）正拍握拍法

左手握住拍颈，使拍面与地面垂直，将拍柄的 8 个面编号（见图 5-24），右手虎口的“V”形顶点对准拍柄的第二个面，五指轻轻握住拍柄即可（见图 5-25）。初学者常采用此握拍法，较容易击准球。

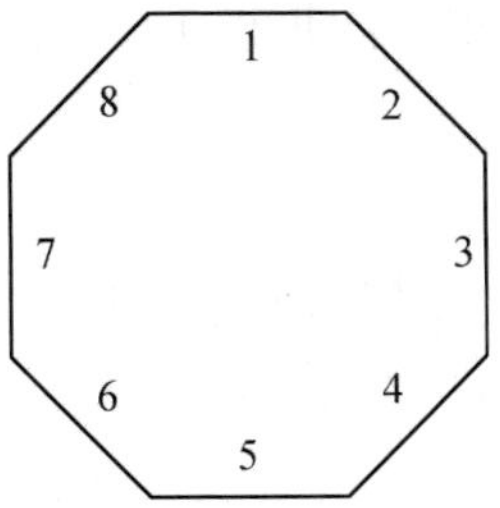

图 5-24 网球拍拍柄面编号图

图 5-25 东方式正拍握拍法

（2）反拍握拍法

右手虎口的“V”形顶点对准拍柄的第八个面，五指轻轻握住拍柄即可（见图 5-26）。

2. 大陆式握拍法

右手虎口的“V”形顶点对准拍柄的第一个面，五指轻轻握住拍柄即可（见图 5-27）。此种握拍法常用于发球、截击、高压和削球。

图 5-26　东方式反拍握拍法

图 5-27　大陆式握拍法

3. 西方式握拍法

右手虎口的“V”形顶点对准拍柄的第三个面，五指轻轻握住拍柄(见图 5-28)。此种握法可打出较强烈的上旋，为很多红土选手所采用，但其无法处理较低的来球。对初学者而言，采用此种握法进行练习容易使手腕受伤，建议最好不采用。

图 5-28　西方式握拍法

4. 混合式(半西方式)握拍法

右手虎口的“V”形顶点对准拍柄第二个面和第三个面相交的拍棱上，五指轻轻握住球拍(见图 5-29)。目前很多网坛高手在底线多采用此种握法。

5. 双手反拍握拍法

右手为东方式反拍握拍法，握于拍柄底部，手掌要与拍柄对齐；左手采用东方式正拍握法握于右手上方(见图 5-30)。此握拍法适用于单手力量不足、双手具有良好协调性的选手或初学者，但要求步法精准。女性和初学者常采用此握拍法。

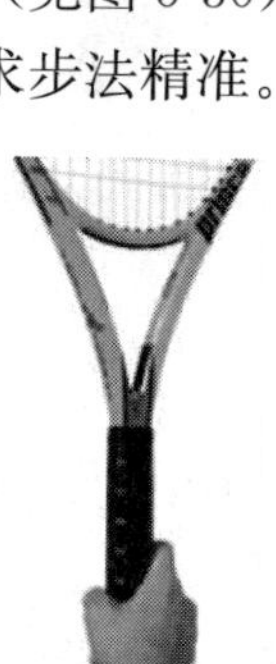

图 5-29　混合式握拍法

图 5-30　双手反拍握拍法

注意：握拍时手指像握住手枪，力度像握住一只小鸟一样，只有在击球瞬间才用力握紧球拍。

（二）基本移动步法

1. 分腿垫步

对手开始挥拍时，处于准备状态的球员膝盖弯曲，做一个小跳跃（高度不超过 5 厘米），双脚的前脚掌着地（两脚之间距离略宽于肩），保持一个适当的站位，这就是分腿垫步。

2. 滑步

向前移动时，蹬出右脚的同时，向前跨出左脚，连续向前即形成前滑步步法；向后移动时，左脚后蹬的同时，向后迈出右脚，连续向后形成后滑步步法。此步法多用于前后移动不太远的正反手击球。

3. 交叉步

向右移动时，向右转体，左脚先向右前方跨出，交叉于右脚外侧前方，再跨出右脚；继续跨出左脚于右脚外侧，反复向右交叉移动，就是右交叉步步法。向左移动，方法与向右移动相同，左右脚方向相反，即为左交叉步步法。

4. 基本移动步法常用练习方法

（1）听或看信号进行单个基本移动步法练习。

（2）听或看信号进行基本移动步法组合练习。

（3）与其他击球技术组合进行练习。

注意：使用滑步和交叉步迎击来球时应边引拍边上步，充分做好击球前的准备。

（三）正手底线抽击球

1. 握拍法

东方式握拍法或混合式（半西方式）握拍法。

2. 准备姿势

准备时，面对球网，两脚分开同肩宽，身体前倾，双膝微屈，重心落在前脚掌上，右手握拍，左手轻托拍颈，拍头指向对方，注意力集中准备迎击来球（见图 5-31）。

图 5-31　准备姿势

3. 引拍

左脚向右斜前方 45° 迈步，转髋的同时转动肩膀，带动拍子向后引，直接向后拉拍，肘关节弯曲并稍抬起；非持拍手对准来球方向，保持身体平衡，两膝稍弯曲，身体重心在两脚中间，拍头始终高于手腕，眼睛注视来球方向(见图 5-32)。

图 5-32　正拍引拍

4. 击球

手腕领先于拍头，同时屈肘、夹紧腋下，借助转髋转腰的离心力大力摆动身体并挥出球拍，击球瞬间紧握球拍固定手腕，肘关节微屈，拍面与地面垂直。最佳击球点在身体的侧前方腰部以下膝盖以上、轴心脚的侧前方区域、左脚尖的前方(见图 5-33)。

5. 随挥动作

击球后，头部不要晃动，球拍随球的方向继续向前挥拍，然后向颈部左边收拍，左手上举扶住拍柄，右肘指向正前方(见图 5-34)。

图 5-33　正拍击球

图 5-34　正拍随挥动作

6. 还原准备姿势

每击完一次球后，应马上恢复准备姿势以迎击下一次来球。

7. 如何击出不同效果的球

(1) 平击球。击球时球拍拍面直接撞击球的后部，使球沿着垂直于拍面的方向飞出。

(2) 上旋球。击球时球拍由下方向前上方挥出，拍面击球的中部或中部偏右的位置。

(3) 下旋球。击球点位于身体侧前方，拍面打开。若对方来球为上旋球，则击球的中部，向前向下推切；来球为下旋球，则击球的中下部，向前并略向上推切。

8. 正手抽击球易犯错误和纠正方法

(1) 击球时直腿直腰用拍捞球。

纠正方法：可采用“坐凳击球”的方法，拉拍后引肘迫使自己屈膝好像坐在凳子上一样，然后击球。

(2) 不能把球打在拍子的中央“甜点”部位。

纠正方法：集中注意力，努力盯住来球直至将球击出。

(3) 后摆过度造成手腕后撇。

纠正方法：记住后摆动作结束时，拍头指向球场后方，但手腕仍保持固定不动。

(4) 用手腕扭动的力量击球。

纠正方法：用整个手臂挥拍击球，适当将拍柄握紧些，使手腕仍保持固定。

(5) 随挥动作突然停止。

纠正方法：要尽量向前上方随球挥拍，直至拍头向上，肘关节向前，在左眼前方停止。

(四) 反手底线抽击球

1. 底线双手反拍抽击球

采用东方式双手反拍握拍法，准备姿势同正手抽击球准备姿势，当判断来球为反手方向时，进行换握拍；转动左脚，同时右脚向左侧前方约45°角跨出，转动双肩，侧身右肩对网，几乎背对球网，全身自然放松，集中注意力，握拍手肘关节弯曲并贴近身体，身体重心在左脚；击球时球拍由后下方向前上方，拍面垂直于地面，击球的中部或中部偏下，击球点在右脚侧前方，身体重心由左脚转向右脚；随挥动作同正手抽击球，球拍挥至右肩部结束；击球后还原至准备姿势(见图5-35至图5-38)。

图5-35 准备姿势

图5-36 双手反拍引拍

图5-37 双手反拍击球

图5-38 双手反拍击球随挥动作

2. 底线双手反拍抽击球易犯错误与纠正方法

(1) 向后引拍不够，击球无力。

纠正方法：充分转肩并使左肩后展。

(2) 挥拍击球后过早抬头，造成击球不准。

纠正方法：养成击球后保持低头收颔的习惯。

(3) 击不出强有力的球，形似挡球。

纠正方法：伸展前臂击球并充分随挥，随挥结束时后足跟要离地。

3. 底线单手反拍下旋球

底线单手反拍下旋球俗称“削球”，大多数初学者和中等水平者均可较好地掌握。

准备姿势同正手抽击球，当判断来球为反手球并准备使用削球时，将握拍方法换为大陆式；转动左脚，同时右脚向左侧前方约45°角跨出，侧身向后上方引拍，拍头约与头部同高，持拍手肘微屈并靠近身体，身体重心在左脚；击球时拍面微开，球拍由后上方向前下方做切削动作，击球点在球的中部或中部偏下，肘关节外展，手臂伸直，手腕固定，身体重心由左脚移至右脚，膝关节微屈；击球后，头部不要晃动，球拍由下稍微向上成弧形挥动到右肩或头部的高度，身体面向球网；还原至准备姿势(见图5-39至图5-41)。

图5-39　单手反拍下旋球

(a)　(b)

图5-40　单手反拍下旋球击球动作

图5-41　单手反拍下旋球

4. 底线单手反拍下旋球易犯错误与纠正方法

(1) 手腕松动，“吃”不住球，一碰即飞。

纠正方法：固定手腕，并让球拍将球送出，提高控制球的能力。

(2) 拍面仰角过大，击出不过网的软球。

纠正方法：调正握拍法，不要用正手握法去削球。

(3) 切削得太“薄”，击球过浅。

纠正方法：增大削球中向前推的成分，并配合跨步，重心跟上。

5. 正反手抽击球常用练习方法

(1) 原地持拍模仿正手或反手抽击球完整动作。

(2) 一人原地放球,另一人引好拍后向前击打落下的球,熟练后喂球者背对球网向球网方向退 1～2 米,击球者仍继续练习。一定次数后两人进行交换。

(3) 教师、教练或同伴在单打边线与发球线交界附近用手或球拍连续喂球,练习者进行多球练习,熟练后喂球者可退至单打边线与球网交界处,击球者则击规定落点的球。

(4) 二人一组在场上采用正手或反手进行抽击球练习,先练习斜线对击,再练习直线对击。

(五) 发球技术

与排球、乒乓球和羽毛球相同,网球的发球亦是比赛中唯一不受对手影响的技术,也是重要的得分手段之一。

网球发球根据球的旋转不同可分为平击发球、切削发球和上旋发球三种。初学者一般主要掌握平击发球和切削发球。

1. 技术动作要领

采用大陆式或东方式反手握拍,两脚开立与肩同宽,侧身左肩对网站于端线后,前脚与端线约成 45°角,两脚脚尖连线的延长线指向发球落点区域,右手持拍,拍头指向前方,左手持球与拍面相触;左手垂直向上抛球,发平击球应将球抛至身体偏右前上方,发切削球抛得再稍右些,发旋转球则抛得稍左些,抛球高度约与自己踮脚向上伸直球拍同高或稍高;同时右手握拍先向下再向后上方摆动至肩高时,转肩抬肘弯臂挂拍,身体右转,全身呈背弓形;击球时右臂迅速向前上方挥动球拍,同时蹬腿、直腰、踮脚尖,身体从屈到伸,并伴随着转体,转肩使重心移到前脚,前臂急速内旋带动手腕加速向前上方挥动,手腕屈,收手指屈指发力,拍面将球击出;击球后,球拍经体前从左膝侧面挥向身后,上体前倾。切削发球时拍面从球的右上角切削而下,平击发球时用几乎垂直于球的拍面击球的后上部,上旋发球时拍面从球的左下角向上擦击并翻越至右上角。

2. 发球常用练习方法

(1) 抛球练习。

(2) 原地徒手进行发球动作模仿练习,熟练后结合抛球进行模仿练习。

(3) 原地持拍结合抛球进行模仿练习。

(4) 在发球线后蹲下,左手抛球,右手持拍由下向上挥动,将球发至对方发球区内;熟练后由发球线向后移动 2～3 米,最后移至底线,均蹲下进行发球练习。

(5) 在发球线后站立向对方发球区内进行发球练习,熟练后向后移动 2～3 米,最后退至端线处进行练习。

(6) 面对网球墙进行发球练习。

(7) 在两个发球区分别设标志点发固定落点的球。

(8) 结合接发球进行组合练习,以提高实战运用水平。

(六) 接发球技术

1. 技术动作要领

一般采用偏正手的握拍法,球一旦离开对方的球拍,就应决定是否要转变握拍。对方发球前,膝盖弯曲,两腿叉开;当对方抛球准备击球时,可以重心升起,两脚快速交替跳动,并判断来球迎前回击;站位一般位于对方能发到内外角的中角线上,接第一发球时站位稍后些,接第二发球时站位略前；击球动作一般介于底线正、反拍击球动作和截击球动作之间。

2. 接发球常用练习方法

接发球常与发球结合进行练习。二人一组，一人发球，一人接发球。发球员发固定落点的球，接发球员回固定线路和落点的球，一定次数后二人交换进行练习。

（七）截击球

截击是在来球落地前被凌空拦击，是网前技术中一种攻击球方法，亦是现代网球比赛中一项重要的得分手段。初学者主要掌握近网截击。

1. 正手近网截击

采用东方式正拍或大陆式握拍法。准备姿势同正手抽击球。当判断来球向正手且准备进行正手截击时，转动上身和肩部，球拍后摆较小，引拍时握拍手的肘关节稍先行，但手腕固定；击球时左脚向来球方向跨出，拍头高于手腕，手腕绷紧在身体前面撞击球，同时拍面稍向上，在向前推碰球的过程中略带一些切削，可以较好地控制球的方向；击球后拍子沿击球方向前进 30 厘米左右以完成随挥动作。

2. 反手近网截击

采用东方式反拍或大陆式握拍法。准备姿势同正手抽击球。判明来球向反手，立即转肩向左，并用左手扶拍，使球拍做一个短短的后引，拍头向上，高于手腕，眼睛看球；击球时右脚上步，球拍向前对准球做简短的撞击动作，手腕绷紧，手臂伸直，在体前 15～30 厘米处击球。左手自然伸向后方，保持身体平衡，球拍接触后沿击球方向送出 30 厘米左右，并及时恢复至准备姿势。

3. 截击球常用练习方法

（1）徒手做模仿挥拍练习，熟练后做持拍模仿练习，最后结合步法做挥拍练习。

（2）采用喂多球形式进行单个动作的截击练习。

（3）二人一组，在网前近网采用截击技术进行对拦凌空球的练习。

（4）采用喂多球形式，向网前近网处练习者喂凌空球，练习者将球击至底线处，先单线定点，熟练后可加大难度进行左右移动截击或不定点截击。

（5）一人站于网前近网处封网，底线一人或两人破网，提高截击难度。

4. 截击易犯错误与纠正方法

（1）向后引拍幅度过大。

纠正方法：背靠墙或挡网反复练习截击球技术的模仿动作及击球练习。

（2）击球无力。

纠正方法：进行转肩、上步动作练习；将球吊在离身体适当的位置，反复练习撞击球动作。

（3）网前站立腿过直。

纠正方法：练习者膝关节弯曲，练习左右、前后移动；网前站立，提踵，双脚不停地移动。

三、网球常识与主要竞赛规则

（一）网球场地和器材

1. 标准网球场地

网球场地可分为室外和室内，且有各种不同的球场表面，根据球场表面不同网球场地基本可分为：草地、红土和硬地，另还有软式球场。网球场地尺寸示意见图 5-42。

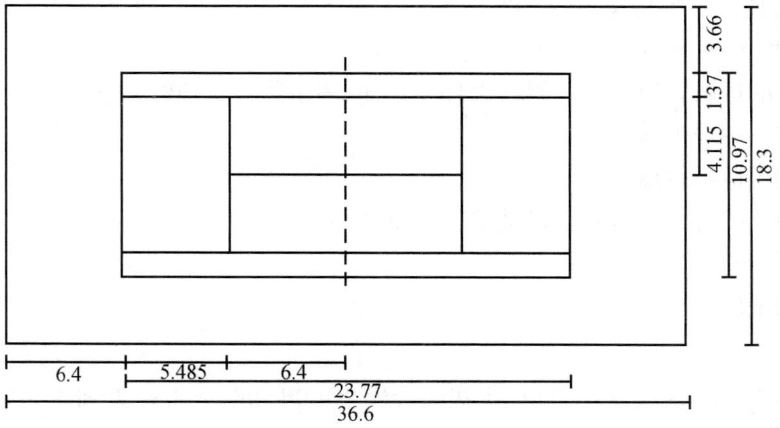

图 5-42 场地示意图（单位：米）

2. 球拍的选择

选购球拍应根据自己的实际情况。重量上，一般年轻人适用 320～330 g，中老年人适用 300～320 g，女性适用 280～300 g。握把尺寸上，一般男性球员适用 $4\frac{3}{8}$英寸（1 英寸＝2.54 厘米），若能力允许，也可用大一点的 $4\frac{1}{2}$英寸；女性适用 $4\frac{1}{4}$～$4\frac{3}{8}$英寸。拍面大小上，一般女性、初学者和年纪大者选择大拍面，中上级水平者选择中小拍面。所穿拍弦重量一般在 55～60 磅（1 磅＝0.454 千克），初学者亦可降低几磅。

国际网联规定比赛用拍拍框总长度不得超过 27 英寸，拍框的总宽度不能超过 $12\frac{1}{2}$英寸，穿弦平面的总长度不能超过 $15\frac{1}{2}$英寸，总宽度不能超过 $11\frac{1}{2}$英寸。

3. 球

场上用球外部需要由纺织材料统一包裹，颜色为白色或黄色，接缝处无缝线痕迹。重量介于 2～$2\frac{1}{6}$盎司（1 盎司＝28.34 克）之间。

（二）主要竞赛规则

1. 发球

发球员在发球前应先站在端线后、中点和边线的假定延长线之间的区域里，用手将球向空中任何方向抛起，在球接触地面以前，用球拍击球（仅能用一只手的运动员，可用球拍将球抛起）。球拍与球接触时，就算完成球的发送。在整个发球动作中，不得通过行走或跑动改变原站的位置，两脚只准站在规定位置，不得触及其他区域。每局先从右区端线后发球，得或失一分后换至左区；发球员第一次发球失误后，可在原发位置上进行第二次发球。每局比赛终了，发球员与接发球员互换，直至整场比赛结束。

2. 交换场地

双方应在每盘的单数局结束后，以及每盘结束双方局数之和为单数时，交换场地。

3. 失分

发生下列任何一种情况，均判失分。

(1) 在球第二次着地前，未能还击过网。

(2) 还击的球触及对方场区界线以外的地面、固定物或其他物件。

(3) 还击空中球失败。

(4) 故意用球拍触球超过一次。

(5) 运动员的身体、球拍，在发球期间触及球网。

(6) 过网击球。

(7) 抛拍击球。

4. 赛制

实行淘汰赛。一场比赛中，男子比赛除大满贯赛事和部分大师系列赛决赛采用五盘三胜制以外，均使用三盘两胜制。女子比赛全部采用三盘两胜制。

5. 计分方法

每一局中每胜1球得1分，先胜4分者胜1局；双方各得3分时为“平分”，平分后，净胜两分为胜1局。每一盘中一方先胜6局为胜1盘；双方各胜5局时，一方净胜两局为胜1盘。

在每盘的局数为6平时，进入决胜局。决胜局有两种计分制，分别是长盘制(一方净胜两局为胜1盘)和短盘制(抢七)。抢七局按以下办法执行：

(1) 先得7分者为胜该局及该盘(若分数为6平时，一方须净胜两分)。

(2) 首先发球员发第1分球，对方发第2、3分球，然后轮流发两分球，直到比赛结束。

(3) 第1分球在右区发，第2分球在左区发，第3分球在右区发。

(4) 每6分球和决胜局结束都要交换场地。

抢7局的报分按阿拉伯数字报，不再报15,30,40等，比分打到5∶5,6∶6,7∶7,8∶8……时，需连胜两分才能决定谁为胜方。但在记分表上则统一写为7∶6。

实地训练

切削发球

【目标】通过实训，掌握切削发球的基本技术。

【内容】网球切削发球。

【场地】网球场。

【器材】网球拍、网球若干。

【方法与步骤】1. 全身保持放松状态，向相应发球区侧身，眼睛注意观察对手。

2. 不论在右区或左区，右脚的脚尖都指向右网柱，两脚尖的连线指向相应的发球区。

3. 手握住球不能用力，这个动作被形象地比喻成像是手里握着一只小鸟。

4. 抛球手和握拍手同时向上，抛球并拉开球拍同步完成，尽量使身体呈弓形伸展。
5. 转身向前，前臂向下引拍。
6. 眼睛看球，后脚蹬地，手臂向上在高点挥拍击球，手腕轻轻发力。
7. 重心向前，后脚前移，随惯性自然完成动作。
8. 重复练习。

第四节 篮 球

人到无求，心神自安。淡泊以明志，宁静以致远。一笑不妨闲度日，无忧无虑似神仙。福不期求而自得也；寿不期长而自长也。

一、篮球运动简介

美国人詹姆斯·奈史密斯(Dr. James Naismith)于1891年发明了篮球运动。起初用足球做比赛工具，向篮投掷，篮是竹篮，后改为活底的铁篮，再改为铁圈下面挂网，经过长时间的斟酌，篮球之父奈史密斯和他的同事们才将这种游戏定名为“篮球”(basketball)。

篮球运动直至1936年柏林奥运会上才引起人们的重视。如今篮球是世界上最普及的球类运动之一，深受大众尤其是青少年的喜爱。

延伸阅读

1892年，奈史密斯制订了篮球的13条比赛规则，同时对场地大小也作了规定。

1893年，形成了近似现代的篮板、篮圈和篮网。

1908年，美国制订了全国统一的篮球规则，并有多种文字版本，发行于全世界，这样篮球逐渐成为一项世界性运动项目。

1936年，第11届奥运会将男子篮球列为正式比赛项目，并统一了世界篮球竞赛规则。之后的数十年间，规则和场地在不断变化。如今执行的篮球规则是2008年重新修订的。

1950年和1953年分别举行了第1届男篮和女篮锦标赛。

1976年，第21届奥运会将女子篮球列为正式比赛项目。

篮球运动于1896年前后由天津中华基督教青年会传入中国，后得到普及和发展。目前，我国有周琦等男子篮球运动员活跃于NBA赛场，他们都有较高的竞技水平和知名度。

图文
中国大学生篮球联赛

目前国际上的重大篮球竞赛活动主要有：奥运会篮球赛、世界篮球锦标赛、各大洲(欧洲、亚洲、非洲、南美洲、欧美等)篮球赛、世界大学生和中学生运动会篮球赛、世界军队和世界俱乐部篮球锦标赛。

篮球具有对抗性、观赏性强，参与人数多，强调身智合一、与他人配合默契等特点，同时要求参与者具有良好的身体素质、心理素质和坚强的意志力。因此，经常参与篮球运动可使人的身体素质平衡发展，还能提高人体感受器官的功能，中枢神经的灵活性及协调、支配各器官的能力。篮球运动能为参与者提供良好的心理体验，培养人的意志力与团队精神，促进个体社会化。

二、篮球的基本技术

（一）球感练习

球感（又称手感）是运动员在训练和比赛中发展起来的专门化知觉，其特点在于能对球的形状、重量、空间运动的速度和方向的变化等有较为精确的感知。可以说，球感练习是各球类运动训练的敲门砖，篮球运动也不例外。下面是一些最常见的篮球球感练习方法：

1. 两手体前相互拨球

两脚开立约与肩宽，双手持球，前臂上举，上臂与地面平行，用两手的手指向两侧拨球。练习时可按口令节奏，也可自己调整速度，熟练后可边拨球边变换手臂的位置。

2. 颈、腰、腿部绕球

两脚并立，双手持球置于面前，围绕颈、腰和腿部绕球，方向从上到下，再从下至上，环绕数次后交换方向。注意在绕球过程中球不能掉，速度越快越好。

3. 原地胯下"8"字换手交接球

原地两脚左右张开，弓身，目视前方。如球在左手，则左臂由体前向右腿胯下直臂摆动，于右小腿后方交于右手，右手得球后，右臂绕过右腿前方向左腿胯下摆动，于左小腿后方交于左手，如此左右循环连续地做。熟练后可换方向，由体后向前绕。

4. 直臂对墙拍球

右手持球于头上右前方，利用指腕力量对墙进行拍按球，可先慢后快，或在墙面上画图形按轨迹拍球，熟练后可换左手进行练习。

5. 原地双手交替拍按球

两脚开立略比肩宽，屈膝，双手交替拍按球的外侧上方，使球向两侧弹起，反复练习，熟练后可加快拍按球的速度。

（二）基本移动步法

移动是篮球运动的基础，没有快速敏捷的移动步法，将无法很好地施展各个单项技术。篮球移动步法可分为进攻步法和防守步法。下面将介绍篮球运动中的主要移动步法：

1. 起动

起动是队员在球场上由静止状态变为运动状态的一种脚步动作，在进攻中突然快速地起动，是摆脱防守的有效手段；防守时迅速的起动是保持或抢占有利位置，防住对手的首要环节。

动作要领：从基本站立姿势开始，起动时，以后脚或异侧脚掌短促有力蹬地，同时上体迅速前倾或侧转，向跑动方向移动重心，手臂协调摆动，两脚连续交替蹬地，充分利用蹬地的反作用力，在最短的距离内把速度充分发挥出来。

2. 跑

篮球比赛中的跑，不仅要求跑的速度快，而且要经常变换速度，改变方向，做出急停、转身、起跳和在跑的过程中完成控制球的动作。

动作要领：篮球比赛中的跑，要求两膝自然弯曲，重心略下降，用前脚掌或全脚掌着地，上体微向前倾，两臂自然摆动，眼睛注意观察场上情况，随时准备接球。在篮球比赛中，使用频率最高的跑有变速跑、变向跑、侧身跑和后退跑。

(1) 变速跑。加速时，蹬地突然而短促有力，上体前倾。减速时，上体直立，步幅放大并缓冲抵地。

(2) 变向跑。右脚蹬地、屈膝内扣，转移重心，左脚快迈，上体前倾，加速跑动。

(3) 侧身跑。上体侧身转肩，脚尖向前，看球跑动。

(4) 后退跑。用两脚的前脚掌交替蹬地，小腿积极后收，向后跑动，同时提踵，两臂屈肘相应摆动，保持身体平衡，并抬头注意场上情况，慢跑时稍向后倾，随着速度的加大而加大后倾度。

3. 转身

转身是篮球比赛中运用较广泛，经常与其他技术动作组合运用的改变身体方向的一种动作方法，包括前转身和后转身。

(1) 前转身。由移动脚向中枢脚前方跨出以改变身体位置与方向。

(2) 后转身。由移动脚向中枢脚后方撤步以改变身体位置与方向。

4. 滑步

滑步可分为侧滑步、前滑步和后滑步三种，它属于防守的基本步法。

(1) 侧滑步。两脚平行站立，向左侧滑步时，左脚向左(移动方向)迈出的同时，右脚蹬地滑动，跟随左脚移动，并保持屈膝降低重心的姿势，上体微向前倾，两臂张开(根据进攻者的情况)，抬头注视对手。注意身体不要上下起伏，两脚不要交叉，重心要保持在两脚之间。

(2) 前滑步。由前后站立姿势开始，向前滑步时，前脚向前迈出一步，着地的同时，后脚紧随着向前滑动，保持开立姿势，注意屈膝以降低身体重心。

(3) 后滑步。后滑步动作方法与侧滑步相同，只是向后滑动。在滑步练习时应谨记脚的蹬跨要协同有力，滑动时身体要平稳，两臂尽量伸展。

5. 急停

急停是队员在跑动中突然制动速度的一种动作方法，也是各种脚步动作衔接和变化的过渡动作。

(1) 跨步急停，又称两步急停。在快速跑动中采用急停时，先向前跨出一大步，用全脚掌抵住地面，迅速屈膝，同时身体稍后倾，转移重心，减缓向前冲力，然后连贯地跨出第二步。脚着地时，脚尖稍向内转，用前脚掌内侧蹬地，两膝弯曲，身体侧转(右脚跨出第一步，身体右转)，微向前倾，重心落在两脚之间，两臂自然张开，协助维持身体平衡。

(2) 跳步急停，又称一步急停。在跑动中，用单脚或双脚起跳(离地不高)，上体稍后仰，两臂自然摆动，两脚同时平行(略比肩宽)落地。落地时用全脚掌着地(或先用脚跟着地，然后迅速过渡到全脚掌着地)，两膝弯曲，两臂屈肘微张，保持身体平衡。

(三) 传接球

传球技术是篮球比赛中进攻队员之间有目的地转移球的方法。接球则是获得球的动作，亦是抢篮板球和抢断球的基础。传球技术和接球技术又可细分为多种，本书简要介绍几种主要的传接球方法。

1. 传球

传球动作有双手传球和单手传球两种主要的动作方法。双手传球以双手胸前传球为基本的动作方法，而单手传球则以单手肩上传球为基本动作方法，此处向大家介绍双手胸前传球和单手肩上传球的动作要领与练习方法。

微课
传球

(1) 双手胸前传球。持球时，两手五指自然分开，拇指相对成八字形，用指根以上部位握球的侧后方，掌心空出，两肘自然弯曲于体侧，将球置于胸前。肩、臂、腕肌肉放松，两眼注视传球目标，身体成基本姿势。传球时，后脚蹬地，身体重心前移，同时两臂前伸，手腕由下向上翻转，同时拇指用力下压，食、中指用力弹拨，将球传出，出球后，手心和拇指向下(见图 5-43)。以上动作要领可概括为：蹬(地)、伸(臂)、翻(腕)、抖(腕)和拨(指)。注意动作应协调连贯，双手用力均匀。

(a) (b) (c)

图 5-43 双手胸前传球动作图

(2) 单手肩上传球(以右手持球为例)。持球方法同双手胸前传球，两脚平行开立，右手传球时，左脚向传球方向跨出半步，同时双手将球引至右肩侧上方，右手上臂与地面近似平行，前臂与地面近似垂直，手腕后屈，右手持球的后下方，身体重心落在右脚尖上。出球时，右脚蹬地的同时转体带动上臂，前臂迅速前甩，手腕前扣，最后通过食指、中指、无名指的弹拨下压动作将球传出(见图 5-44)。

(a) (b) (c) (d)

图 5-44 单手肩上传球动作图

2. 接球

接球是篮球运动中转移球的主要方法之一，主要分为双手接球和单手接球两种接球方法。

（1）双手接球。双手接球是篮球运动中最基本和最常用的接球方法。双手接球时，双眼注视来球，两臂伸出迎球，手指自然分开，拇指相对成八字形，手指向前上方，两手成一个半圆形；当手指触球后，两臂顺势屈肘随球后引，缓冲来球力量，两手握球于胸腹间，成基本站立姿势。注意动作应协调连贯，伸出手主动迎球，收臂后引缓冲。双手前伸的高度亦与来球高度相应有所变化。

（2）单手接球。单手接球控制的范围较大，可接不同方向的来球，但稳定性不如双手接球。以右手接球为例，当使用右手接球时，右脚向来球方向迈出，双眼注视来球；接球时，手掌成勺形，手指自然分开，右臂向来球方向伸出；当手指触球时，手臂顺势将球向后引，左手立即握住球，双手将球握于胸腹间，成基本站立姿势。

3. 传接球常用练习方法

下面向大家简单介绍一些常用的传接球练习方法，大家可根据自身的实际情况灵活选用。

（1）两人面对面原地传接球练习。两人一组一球，相距 3～5 米，进行单手、双手传接球练习，传球高度可自行调整。要求保持基本站立姿势，持、传、接球的手法正确，配合下肢力量协调练习；传接球速度由慢到快，距离由近至远，练习单手传球时应左右手交替进行。

（2）多人原地接不同方向来球，向不同方向传球练习。多人一组站成多边形，向不同方向传球，同时接不同方向的来球。要求传接球速度由慢到快，用眼的余光观察传球目标和来球，相互之间配合默契。

（3）迎面上步接传球练习。练习者排成纵队，一人持球（代号“A”）面向纵队站立，相距 5～7 米。纵队排头者接 A 传来的球，做急停后将球再次传回给 A，然后跑至纵队队伍的后面，接着第二人上步接传球，依次反复练习，传一定次数后，轮流替换 A。在练习过程中，要求上步接球手法正确，接球平稳，A 传球的力量适中。

（4）横向移动传接球练习。两人一组，相距 3～5 米站立，一人持球向左右方向传球，另一人则接球，接球后迅速将球再传回给同伴，循环进行练习，传接一定次数后，两人交换。在练习过程中，要求传接球手法正确，反应迅速，移动敏捷。

（5）对墙传接球练习。距墙 3 米左右持球站立。练习时，用双手或单手对墙做胸前传球，待球反弹回后即迅速接球，传球速度由慢到快，距离由近至远，熟练后可在球传出后原地转身 360°后再接球。

4. 传接球易犯错误与纠正方法

（1）双手胸前传球易犯错误。用手掌握球，指端未贴住球；肩、腕关节紧张，传球时两肘外展；伸臂和翻腕动作脱节形成挤球；两臂用力不均匀；全身动作配合不协调。

纠正方法：练习者做好持球准备姿势后，由同伴或教练的两手上下握球，让练习者做传球时腕翻转和指拨球的动作，使练习者体会动作方法。

（2）单手肩上传球易犯错误。传球时手臂、肘外展，或传球时不以肘带动前臂摆甩和扣腕，无指拨动作传球，形成推铅球式传球；腕、指控制球能力较差，传球落点不准。

纠正方法：教练或教师重复示范单手肩上传球的动作顺序，并配合教学视频进行讲解，强调传球时肘关节领先。针对传球时前臂和腕、指动作的错误，可采用各种单手传球的徒手练习和利用小球练习体会动作，以及其他腕、指专门性练习，提高腕、指灵活性和力量，增强控制球的能力。

(3) 双手接球易犯错误。接球手型不正确,手指朝前,拇指向上,形成由两侧或上下去捂球或夹球;伸臂迎球时臂、腕、指紧张,引球动作不及时,两手掌心触球。

纠正方法:多做自抛自接球练习,养成张手、伸臂迎球和及时屈肘引臂的习惯。

(四) 运球

运球是篮球运动中非常重要的个人进攻技术之一,也是篮球比赛中携带球在场上移动的方法。它是持球队员在原地或行进中,用单手连续按拍由地面反弹起来的球的一类动作方法。运球有高运球、低运球、运球急停急起、体前变速变向运球、背后运球。通过运用不同运球动作的交替组合与变化,可使运球更加具有突然性、攻击性和实效性,从而为得分创造良好的条件。下面主要介绍高运球、低运球、运球转身和体前变向换手运球。

1. 高运球

抬头,目视前方,上体稍前倾,以肘关节为轴,用手按拍球的后侧上方,球的落点在身体侧前方,球反弹的高度在胸、腰之间,一般拍一次球跑两步(见图 5-45)。

2. 低运球

抬头,目视前方,两腿迅速弯曲,降低身体重心,上体前倾,靠近防守队员的一侧,用身体和腿保护球。同时,用手短促地按拍球,控制球从地面反弹的高度在膝部以下,以便摆脱防守继续前进(见图 5-46)。

图 5-45　高运球动作图

图 5-46　低运球动作图

3. 运球转身

以右手运球为例,当对手堵截运球路线时,运球队员将球控制在身体右侧,左脚向前跨出一步为中枢脚,置于对手两脚之间,然后右脚用力蹬地后撤,顺势做后转身动作;在转身的同时,右手按拍球的右前方,将球拉引至身体的侧后方落地,转身后换用左手推拍球,从对手的身体右侧突破。为减小球的转动半径,须使上臂紧贴躯干,同时使运球手臂提拉球的动作和脚的蹬地、跨步、转身动作紧密结合。转身时应加力运球,以加大球的反作用力,延长手触球的时间,有利于拉引球动作的顺利完成。

4. 体前变向换手运球

运球队员要从对手右侧突破时,先向对手左侧快速运球,当对手向左侧转移身体重心准备堵截时,运球队员突然变换运球的方向,用右手按拍球的右侧上方,并靠近身体向左侧送拍球,使球的落点靠近左脚,向身体左侧反弹,同时,右脚向左前方跨步,上体左转侧肩,以臂、腿、上体保护球,换左手按拍于左侧上方,从对手右侧运球突破。若要从对手左侧突破,则方向相反。

5. 运球常用练习方法

(1) 原地运球。原地运球的练习可以按四个步骤进行:① 原地运球模仿练习,体会手臂、手腕动作;② 原地高运球或低运球练习,体会手指手腕上吸下按的动作,以及手触球的部位和控制球,熟练后可将高运球和低运球混合进行练习,进一步提高运球能力和控制球的能力;③ 原地体前左、右交替运球,体会换手时推拨球的动作和按拍球的部位;④ 原地体侧前后运球,体会前推、后拉运球时,手按拍球的部位和用力。

在原地运球练习过程中应始终保持正确的身体姿态,体会手按拍和迎引球的动作,抬头,用眼余光看球。

(2) 行进间运球。行进间运球包括的内容有三个方面:

第一,直线运球。一人持球沿直线进行行进间的高运球练习,熟练后可加快跑动速度,或者多人进行直线运球接力练习。开始时可练单手运球,以后逐渐变为体前左、右交替运球。

第二,弧线运球。沿罚球圈、中圈做弧形运球到对面的端线,再换手变向将球运回。注意要用远离圆圈的手运球,做左右手换手运球练习。弧线运球时,内侧腿深屈膝,外侧脚用力蹬地,身体向内倾,幅度越大越好,球要始终控制在体侧。

第三,运球急起急停。每个队员一球,根据教练或同伴的信号练习急起急停或变速运球。注意急起急停时,要停得稳,起动快。变速运球时,要掌握好高、低运球的节奏,加速应突然。

6. 运球易犯错误和纠正方法

(1) 用手掌拍击球。

纠正方法:强调运球手法,徒手做模仿练习,反复练习手、臂迎送动作;单手举球到头前侧上方,用手腕前屈、后仰和手指拨球动作连续做对墙运球练习。

(2) 控制不好球。

纠正方法:教师或教练多讲解和示范正确动作,反复进行按拍球的动作练习。

(3) 行进间高运球时按拍球与行进配合不协调。

纠正方法:多做原地碎步跑运球和采用慢速行进运球的练习,熟练后再提高移动速度。

(4) 低头运球。

纠正方法:可目视同伴或教师、教练进行运球,还可采用戴遮视线的“眼镜”进行运球练习。

(五) 投篮

投篮是将球投进篮圈的一种专门动作,它是篮球比赛中唯一的得分手段,是所有进攻技战术的最终目的和攻守矛盾的焦点所在。没有精准的投篮技术,便无法得分,也无法获得比赛的最终胜利。投篮的基本方法有原地单手投篮、双手胸前投篮、行进间单手投篮、跳起单手投篮、反手投篮和勾手投篮等。本节将向大家介绍原地单手投篮、原地双手胸前投篮、行进间单手投篮和跳起单手投篮。

微课
投篮技术

1. 原地单手投篮

以右手持球为例,右脚在前,左脚稍后,两膝微屈,重心落在两脚掌上;右手五指自然分开,翻腕持球的后部稍下部位,左手扶在球的侧下面,将球举到头部右侧上方位置,目视球篮,大臂与肩关节平行,大、小臂约呈 90°角,肘关节内收。投篮时,由下肢蹬腿发力,身体随之向前上方伸展，同时抬肘向投篮方向伸臂，用手腕前屈和手指拨球动作，使球柔和地从食、中指端投出。球离手时，手臂要随球自然跟送，脚跟提起。具体动作见图 5-47。

(a) (b) (c) (d)

图 5-47 原地单手投篮动作图

2. 双手胸前投篮

投篮的准备姿势与双手胸前传球的准备姿势基本一致，投篮前将球置于胸前，目视篮圈，两肘自然下垂，两脚前后或左右开立，两膝微屈，重心落在两脚掌上。投篮时，两脚蹬地，腰腹伸展，两臂向前上方伸出，两手腕同时外翻，拇指稍用力压球，使球通过拇指、食指、中指指端投出。球出手后，脚跟提起，腿、腰、臂随出球方向自然伸展。具体动作见图 5-48。

(a) (b) (c) (d)

图 5-48 双手胸前投篮动作图

3. 行进间单手投篮

行进间单手投篮又称三步上篮，是篮球比赛中常采用的投篮方法之一，它可分为行进间单手肩上投篮和行进间单手低手投篮。

(1) 行进间单手肩上投篮。以右手持球为例，右脚向前跨出时接球，接着迅速上左脚起跳，右腿屈膝上抬，同时举球至头右侧，腾空后，上体稍后仰，当身体跳到最高点时，右手臂伸直，用手腕前屈和手指力量将球投出（见图 5-49）。此动作有一口诀：一跨大步接球牢，二跨小步用力跳，三要翻腕托球举球高，四要指腕柔和用力巧。

图 5-49 行进间单手肩上投篮

(2) 行进间单手低手投篮。以右手持球为例,行进间单手低手投篮的跑动步法与行进间单手肩上投篮基本相同,只是在接球后的第二步要继续加快速度,用力蹬地向前上方起跳,腾空时间要短。投篮手的五指自然分开,托球的下部,手心朝上,手臂向上伸展,接近篮圈时,用指腕上挑的力量,使球向前旋转投向篮圈。注意第二步投篮出手前保持单手低手托球稳定性。具体动作见图 5-50。

4. 跳起单手投篮

以右手持球为例,双手持球于胸腹之间,两脚左右(或前后)开立,两膝微屈,身体重心落在两脚间,上体放松,眼睛注视篮圈;起跳时两膝适当弯曲,接着脚掌蹬地发力,提腹伸腰,向上迅速摆臂举球并起跳,球高度为肩上或头上,持球方法同原地单手肩上投篮;当身体升至最高点或接近最高点时,用暴发性力量屈腕、压指,将球投出,球离手后身体自然落地,屈膝缓冲。具体动作见图 5-51。

图 5-50 行进间单手低手投篮

图 5-51 跳起单手投篮

5. 投篮常用练习方法

(1) 原地练习持球投篮的准备姿势和出手动作。

(2) 徒手做原地投篮动作的模仿练习,体会全身的协调配合和出手时的指腕动作。

(3) 面对墙、篮板或同伴,相距 2～3 米,持球做投篮动作练习。

(4) 站在篮圈下面,原地练习投篮出手,体会投篮出手时的指腕动作。

(5) 两人一组,相对站立,相距 3～4 米,用原地单手、双手投篮方法有弧度地传球,熟练后逐渐拉长距离。投篮手法基本掌握后，可采用固定投篮角度和变换投篮距离等方法进行投篮练习。

(6) 定点投篮练习，即两人一组，规定投篮点，一人连投，一人传球，达到规定次数后两人互换。

(7) 在对抗的条件下，加大投篮练习的难度和强度，提高投篮的应变能力，以适应实战的要求。

6. 原地投篮易犯错误及纠正方法

(1) 持球手型不正确，掌心未离球体，手指端未贴在球体上，持球不稳。

纠正方法：练习者持球，由同伴或教师、教练检查动作是否正确，并帮忙纠正，使练习者建立正确的投篮持球动作基本概念。

(2) 肘关节外展。

纠正方法：练习者以投篮的手臂侧靠墙，徒手做投篮模仿练习。

(3) 投篮时，肘关节过早前伸，导致抛物线过低。

纠正方法：练习者坐在地上持球做投篮动作，同伴或教师、教练在练习者对面用手压在球的上方，使练习者体会投篮时先抬肘，后伸臂、压腕、指拨出球的投篮动作顺序。

(4) 投篮时，抬肘伸臂不充分，出球动作僵硬；双手投篮时，两手用力不平均，肩关节紧张，食指、中指拨球动作不明显，整体动作不协调。

纠正方法：多进行徒手模仿练习，多对镜练习，看教师或教练的正确示范，同时配合教学视频，建立正确的投篮动作概念并鉴别投篮动作是否正确。

(5) 行进间投篮时跑动与跨步衔接不好或步法混乱。

纠正方法：先徒手进行跨步的练习，熟练后进行行进间慢速运球接跨步上篮的动作，之后行进间运球速度可逐渐加快，使练习者循序渐进地掌握行进间投篮的衔接技术。

三、篮球运动的主要竞赛规则

自篮球运动被发明至今，篮球的竞赛规则随着篮球运动的发展被不断地修订，本节所介绍的篮球主要竞赛规则选自国际篮球联合会(FIBA)通过的 2017 年 10 月 1 日起生效的最新篮球规则。

(一) 场地和器材

1. 标准篮球场

国际篮球联合会规定正式比赛的篮球场为长 28 米、宽 15 米的长方形场地，天花板或最低障碍物离地高度至少 7 米。球场照明应均匀，光线充足。

场地内所有线条宽度为 0.05 米；中线应向两侧边线外各延长 0.025 米；罚球线应与端线平行，长为 3.6 米，其外沿距端线内沿 5.80 米，中点须落于连接两条端线中点的假想线上。

根据 FIBA 的篮球规则，自 2010 年 10 月 1 日起，限制区(三秒区)改为长 5.80 米、宽 4.9 米的矩形区域，不再为梯形；三分线的距离从之前的 6.25 米改为 6.75 米；在比赛场地两端的篮圈下各标出一个半圆区域，半圆的内沿距篮圈中心 1.25 米。这个区域为合理冲撞区，在这个区域只有阻挡犯规，没有带球撞人。

中圈画于球场中央，半径为 1.80 米，从圆周外沿丈量。

2. 篮球

篮球是圆形的，球的外壳为皮革、橡胶或合成物质。球面的接缝或槽的宽度不得超过 0.006 35 米。球的圆周为 0.749～0.780 米；其重量为 567～650 克。充气后，使球从 1.80 米的高度（从球的底部量起）落到球场的地面上，反弹起来的高度为 1.20～1.40 米（从球的顶部量起）。

（二）着装

1. 球队成员的服装构成

（1）背心前后的主要颜色相同，所有队员必须把背心塞进短裤内，允许穿一体的服装。

（2）短裤前后的主要颜色相同，但没必要与背心的颜色相同。

（3）允许穿长于短裤的紧身内裤，只要与短裤的颜色相同。

2. 主客队的背心颜色说明

每名队员必须至少有两件背心，并且秩序册中命名的第一队（主队）应穿浅色背心（最好是白色）；秩序册中命名的第二队（客队）应穿深色背心；如果参加比赛的两队同意，他们可以互换背心的颜色。

（三）比赛时间、比分相等与决胜期

1. 比赛时间

比赛应由 4 节组成，每节 10 分钟。在比赛开始之前，应有 20 分钟的比赛休息期。在第一节和第二节（第一半时）之间，第三节和第四节（第二半时）之间以及每一决胜期之前应有 2 分钟的比赛休息期。而中场休息时间应为 15 分钟。

2. 比分相等与决胜期

如果在第四节比赛时间终了时比分相等，为打破平局，需要一个或多个 5 分钟的决胜期（加时节）来继续比赛。如果结束比赛时间的比赛计时钟信号响时或恰好之前发生了犯规，在比赛时间结束之前应执行最后的罚球。如果作为此罚球的结果需要一个决胜期，那么，在比赛时间结束后发生的所有犯规被视为在比赛休息期间发生的，在决胜期开始之前应执行罚球。

（四）技术规范

在比赛中，只能用手来打球，并且可将球向任何方向传、投、拍、滚或运，但受 FIBA 篮球规则的限制，队员不能带球走，也不能故意踢或用腿的任何部分阻挡或用拳击球。

（五）得分

（1）当活球从上方进入球篮并停留在篮圈内或穿过篮圈是球中篮。

（2）球已进入篮圈，对投篮的队按此规则计得分：一次罚球中篮计 1 分；从 2 分投篮区域中篮计 2 分；从 3 分投篮区域中篮计 3 分；在最后一次或仅有一次的罚球中，在球已触及篮圈后进入篮圈前被一名进攻队员或防守队员合法触及，中篮计 2 分。

（3）如果队员意外地将球投入该队的本方篮圈，中篮计 2 分，记入对方球队得分。如果队员故意地将球投入该队的本方篮圈，这是违例，中篮不计得分。如果队员使整个球从下方穿过篮圈，这是违例。

（六）暂停

(1) 教练员或助理教练员请求中断比赛时是暂停。

(2) 每次暂停持续时间为1分钟。一次暂停可在一次暂停机会期间被准许。在第一半时的任何时间每队可准许2次暂停；在第二半时的任何时间可准许3次暂停；以及每一决胜期的任何时间可准许1次暂停。未用过的暂停不得遗留给下一个半时或决胜期。在第四节的最后两分钟或每一决胜期的最后两分钟内，在一次成功的投篮后比赛计时钟停止时，不允许得分队叫暂停，除非裁判员已停止了比赛。

（七）违例

违例指违反规则。违例时将球判给对方队员和在最靠近发生违例的地点掷球入界，正好在篮板后面的地点除外，除非规则另有规定。

篮球比赛中常见的违例有球出界、两次运球、带球走、3秒、8秒、24秒和球回后场等。

（八）犯规

犯规是对规则的违犯，含有与对方队员的非法身体接触和违反体育道德的举止。篮球比赛中常见的犯规有撞人、阻挡、拉人、推人等侵人犯规。

1. 技术犯规

技术犯规是包含(但不限于)行为性质的队员非接触犯规。主要指队员没有礼貌地触犯裁判员、技术代表、记录台人员或球队席人员，或使用很可能冒犯或煽动观众的语言和举止等。

2. 队员犯规和全队犯规

(1) 一名队员已发生侵人犯规或技术犯规累计达到5次，主裁判员应通知本人，并要求其立即离开比赛。犯规队员必须在30秒钟内被替换。

(2) 在一节中某队已发生了4次全队犯规时，该队处于全队犯规处罚状态。当某队处于全队犯规处罚状态时，所有随后发生的对未做投篮动作的队员的侵人犯规应被判2次罚球，代替掷球入界。如果控制活球队的队员或拥有球权队的队员发生了侵人犯规，这样的犯规应判对方队员掷球入界。

实地训练

原地运球

【目标】通过实训，能熟练掌握各种原地运球方法。

【内容】原地高低运球、原地体侧前后推拉运球、原地胯下左右运球、原地胯下绕“8”字运球、原地背后换手变向运球。

【场地】篮球场或平整的空地。

【器材】篮球。

【方法与步骤】1. 原地高运球：按拍球的后上部，球的落点在身体侧前方，球的反弹高度在腰腹之间；原地低运球，降重心，抬头前看，用上体和腿保护球，球反弹的高度在膝髋之间。

2. 原地体侧前后推拉运球：两腿前后开立，运球手按拍球的后上方使球向前弹出，运球手迅速前移至球的前上方，按拍球的前上方使球弹回。

3. 原地胯下左右运球：两脚前后开立成弓箭步，右手持球加力使球从胯下向左反弹，左手迎引球后，再加力使球从胯下向右反弹，依次两手交替运球。

4. 原地胯下绕“8”字运球：两脚左右开立，约与肩同宽，其他动作方法同原地胯下左右运球，只是迎引球的手接触到球时引球从腿外侧绕过来再推向另一侧。

5. 原地背后换手变向运球：两脚左右开立，约与肩同宽，持球于体前。练习时，左手持球向左挥摆至体侧，然后用手指、手腕加力，使球经身体左侧向右下方落于体后，使球向右侧上方反弹；右手在背后右侧控制球，然后再用右手加力向左运拍。依次在背后交替换手运球。

第五节　排　　球

越来越多的人从喜爱排球运动到投身参与。人们高跳、猛扣、前扑、鱼跃、滚翻，运动伸展的是四肢，吐故纳新的是心肺，强壮健硕的是躯体，愉悦欢快的是精神，体验的是其中的文化价值和文化意义，实现的是现代人的文化观念和文化追求。

一、排球运动简介

排球(volleyball)由美国人威廉·G. 摩根(William G. Morgan)于1895年发明的。后逐渐流行于全世界。排球具有群众基础好、技术全面、对抗激烈、技巧细腻、攻防技术两重性和集体配合的严密性等特点。经常从事排球运动可提高人的综合身体素质，尤其可以增强爆发力和手、眼的协调配合能力以及腰背肌力，改善人的高级神经系统、心血管系统和呼吸系统功能，培养人的坚强意志和团队精神，还可使人养成协作配合和遵守规则的良好习惯，有助于与他人友好相处。

1896年，美国开始举办排球比赛，同年排球的英文名被正式定为“volleyball”，亦出现了第一部排球规则。

图文
中国女子排球队

1905年，排球传入中国，之后排球在我国得到了普及和发展。新中国成立后，为了早日使三大球的竞技水平达到国际水平，我国从女子排球打开了突破口。

1977年，中国女排第一次战胜日本女排，获得世界杯第四名。

1979年，中国女排首次夺得亚洲锦标赛冠军。

1981—1986年，中国女排夺得世界大赛五连冠，震惊世界。后由于新老队员交替，出现青黄不接现象。

2003年，在教练陈忠和的带领下，中国女排在时隔多年后再一次夺得世界杯冠军。

2004年，中国女排又一次夺得奥运会冠军，令国人振奋。

2008年，我国体育界元老级人物魏纪中在国际排联开始担任主席职务。

2016年，里约奥运会，中国女排以3∶1战胜塞尔维亚女排，第四次获得奥运动会冠军。

目前，国际重大的排球赛事主要有：奥运会排球比赛、大冠军杯赛、世界锦标赛和世界杯赛。

延伸阅读

沙滩排球

沙滩排球，简称“沙排”，是风靡全世界的一项体育运动。沙滩排球比赛场地包括比赛场区和无障碍区。比赛场区为 16 m×8 m 的长方形。场地边线外和端线外的无障碍区宽 5～6 m，上空的无障碍空间至少高 12.5 米。地面是水平的沙滩，沙滩必须至少 40 cm 深，其中没有石块、壳类及其他可能造成运动员损伤的杂物。比赛场区上所有的界线宽为 5～8 cm，界线与沙滩的颜色需有明显的区别，并且由抗拉力材料的带子构成。

它起源于 20 世纪 20 年代的美国。大多数人认为加州的圣莫尼卡是沙滩排球的发源地。当时人们玩沙滩排球是为了消遣娱乐，运动员和观众们头顶蓝天，面临碧海，耳听涛声，脚踩柔沙，使比赛充满了诗情画意。

二、排球运动的特点

1. 广泛群众性

排球运动场地设备与要求规则简单，只要喜欢排球运动，任何人都可参与其中。

2. 集体协同性

排球比赛是集体比赛项目，除发球外，其余技战术都是在集体配合下完成的。

3. 激烈对抗性

排球比赛每一次攻防争夺都蕴涵着得分和失分的可能，使得攻防矛盾非常激烈，尤其是比赛达到关键球和赛点时，落后一方队员都面临着“力挽狂澜”或“功亏一篑”的挑战。场上队员必须具备良好的心理调控能力、娴熟的技术、综合作战能力，教练员则需有积极灵活的调防能力，否则球队很难在激烈的攻防对抗中取得领先并赢得胜利。

4. 技战术全面、灵活多变性

排球运动属于集体对抗比赛，需要场上 6 名队员协同配合组织有效的进攻与防守。在进攻中，前排队员要不断地变换运用跑动、交叉换位、掩护等各种技战术来迷惑对方，并将球击落在对方场地；在防守时，全队都要积极保护扣球；攻防转换中，队员要保持合理的攻防阵形，采取灵活多变的战术，有效防护对方拦网并迅速组织进攻。

排球运动的攻守对抗性是其基本规律和特征。排球的技战术发展都是围绕攻防战术的创新而展开的，排球运动在攻守中的突破与反突破、限制与反限制矛盾的对立统一，是排球技战术持续发展的内在动力。

5. 休闲娱乐性

现代排球运动发展出多种形式，如沙滩排球、气排球、软式排球等，排球运动集健身、娱乐、社交、休闲等功效于一体，运动形式不拘一格、灵活多变，已成为人们休闲娱乐的热门项目。

延伸阅读

软式排球和气排球

软式排球在20世纪80年代末诞生于日本山梨县，它是以中老年和儿童为主要对象设计并开展的群众体育项目。软式排球以重量轻、体积大、制造材料柔软、不伤手指等特点得名，成为一项深受广大体育爱好者喜爱的健身项目。

1989年日本举行了全国家庭软式排球赛，1992年软式排球进入日本中、小学和部分高中的体育课教材。目前软式排球运动已从日本传到中国、韩国、新加坡和美国等国家。1995年北京体育大学成功地举办了我国历史上首次职工软式排球赛。1996年初中国排协决定要在我国大力倡导开展软式排球运动。目前高校多采用软式排球作为辅助教学用具。

气排球是我国土生土长的一项群众性排球活动，是纯粹的"中国制造"。1984年，呼和浩特铁路局为开展老年人体育活动，在没有规则限制的情况下，组织离退休职工用气球在排球场上打着玩儿。由于气球过轻且易爆，他们将两个气球套在一起打，最后又改用儿童软塑球。随后又参照6人排球规则制定了简单的比赛规则，并将这种活动形式取名为"气排球"。

三、排球的基本技术

排球运动的基本技术主要有基本移动步法、发球、垫球、传球、扣球和拦网等。本书根据高职高专体育教学的实际情况，主要介绍几种基本的移动步法、正面上手发球、正面下手发球、正面双手垫球、正面双手传球和扣球。

（一）基本移动步法

1. 一般准备姿势

两脚左右开立略比肩宽，前后开立距离小于左右，膝稍屈，上体稍前倾，两臂自然弯曲置于腰腹或胸前，整个身体处于较灵活的平稳状态，随时准备起动。

2. 并步

当来球距身体一步左右时，可采用并步移动。移动时，移动方向的同侧脚步先向移动方向跨出一步，当跨出脚落地时，另一脚迅速并上成击球前的准备姿势。

3. 跨步

当来球较低，离身体一米左右距离时，可采用跨步移动。移动时，一脚用力蹬地，另一脚向来球方向跨出一大步。跨出腿膝部弯曲，上体前倾，臀部下降，身体重心移至跨出腿上，后腿在蹬地后膝部也要微屈。

4. 交叉步

当来球在体侧或体前侧距离身体2米左右时，可采用交叉步移动去接近球。若向右移动，起动时身体应稍向右转，同时右脚自然地向右先移动一小步(起动步)，使脚尖指向右前方。左脚从右脚前面向右交叉迈出一步。然后右脚再向右跨出一步，落在左脚的右侧，同时身体转动对准来球方向，保持击球前的准备姿势。

5. 练习方法

(1) 听口令采用规定步法做反应练习。

(2) 两人一组一球，一人持球向不同方向抛球，另一人采用各种基本步法接球。

(3) 同伴向四周抛出各种高低远近不同的球，每人连续接球若干次，球不得落地。

(二) 发球

发球是排球比赛中主要的得分技术之一，是不受对手影响的技术，也是先发制人的进攻性技术。从动作上发球可分为正面下手发球、侧面下手发球、正面上手发旋转球、侧面勾手大力发球、正面上手发飘球、侧面勾手发飘球、跳发飘球和跳发大力球8种。本书主要介绍正面上手发球和正面下手发球两种发球方法。

1. 正面上手发球

以右手发球为例，面对球网站立，左手托球于胸前，右手扶球，注意观察对方的站位和布局，选定自己的攻击目标；左手或双手将球平稳地向右肩前上方抛起，抛球的同时，右臂抬起屈肘后振，肘部弯曲与肩平，五指自然张开，上体稍向右转动，抬头挺胸、展腹、身体重心移动至右脚上；击球时利用蹬地转体和迅速收胸收腹的动作使手臂迅速猛烈地向上方挥动，重心随之移至左脚，手臂伸至右肩上方，以全掌击球的后中下部，手触球时手腕应有向前推压的动作，使球向前旋转飞出，具体动作见图5-52。

2. 正面下手发球

正面下手发球常被初学者进行比赛时采用，其动作要领是：以右手发球为例，面对球网两脚前后开立，左脚在前，右脚在后，两膝弯曲，上体前倾，左手持球于腹前；左手将球垂直上抛在右肩的前下方，离手约20～30厘米高度即可，在抛球的同时，右臂伸直后摆，身体重心适当后移；以肩为轴，手臂由后经下方向前摆动，身体重心亦随之前移，在右肩的前下方腹前高度用全掌、掌根或虎口击球后下方，具体动作见图5-53。

图5-52 正面上手发球动作示意图

图5-53 正面下手发球动作示意图

3. 发球常用练习方法

(1) 原地徒手模仿发球动作，熟练后进行抛球练习，再将抛球和发球结合进行练习。

(2) 将球悬吊在适当高度，或由同伴持球，用发球的正确动作击球，以体会发球动作和击球时手的感觉。

(3) 两人一组，不隔网相距10米进行发球练习；熟练后可做近距离的隔网发球练习。

(4) 站在端线后轮流发球，并相互观察，提醒动作要点；熟练后可规定发球目标和发球次数再进行练习;最后过渡至分组进行发球和接发球比赛。

4. 易犯错误与纠正方法

(1) 抛球不当,影响发球的质量。

纠正方法:固定抛球的位置与高度,反复练习,并由同伴或教师帮助纠正动作。

(2) 击球点不准,从而影响击球效果。

纠正方法:多击固定球;抛球击球时眼睛应盯住击球部位,及时挥臂击球。

(3) 击球时手掌控制不住球,击不准球。

纠正方法:提醒自己应看准击球部位击球,抛球后先用较轻的力量击球,或多击固定球。

(三) 正面双手垫球

1. 动作要领

正面双手垫球时击球手型可取叠指法和包拳法两种,击球点一般尽量保持在腹前约一臂距离的位置,用腕上 10 厘米左右的两小臂桡骨内侧所构成的平面击球。当判断来球须用垫球回击时,及时移动到位,降低重心,两臂前伸插至球下,使两前臂的垫击面对准来球,并初步取好手臂的角度;两手掌要紧靠,手臂夹紧,手腕下压,用平整且稳定的击球面迎击球;由下肢蹬地、提肩、顶肘、压腕的动作去迎击来球,身体重心应随球前移,全身协调用力将球送出,具体动作见图 5-54。

微课

垫球技术练习方法

图 5-54 正面双手包拳垫球动作示意图

2. 常用练习方法

(1) 原地徒手模仿练习。

(2) 二人一组,一人持球固定于小腹前高度,另一人从准备姿势开始,做垫击动作,但不将球击出,只体会击球动作。熟练后可一人抛球,一人垫球,再过渡至二人对垫。

(3) 二人一组,一人固定不动,另一个向前后左右移动垫球,再过渡至二人同时移动垫球。

(4) 教练或同伴连续抛球,练习者进行垫球,每组规定垫球个数和垫球方向。

(四) 正面双手传球

1. 动作要领

当判断来球须用传球技术时,手翻掌略相对,置于额前,手指自然弯曲,手腕稍后仰,以稍大于球体的半球形手型准备迎击来球。击球时从下肢开始发力，双脚蹬地，以伸膝、伸髋动作使身体重心上升，再以伸肘使两手迎向来球并在正确的击球位置击球，依靠脚蹬地和手指手腕的用力将球传出。击球后，手腕适当随球前屈。注意击球点在前额正前上方约一个球的位置，触球时肘关节尚有一定弯曲度，以便于继续伸臂用力，具体动作见图 5-55。

图 5-55　正面双手传球动作示意图

2. 常用练习方法

（1）原地徒手模仿正面双手传球动作。熟练后持球模仿动作，再过渡至原地传抛过来的球。

（2）自抛自传，可规定次数和移动范围。熟练后进行原地对传，再过渡至移动对传。

（3）与垫球技术结合进行组合练习。

（五）扣球

扣球是排球比赛中最积极有效的进攻手段之一，是完成战术配合的最后一击，还是决定胜负的关键技术，因此必须较好地掌握一至两种扣球方法。扣球有强攻和快攻、近网攻和远网攻、前排攻和后排攻、平网攻和调整攻的区分，它们的动作结构相同，只是在时间和空间上有所区别。

1. 动作要领

以右手扣球为例，左脚向球的落点自然迈出第一步，接着右脚迈出第二步，右脚跟在起跳点着地，最后左脚迅速并上来，在右脚的左侧约与肩宽并稍靠前半脚的位置着地；两膝弯曲，大小腿夹角约为 100°～110°，两膝内扣，上体稍前倾，随即两脚迅速有力蹬地起跳，两臂配合由体侧下方继续屈臂向体前上方摆动，同时迅速展腹、伸膝、屈踝、提踵，使身体腾空而起；身体腾空后，左臂摆至身体前方（或前上方），击球臂屈臂置于头侧，肘高于肩，展腹、挺胸、敞肩，身体呈反弓形，眼睛注视球；击球时，上臂前旋，肘关节向前上方，前臂放松迅速后振，手腕放松，前臂继续上摆，整个手臂甩直并成弧形摆至击球点击球；落地时应力争双脚同时着地。注意击球点应在右肩前上方，击球臂与躯干的夹角约为 160°，用手臂击球的后中上部，如图 5-56 所示。

图 5-56 正面扣球瞬间动作图示

2. 扣球常用练习方法

(1) 徒手挥臂动作模仿练习。

(2) 利用吊球做原地手臂挥摆击球动作。

(3) 原地对墙或球网做自抛球扣球练习,熟练后面对低网做原地自抛自扣练习,注意球应垂直抛起。

(4) 徒手助跑起跳动作模仿练习,先做慢速助跑起跳,动作熟练后可加快助跑起跳速度。

(5) 利用固定吊球进行助跑起跳扣球练习,要求动作正确、协调、到位。

(6) 网前抛球扣球练习。一人抛固定高度的球,其他练习者成纵队站立轮流进行扣球练习。熟练后抛球者变换球的高度和落点,以提高实战能力。

(7) 进行串连技术练习。做传、扣技术组合的练习,或接发球、接吊球后的扣球练习等。

四、排球主要竞赛规则

(一)场上位置与轮换次序

发球队员击球时,双方队员必须在本场区内按轮转次序站位。靠近球网的三名队员为前排队员,其位置为 4 号位(左)、3 号位(中)、2 号位(右),另外三名队员为后排队员,其位置为 5 号位(左)、6 号位(中)和 1 号位(右)。每一名后排队员的位置必须比其相应的前排队员距离中线更远;每一名前排队员至少有一只脚的部分比同列后排队员的双脚距中线更近;每一名右(左)边队员至少有一只脚的部分比同排中间队员的双脚距右(左)边线更近。发球击球后,队员可以在本场区和无障碍区的任何位置。

轮换次序包括发球及其他队员的站位。接发球队获得发球权后,该队队员需按顺时针方向轮换一个位置。

(二)暂停与替换

比赛过程中教练可以提出暂停和换人的请求。每局比赛,每队最多有两次普通暂停机会,暂停时间为 30 s,在比赛成死球、裁判员鸣哨发球前可以请求暂停。国际性比赛中第 1 局至第 4 局内,每局另外有两次技术暂停,时间为 60 s,在领先队达到 8 分和 16 分时自动执行；第 5 局决胜局没有技术暂停，每队在该局可请求两次 30 s 的普通暂停。

每局比赛中，每队最多可请求 6 人次换人，可同时替换 1 人或多人。每局开始上场阵容的队员在同一局中可换下和换上各 1 次，且只能回到原阵容位置上。替补队员每局只能上场比赛 1 次，替补开始上场阵容的队员。

（三）比赛状态

1. 比赛开始

裁判员鸣哨允许发球，发球队员击球表示比赛开始。

2. 比赛中断

裁判员鸣哨中断比赛。

3. 界内球

球触及比赛场区的地面包括界限视为界内球。

4. 界外球

以下几种情况视为界外球：球的落点整体在场地界线以外；球触及场外物体、天花板或非场上比赛成员等；球触及标志杆、网绳、网柱或球网标志带以外部分；球的整体或部分从过网区以外过网；球的整体从网下穿过。

（四）比赛中击球

比赛球队必须在本场地及其空间内进行比赛，但允许队员跃出无障碍区进行救球。

1. 击球

每队最多击球 3 次（拦网除外），将球从球网上回击对方。1 名队员不得连续击球 2 次。2～3 名队员可同时触球，且同队的 2～3 名球员同时触到球时，被记为 2～3 次击球（拦网除外）。两名不同队的队员在网上同时触球，比赛继续进行，获得球的一方仍可击球 3 次。如果球落在某方场区外，则判对方击球出界；如果双方队员同时击球造成持球，则判双方犯规，该球重新开始。

击球限制：球可接触身体任何部位；球必须被击出，不可接住或抛出；球可向任何方向弹出；球可同时触及身体不同部位。

下面四种情况中的任何一种均属犯规：

（1）4 次击球，一个队连续触球 4 次。

（2）借助击球，队员在比赛场地内借助同伴或任何物体的支持进行击球。

（3）持球，没有将球击出，造成接住或抛出。

（4）连击，同一名队员连续击球 2 次或球连续触及身体的不同部位。

2. 发球

发球队员必须在裁判员鸣哨后 8 s 内将球击出。鸣哨前发球无效，需重新发球。球被抛起或持球手撤离后，必须在球落地前，用一只手或手臂的任何部位将球击出。发球队员在击球或击球起跳时，不得踏及场区或发球区以外的地面。

出现以下情况应判为发球犯规进行换发球：发球队发球次序错误；没有遵循发球规定；球触及发球队队员；球的整体没有从过网区通过球网的垂直平面；界外球；球越过发球掩护的个人或集体。如果发球犯规与对方位置错误同时发生，判发球犯规；如果发球后犯规，而对方出现位置错误,判位置错误犯规。

3. 进攻性击球

所有直接向对方的击球都是进攻性击球(发球和拦网除外)。在进攻性击球时,吊球是被允许的,但击球必须清晰并无接住或抛出动作。球的整体通过球网垂直平面或触及对方球员,被认为完成进攻性击球。

(1) 进攻性击球限制。前排队员可以对任何高度的球完成进攻性击球,但触球时必须在本方空间;后排队员可以在进攻线后对任何高度的球完成进攻性击球,但是起跳时脚不得踏及或越过进攻线,击球后可以落在前场区;后排队员也可以在前场区完成进攻性击球,但触球时球的一部分必须低于球网上沿;接发球队队员不能对处于前场区内高于球网上沿的对方发球完成进攻性击球。

(2) 进攻性击球犯规。下列六种情况中的任意一种均属进攻性击球犯规:在对方空间击球;击球出界;后排队员在前场区完成进攻性击球,并且击球时球的整体高于球网上沿;接发球队队员对处于前场区内高于球网上沿的对方发球完成进攻性击球;队员在高于球网处对同队自由防守队员在前场区用上手传的球完成进攻性击球。

4. 拦网

拦网是队员靠近球网,将手伸向高于球网处阻挡对方来球的动作。只有前排队员可以完成拦网。没有触及球的拦网行动为试图拦网;触及球的拦网行动为完成拦网;两名或三名队员彼此靠近进行拦网为集体拦网,其中一人触球则完成拦网。在一个动作中,球可以连续(迅速而连贯地)触及一名或更多名的拦网队员。拦网时队员可以将手或手臂伸过球网,但不得妨碍对方击球。过网拦网的触球必须在对方进攻性击球之后。拦网的触球不算做球队三次击球的一次;拦网后可以由任何一名队员进行第一次击球,包括拦网时已经触球的队员。拦对方的发球被禁止。

下列几种情况中的任意一种均属拦网犯规:在对方进攻性击球前或击球的同时,在对方空间完成拦网;后排队员或自由防守队员试图拦网、完成拦网或参加集体拦网;拦对方的发球;拦网出界;从标志杆以外伸入对方空间拦网。

5. 比赛结果

(1) 胜 1 分。某队得 1 分。如果发球队获胜,则得 1 分,继续发球;如果接发球队获胜,则获得发球权,同时得 1 分。

(2) 胜 1 局。第 1 至第 4 局先得 25 分并同时超出对方 2 分的队胜 1 局。

(3) 胜 1 场。胜 3 局的队胜 1 场。如果 2∶2 平局时,第 5 局得至 15 分并领先对方 2 分的队获胜。

实地训练

扣　球

【目标】通过实训,基本掌握三种排球扣球技术,培养团队合作精神。

【内容】正面扣球、调整扣球、扣快球。

【场地】排球场。

【器材】排球。

【方法与步骤】1. 正面扣球：起跳后，先挺胸抬头展腹，手臂屈肘向后上方抬起，身体呈反弓形。利用收腹、转体收胸动作发力，带动前臂上甩击球，挥动要有提肩抬肘动作，前臂成弧形快速向前上方抽甩，在肩上方最高点击球。手触球时，用全掌包住球的后上方，使球上旋，急速离手落入对方场区。

2. 调整扣球：传球队员从后场区将球传到网前所进行的扣球。

3. 扣快球：球队员在二传队员传球前或传球的同时起跳，把球扣入对方场区。

第六节　足　　球

比赛可以不为名，不为钱，甚至不为胜利，而只是为了心灵的解放与情感的自由。与奢华的世界杯相比，马卡纳联赛似乎更接近体育的真谛！

一、足球运动简介

足球(football)是足球运动的简称，同时还可指足球运动的比赛用球，被誉为“世界第一大运动”。足球运动是以脚支配球为主，两个队在同一场地内进行攻守的体育运动项目。足球比赛一般为 11 人制，即两队各出 11 人同场竞技，场地通常为室外场。但随着足球运动的不断发展，衍生出五人制足球，场地通常为室内场。

足球具有整体性(多人配合)、对抗性(有身体直接接触，竞争激烈)、多变性(技术和战术变化多端、胜负难以预测)和易行性(对器材场地要求不高)的特点。经常从事足球运动，可提高人体的力量、速度、灵敏、耐力和柔韧等身体素质，改善人的高级神经活动，增强人体的心血管系统、呼吸系统等内脏器官的功能。足球运动还可培养良好的心理品质及团队合作精神。

延伸阅读

“大力神杯”

大力神杯是现今足球世界杯的奖杯，是足球界的最高荣誉的象征。国际足联于 1971 年 5 月通过意大利人加扎尼加(Silvio Gazzaniga)的设计方案，重新铸造新的世界足球锦标赛奖杯，杯高 36 cm，重 4. 95 kg，造型为两个大力士双手高举地球，象征着体育比赛的威力和规模，命名为“国际足联世界杯”，俗称“大力神杯”。

大力神杯从 1974 年德国世界杯上开始使用，至今已有德国、阿根廷、意大利、巴西、法国、西班牙 6 个国家捧起过它。2010 年南非世界杯上，西班牙人从意大利人手上接过了大力神杯，西班牙队成为第 6 支捧起大力神杯的球队，西班牙也成为第 8 个夺得世界杯冠军的国家。不过此奖杯为流动奖品，获奖的冠军队并不能永远占有。2018 年俄罗斯世界怀，法国队以 4 比 2 击败克罗地亚队，第 2 次捧起大力神怀。

二、足球的基本技术

足球技术指由特定动作结构组成，并贯穿于整个足球活动中的一种基本形式。足球技术包括有球技术(踢球、颠球、停球、头顶球、运球、抢截球、假动作和掷界外球)、无球技术(起动、快跑、跳跃、急停、转身、移动步和假动作)和守门员技术(接球、扑球、拳击球、托球、掷球和抛踢球)。本节主要介绍足球的颠球技术、踢球技术、运球技术、射门技术、接球技术、顶球技术和抢截球技术。

(一) 颠球技术

颠球是指运动员用身体的各个有效部位连续地触击球,并加以控制尽量使球不落地的技术动作。主要有双脚脚背颠球、双脚内或外侧颠球、大腿颠球和头部颠球。它是足球运动最基本的技术之一。

1. 脚背颠球

脚向前上方摆动,用脚背击球,击球时踝关节固定,击球的下部。两脚可交替击球,也可一只脚支撑,另一只脚连续击球。注意击球时用力应均匀,使球始终控制在身体周围。

2. 脚内侧或外侧颠球

抬脚屈膝,用脚的内侧或外侧向上摆动,击球的下部,两脚内侧或外侧交替击球,注意事项同脚背颠球。

3. 大腿颠球

抬腿屈膝,用大腿的中前部位向上击球的下部,两腿可交替击球,也可一只脚做支撑,用另一侧的大腿连续击球,注意事项同脚背颠球。

4. 头部颠球

两脚开立,膝盖微屈,用前额部位连续顶球的下部。顶球时,两眼注视球,两臂自然张开以维持身体平衡。

5. 颠球常用练习方法

(1) 原地颠自己手坠的下落球。

(2) 原地拉挑球接着进行颠球,熟练后可两脚交替颠球,触球部位可先脚背再脚侧。脚下颠球熟练后再练习大腿颠球和头部颠球。

(3) 原地进行高、低交替颠球练习。

(4) 走动颠球练习。

(5) 二人一组,一人拉挑球颠给对方,对方接着颠;或者二人面对面进行对颠,可规定颠球的次数和触球部位。

6. 易犯错误与纠正方法

(1) 脚背颠球:

① 脚击球时踝关节松弛。

纠正方法:适当保持踝关节紧张,击球下中部,以膝关节为轴屈伸小腿。

② 击球时脚尖向下或向上勾,球难以控制。

纠正方法:练习时脚背须与地面平行,脚尖微翘。初学者可先颠一次让球落地反弹后再颠,体会触球时与球摩擦使球带有回旋的感觉,熟练后再过渡至连续颠球。

(2) 脚内侧或外侧颠球。

① 击球时脚内翻或向上摆动不够,不能使球垂直向上运动。

纠正方法:加强柔韧性练习。二人一组,一人坐在地上两腿屈膝,脚掌相对,成盘腿状,两脚尽量靠近大腿,另一人在身后两手扶膝关节用力下压持续几秒钟后,交换进行练习,可提高脚内翻和小腿向上摆的幅度。

② 支撑腿膝关节弯曲不够,导致脚外侧颠球时球无法靠近身体,失去控制。

纠正方法:练习时支撑腿膝关节有意识弯曲,上体向支撑腿一侧稍倾斜,屈膝关节,脚外翻使脚外侧成水平状态的姿势,持续几秒后交换支撑脚的练习。

(3) 头部颠球时击球时间和部位不准,导致难以控制球的方向和高度。

纠正方法:练习时要求颈部稍紧张用力控制好顶球点,加强收腹和屈膝、伸腿、蹬地协调用力的练习。

(二) 踢球

踢球是运动员有目的地用脚把球击向预定目标的技术。踢球是足球技术中最重要的技术之一,也是足球运动的特征之一,主要用于传球和射门。踢球方法众多,主要有脚内侧踢球、脚背正面踢球、脚背内侧踢球、脚尖踢球和脚跟踢球。不管使用哪个部位踢球,其动作结构相同,均由助跑、支撑腿站位、踢球腿前摆、脚触球和踢球随球五个动作环节组成。

1. 脚背正面踢球

踢定位球时,直线助跑,支撑腿踏在与球平行且距球一脚距离的左右侧方,脚尖正对出球方向,膝稍屈;同时踢球腿向后摆起,膝弯曲。踢球腿前摆时,应用大腿带动小腿,当大腿前摆至垂直地面位置时,小腿加速前摆,在脚触球刹那,脚背绷直,并稍收腹,以正脚背部位触球的后中部。踢球后,身体继续向前跨出一两步。具体动作见图 5-57 至图 5-59。

图 5-57 脚背正面踢球腿前摆准备动作

图 5-58 脚背正面踢球瞬间

图 5-59 脚背正面踢球后随球动作

2. 脚背里侧踢球

沿着与球呈 45°的斜线助跑，支撑腿踏在球的侧后方约两脚左右处，膝弯曲，以脚掌外侧着地支撑身体重心，上体稍向支撑腿一侧倾斜，踢球腿自然后摆。踢球时，以大腿带动小腿，呈弧形迅速前摆，脚稍向外转，脚面绷直，脚趾扣紧，脚尖斜指前下方，以里脚背触球的后中部，踢球后，腿随球摆出。具体动作见图 5-60 至图 5-62。

微课
脚内侧踢球

图 5-60　脚背里侧踢球腿前摆准备动作

图 5-61　脚背里侧踢球瞬间

图 5-62　脚背里侧踢球随球运作

3. 脚背外侧踢球

动作要领与脚背正面踢球基本相同，只是用脚背外侧触球，在踢球的一刹那，脚背要绷直，脚趾用力下扣，脚尖内转，踢球的后中部。具体动作见图 5-63 至图 5-65。

图 5-63　脚背外侧踢球腿前摆动作

图 5-64　脚背外侧踢球瞬间

图 5-65　脚背外侧踢球随球动作

4. 踢球常见练习方法

(1) 原地做各种踢球动作的模仿练习。

(2) 二人一组一球，一人用脚挡球(挡球脚脚尖翘起，脚掌对球，离球约 10 厘米)，另一人做助跑踢球练习。

(3) 对足球墙踢球练习。开始时离墙 3～5 米，用力要小，然后逐渐加长离墙的距离和增大踢球力量。

(4) 踢准练习。二人一球，相距 15 米左右，中间放一个低的跨栏架，要求踢出的球从栏间通过；向划有标志的足球墙踢准。

(5) 踢远练习。在角球区内向罚球区用力踢球；在罚球区线上向站在中线附近的同伴用力踢球；对着足球墙运球中踢球，距离可逐渐加大。

(6) 接力踢球。队员分成两组，相距 15 米左右，成纵队相对站立，由其中某一组第一人开始跑动中踢球，踢球后跑到对方排尾，依次循环。

(7) 踢来自各个方向的球。

5. 踢球易犯错误与纠正方法

(1) 支撑腿位置偏后，踢球时身体或臀部后坐，脚触击球的后下部等；踢出球偏高。

纠正方法：调整支撑腿的位置，在脚触球的同时蹬地送髋保持水平方向移动。

(2) 踢球腿的后摆较小或没有后摆，而仅是将球踢出以致前摆过分，造成踢球无力或出球较高。

纠正方法：加大最后一步助跑，使支撑腿立足与踢球腿形成相应的距离以提高后摆的幅度。

(3) 踢球腿摆动不稳定，触球点不准确，使球产生不应有的旋转，准确性降低，并且影响出球的力量。

纠正方法：在脚触球前看准球的部位，重复练习。

(4) 脚趾屈得不够，以致无法用脚的正确部位触球，出球力量和方向均受到影响，且易损伤脚趾。

纠正方法：加强脚趾柔韧性练习，多压脚趾，同时在练习时提醒自己用脚的正确部位触球。

(5) 踢地滚球时支撑腿站立不当，未根据来球的方向、速度、性能等选择支撑的位置，也未对自己踢球腿的摆动速度加以控制。

纠正方法：强调支撑腿的超前和错后，根据不同方向的来球和速度加以控制。

(三) 运球

运球技术指用身体的某一部位触球，使球能随运球者一起运动。在足球运动中，还涉及如何正确灵活地运用各种运球技术带球越过对方的防守的问题，因此，必须较为熟练地掌握运球技术。常用的运球技术包括脚内侧运球、脚背正面运球、脚背外侧运球和脚背内侧运球。

1. 脚内侧运球

运球前进时支撑腿始终领先于球，位于球的侧前方，肩部指向运球方向，支撑腿膝关节微屈，重心落在支撑腿上，另一条腿提起屈膝，用脚内侧推球前进，然后运球腿着地。这种技术多用于在运球寻找配合传球或有对方阻拦需用身体掩护时。

2. 脚背正面运球

运球时身体为正常跑动姿势，上体稍前倾，步幅较小，运球腿提起，膝关节稍屈，髋关节前送，提踵，脚尖下指，在着地前用脚背正面部位触球后中部推送球前进。

3. 脚背外侧运球

运球时身体持正常跑动姿势，上体稍前倾，步幅较小，运球腿提起，膝关节稍屈，髋关节前送，提踵，脚尖绕矢状轴矢状轴：通过身体或某一局部前、后两点绘出的一条与地面平行又与冠状轴垂直的连线，即为该部位的矢状轴。向内侧旋，使脚背外侧正对运球方向，在运球腿落地前用脚背外侧推拨球的后中部。

4. 脚背内侧运球

身体稍侧转并自然协调放松，步幅小，上体前倾，运球腿提起外展，膝微屈外转，提踵，脚尖外转，使脚背内侧正对运球方向，在运球腿落地前用脚背内侧推拨球，使球随身体前进。

5. 运球常用练习方法

(1) 用较慢速度进行单脚推或拨球前进练习，较熟练掌握后再进行两只脚交替推、拨球前进练习。

(2) 接力运球练习。将练习者分成两组，相距 20 米左右呈“一”字形相对站立，一组第一人运球到对面的运球起点线，将球传给另一组的第一人，然后跑到排尾，依次循环，可规定运球的具体方法和循环次数。

(3) 过障碍运球练习。练习者排成一路纵队，由排头开始从起点线运球绕过数根标杆，每两个练习者之间相隔一定距离一个接一个运球过杆，标杆可排成直线或折线。

(4) 弧形运球。练习者分别站在中圈外的左侧和右侧，顺中圈的弧线进行运球。熟练后可将练习者分成两组，一组运球，另一组散站在圈内或在圈内自由走动，运球者应尽量使球不触及站着的或走动着的人，一定次数后两组进行交换。

(5) 两人一组一球，做一过一练习。运球者与防守者做运球过人练习，防守者做消极防守。熟练后防守者做积极防守，一定次数后两人进行交换。

6. 易犯错误与纠正方法

(1) 眼睛只盯着球，无法随时观察周围情况，以致不能根据临场情况及早采取措施。

（2）运球时不是推球或拨球而是击球，致使球远离自己而失去控制。

纠正方法：以上两种常见错误的纠正方法均为多做慢速的运球练习，使练习者形成正确的运球动作概念。熟练后进行一对一过人练习。

延伸阅读

奇特的“足球精神疗法”

专家跟踪监测，发现一个足球迷买到一张精彩的足球门票后，整个大脑中枢系统就开始进入到兴奋状态，如体温升高，脉搏增加等。在观看整个比赛过程中，其呼吸次数、通气量、血糖含量及腺体分泌量等也都有不同程度的升高。

医生据此对那些患有精神萎靡症的病人采用了“足球精神疗法”，他们重金请来病人崇拜的足球明星，让他与病人进行晤谈、握手、拥抱、接吻等“直接刺激”手段来提高病人大脑兴奋程度，使病人精神状态从消沉转向亢奋。但其也有一定的禁忌证，如患有严重高血压、心脏病的患者不宜采取这种疗法。

（四）射门技术

射门技术是足球运动中最主要的得分技术之一，能否在最后临门一脚或用头顶将球射进对方球门，是比赛胜负的关键，以下将向大家介绍几种最基本的射门技术：

1. 正脚背射门

起跑点、足球和射门目标成一直线，向目标处轻松助跑几步后站在足球侧近，自然向后提起踢球腿小腿，双目注视足球顶部，锁紧支撑腿脚跟，挥动踢球腿小腿抽向足球中央点，击球后身体顺势追前完成整个射门动作。

2. 脚外侧射门之外弯香蕉球

斜线碎步跑向足球，当支撑腿站在足球侧近时，提腿扭摆身体，锁紧支撑腿脚跟，用脚外侧抽击足球偏外三分之一处，射门后顺势收膝以完成射门动作。

3. 脚内侧射门之撞射

轻松跑向足球，射球前保持身体平衡，朝足球顺势提腿，当支撑腿站在足球侧近的时候，轻扭身体膝向外转，锁紧支撑腿脚跟，用脚内侧撞击足球中央，将球射出。

4. 脚内侧射门之内弯香蕉球

斜线碎步跑向足球，当支撑腿站在足球侧近时，提腿扭摆身体，锁紧支撑腿脚跟，用脚内侧抽击足球偏外三分之一处，击球过程中顺势扭动身体，使所射足球自然形成内弯香蕉球。

5. 射门常用练习方法

（1）对足球墙进行射门练习，可瞄准某一点集中练习，待熟练后再瞄准另一点集中练习。

（2）对球门进行射门练习。

（五）接球技术

接球技术即停球技术，是指有意识地将球停接下来，控制在自己的活动范围内，以便更好地处理球。按接球的身体部位不同，可将接球方法分为：脚掌接球、脚弓接球、外脚背接球、正脚背接球、大腿接球、胸部接球和头部接球。根据球的活动状态可分为接地滚球、接反弹球和接空中球。

微课
胸部停球

1. 胸部接球

胸部接球分挺胸接球和收胸接球两种方式。挺胸接球时身体正对来球，两脚前后开立，两膝弯曲，上体稍后仰，当球到头部前上方时，两臂自然向两侧张开，在球触及胸部时，要挺胸憋气，使球触胸后向前上方弹起，然后用头或用脚将球控制好。收胸接球时，准备姿势同挺胸接球，接球时，胸部对准来球，并稍前挺迎球，球一接触胸部，两肩前引，迅速收胸，收腹缓冲来球力量，将来球接在身前。具体动作见图 5-66。

2. 脚掌接球

此种接球方法常用于接正面地滚球和反弹球。接地滚球时，身体正对来球方向，支撑腿微屈，上体稍前倾，保持身体平衡，接球脚提起，高度不超过球的高度，屈膝，脚尖跷起高过脚跟；当球滚到脚前侧时，脚掌轻轻下压，以脚前掌将球接在脚下。具体动作见图 5-67。

图 5-66　挺胸收胸接球瞬间动作

图 5-67　脚掌接球瞬间

3. 脚弓接球

以接地滚球为例，接球时，支撑腿正对来球方向，膝稍屈，当接触时，接球脚向前下轻压，将球接于身前。若来球力量大，则接球脚可稍后撤，以缓冲来球力量，将球接在脚下。具体动作见图 5-68。

图 5-68　脚弓接球瞬间

4. 正脚背接球

以接空中球为例，身体正对来球，接球腿屈膝提起，以脚背对准来球；当球与脚接触的瞬间，小腿和脚踝放松下撤，缓和来球力量，使球落在身前。或者接球腿稍抬起，在球接近地面时，用正脚背触球，随球下撤落地。具体动作见图 5-69。

图 5-69　正脚背接球瞬间

5. 外脚背接球

以接地滚球为例，身体重心先放在支撑脚上，支撑腿稍屈，同时接球腿提起，膝稍屈，放在支撑腿的侧前方，脚背外侧对准来球方向，在球与脚接触瞬间，接球腿轻轻下压，将球接于身前。若想将球接向体侧，则脚尖和髋部外展，使球停于身旁。具体动作见图 5-70。

图 5-70　外脚背接球瞬间

6. 接球（停球）常用练习方法

（1）二人一组，一人踢球，一人停球，注意停球时身体和脚踝的触球部位应适当放松，并做好迎撤动作，一定次数后二人交换练习。熟练后可进行停迎面来的地滚球练习。

（2）跑上去停对足球墙踢出的反弹回来的球。

（3）练习者分成甲、乙两组，相距 20 米左右成“一”字形纵队，甲组第一名练习者踢地滚球给乙组第一名练习者，然后跑回本组排尾，乙组第一名练习者迎上停球，然后踢给甲组的下一个练习者，依次循环若干次。

（4）停侧面的来球。二人一组，相距 15 米左右，练习者甲向练习者乙的侧中踢球，练习者乙跑动中用规定部位停球，停球后将球再踢回给练习者甲，依次循环若干次，停球部位可根据练习情况进行调整。

（5）与运球、传球、过人和射门等技术组合练习，以适应实战的要求。

（6）自抛自停反弹球。自己向上抛球，待球落地停反弹球；或自己先向足球墙掷、踢高球，再跑上去停反弹球。

（7）二人一组，相距15米左右，一人踢或抛一定高度呈抛物线下落的球，另一人向侧方或侧后方停反弹球。

（六）抢截球技术

抢截球技术属于足球运动中的防守技术，是用争夺、堵截和破坏等方式延缓或阻拦对方进攻的方法。本书主要介绍正面抢截和侧面抢截。

1. 正面抢截

两脚前后稍开立，两膝稍屈，身体重心下降，并平均落在两脚上，面向对手。当对方带球脚触球即将着地或刚刚着地时，立即抢球。抢球脚的脚弓对正球，并跨出一步，膝关节弯曲，上体前倾，身体重心移至抢球脚上。如对方已有准备，在双方脚同时触球时，脚触球后要顺势向上提拉，使球从对方脚背滚过，身体迅速跟上，把球控制住。双方上体接触时，抢球人可用合理部位冲撞对方，使之失去平衡，将球控制在自己脚下。

2. 侧面抢截

当与对方平行跑动争球时，身体重心要降低，两臂贴紧身体。在对方靠近自己的脚离地时，可用肩和上臂做合理的冲撞动作，使对方身体失去平衡，从而把球抢过来。

3. 抢截球常用练习方法

（1）二人一组一球，球放于中间，二人对面均离球一步，二人同时做跨步用脚步内侧抢球的模仿练习。熟练后二人做慢速的抢球练习。

（2）二人一组一球，相距7～8米，一人直线运球，另一人做正面跨步抢球或侧面冲撞抢球。

三、足球运动的主要竞赛规则

（一）场地和器材

国际比赛（11人制足球赛）标准场地为长100～110米、宽64～75米的长方形场地。场地内两条较长的边界线叫边线，两条较短的线叫球门线，比赛场地被中线划分为两个半场，以中线的中点为圆心，9.15米为半径画出的圆为中圈。场地中所有线的宽度不超过12厘米。

从距每个球门柱内侧5.5米处，画两条垂直于球门线的线。这些线伸向足球比赛场地内5.5米，与一条平行于球门线的线相连接。由这些线和球门线组成的区域范围是球门区。

球门必须放置在每条球门线的中央，它们由两根距角旗杆等距离的垂直的柱子和连接其顶部的水平的横梁组成。两根柱子之间的距离是7.32米，从横梁的下沿至地面的距离是2.44米。两根球门柱和横梁的宽度与厚度相同且不超过12厘米。球门线与球门柱和横梁的宽度是相同的。球门网可以系在球门及球门后面的地上，并要适当地撑起以不影响守门员。球门柱和横梁必须是白色的。

从距每个球门柱内侧 16.5 米处，画两条垂直于球门线的线。这些线伸向比赛场地内 16.5 米，与一条平行于球门线的线相连接。由这些线和球门线组成的区域范围是罚球区。

在每个罚球区内距球门柱之间等距离的中点 11 米处设置一个罚球点。在罚球区外，以距罚球点 9.15 米为半径画一段弧。

在场地每个角上各竖一根不低于 1.5 米的平顶旗杆，上系小旗一面。在中线的两端、边线以外不小于 1 米处，也可以放置旗杆。

在比赛场地内，以距每个角旗杆 1 米为半径画一个四分之一圆，此为角球弧。

足球为圆形，以皮革或其他合适的材料制成。球体圆周为 68～70 厘米，球的重量为 410～450 克，气压在海平面为 6 021.6～11 039.6 帕。

（二）比赛时间、人数

1. 比赛时间

正式的 11 人制足球比赛分为上、下半场，每半场为 45 分钟，中间休息时间不超过 15 分钟。

2. 队员及裁判员人数

每队上场队员不得多于 11 名，其中须有一名守门员，如某队场上队员少于 7 人，则比赛不能开始。每场比赛由 1 名裁判员、2 名助理裁判员以及 1 名第四官员担任裁判工作。

（三）比赛场上的规则及相关术语

1. 红牌与黄牌

根据犯规性质不同，裁判员可出示两种不同颜色的牌，即红牌和黄牌。

对于足球比赛中出现的一些严重犯规，裁判员要出示红、黄牌。若为恶意的犯规或暴力行为应出示红牌。故意手球、辱骂他人或同一场比赛同一人得到两张黄牌时，也应出示红牌。

比赛中，有违反体育道德行为，用语言和行为表示不满者应被出示黄牌。连续犯规、故意延误比赛、擅自进出场地的队员也应被出示黄牌。

2. 越位

足球比赛构成越位要满足的条件为：在球员传球时脚触球的瞬间，在对方半场内如果本队球员的位置与最后第二名对方队员的位置相比更靠近对方球门线，这时该队员处于越位位置。需要说明的是，本队队员与对方最后第二名队员处于平行时不判越位。对处于越位位置的队员，裁判员在下列情况中判罚越位犯规：干扰比赛、干扰对方队员和利用越位位置获得利益。

3. 任意球

足球比赛的任意球分两种，一种是直接任意球，主要是针对恶意踢人、打人、绊倒对方的行为，或用手拉扯、推搡对方，手触球，辱骂裁判员、辱骂他人也应判罚直接任意球。此种任意球可直接射门得分。若这些行为发生在罚球区，就应判罚球点球。还有一种是间接任意球的判罚，危险动作、阻挡、定位球的连踢应判罚间接任意球。这种任意球不能直接射门得分，只有当球进门前，触及到另外一名队员才可得分，罚球区内这种犯规不能判罚点球。

无论直接任意球还是间接任意球，防守方都应退出 9.15 米线以外，若不按要求退出

9.15 米，裁判员可出示黄牌。

4. 罚球点球

在比赛进行中，一个队在本方罚球区内由于违反了可判为直接任意球的10种犯规之一而被判罚的任意球，应执行罚球点球。罚球点球时，双方队员不能进入罚球区。如防守方进入罚球区，进球有效，不进则重罚；如进攻方进入罚球区，进球应重踢，如不进则为防守方的球门球。在罚球点球时，守门员可以在球门线上左右移动，但不可以向前移动。

5. 进球

当球的整体从球门柱间及横梁下越过球门线，而此前未违反竞赛规则，即为进球得分。

6. 补时

足球比赛有时根据场上情况在比赛时间上需要补时。一般在上、下半场正常的比赛时间之后进行补时。有时是1～2分钟，最长时可达6分钟，但上、下半场的补时时间一般不超过8分钟，并且补时时间为分钟的整数，最终补时的时间长短由裁判员决定。造成补时的原因主要有：处理场上受伤者、拖延时间和其他任何原因。

实地训练

足球接控球

【目标】通过实训，掌握足球运动接控球的基本技能。

【内容】脚内侧接反弹球、脚内侧接地滚球、胸部接球、大腿接球。

【场地】足球场或平整的空地。

【器材】足球。

【方法与步骤】1. 脚内侧接反弹球：根据来球的落点，及时移动到位，支撑腿与球落点的相对位置在球的侧前方，支撑腿膝关节微屈，身体向接球后球运行的方向偏移。接球腿提起小腿且放松，脚尖微翘，脚内侧对着接球后球运行的方向并与地面呈一锐角。当球落地反弹刚离地面时，大腿向接球后球运行的方向摆动，用脚内侧部位轻推球的中上部。

2. 脚内侧接地滚球：支撑腿脚尖正对来球，膝关节微屈，同侧肩正对来球。接球腿提膝大腿外展，脚尖微翘，脚底基本与地面平行，脚内侧正对来球并前迎，当脚内侧与球接触的一刹那迅速后撤，把球接在脚下。

3. 胸部接球：面对来球站立（两脚左右或前后开立），两膝微屈，重心置于支撑面内，上体后仰，下颌微收，两臂自然张开，维持身体平衡。接触球瞬间，两脚蹬地，膝关节伸直用胸部轻托球的下部使球微微弹起于胸前上方。

4. 大腿接球：面对来球方向，根据球的落点迅速移动到位，接球腿大腿抬起，当球与大腿接触的瞬间大腿下撤将球接到需要的位置上。

思考与练习

（1）你认为乒乓球、羽毛球、网球、篮球、排球、足球运动对身体有哪些影响？

（2）乒乓球、羽毛球、网球、篮球、排球、足球运动包含哪些基本技术？

（3）乒乓球、羽毛球、网球、篮球、排球、足球运动包含哪些基本战术？

第六章　游 泳 运 动

主要内容

游泳是一项老少皆宜的体育运动项目。经常进行游泳锻炼能有效提高身体各器官系统的机能，促进身心健康，塑造健美体型。本章主要介绍游泳运动的基本特点、功能，游泳运动的基本技术要领及游泳运动的安全与卫生要求。

学习目标

了解游泳运动的基本特点，掌握一至两种基本的游泳动作技术，懂得游泳运动的安全及卫生要求，并将其作为体育生活方式的一种。

第一节　游泳运动概述

游泳充分享受日光、空气、冷水给人体带来的愉悦，促使身体得到全面的发展。

微课
游泳概述

一、游泳运动简述

广义的游泳是指一种凭借自身肢体动作和水的相互作用力，在水上漂浮前进或在水中潜游的有意识的技能活动，它是人类在长期的生产劳动和同大自然斗争中产生的，一直与人类生存、生产及生活紧密相连；狭义的游泳运动主要指竞技游泳。

游泳运动的价值不仅表现在对人体的健康促进上，还体现在健康意识、体育价值观、休闲意识等的培养和塑造上。水是人类进化及人类社会发展的重要介质，任何个体在这一环境中总会由内及外地找到某种“寄托”，因此当游泳以一种休闲方式出现时，它的社会价值便在短时间内得到社会的普遍认可和接受，它开始以一种生活方式的姿态影响着现代人。

二、游泳运动的分类

游泳运动大致分为实用游泳、竞技游泳、花样游泳、水球和跳水五大类。

1. 实用游泳

实用游泳(practical swimming)是指在军事、生产、科研或生活服务等方面实用价值较高的游泳，如武装泗渡、水下科研、打捞救护、踩水、侧泳和潜泳等。

2. 竞技游泳

竞技游泳(competitive swimming)是指有特定技术要求，按竞赛规则进行竞赛，以速度决定名次成绩的游泳项目。竞赛项目中常设的竞技游泳比赛项目为蛙泳、仰泳、蝶泳、自由泳、个人混合泳和接力泳等(见表 6-1)。

表 6-1 竞技游泳比赛项目表

项目	比赛距离/m		备注
	男子	女子	
自由泳	50/100/200/400/800/1 500	50/100/200/400/800/1 500	奥运会不设男子 800 m/女子 1 500 m
仰泳	100/200	100/200	年龄组设 50 m 比赛
蛙泳	100/200	100/200	
蝶泳	100/200	100/200	
个人混合泳	200/400	200/400	蝶→仰→蛙→自由
自由泳接力	4×100/4×200	4×100/4×200	奥运会不设女子 4×200 m
混合泳接力	4×100	4×100	仰→蛙→蝶→自由

3. 花样游泳

花样游泳(synchronised swimming)是集舞蹈、体操、游泳等运动于一体的竞技体育项目,对运动员的身材、泳装、头饰、音乐、动作和编排等均有较高要求,又称“艺术游泳”。花样游泳有单人花样游泳、双人花样游泳和集体花样游泳三大项目。由于它可展现出各种优美的动作和造型,带给大众美的享受,因此又有“水上芭蕾”之誉。

图文
游泳安全知识

4. 水球

水球运动(water polo)是一种在水中进行的集体球类运动,是一项集游泳、手球、篮球和橄榄球等多种运动项目于一体的综合性运动项目,是一种新兴的水中球类运动项目。

5. 跳水

跳水(diving)是一项优美的水上运动项目,是从跳水器械上起跳,在空中完成一系列动作姿势,并以特定动作入水的运动项目。

图文
跳水专业术语讲解分析

三、游泳运动的产生与发展

现代游泳运动起源于英国。1828 年,英国利物浦乔治码头修建了世界第一个室内游泳池。1837 年,英国伦敦成立了第一个游泳组织,同时举办了英国最早的游泳比赛。1896 年,第一届现代奥运会将游泳列为比赛项目之一。1908 年,国际游泳联合会(FINA)成立,并制定了游泳比赛规则。

我国的游泳历史源远流长:距今 5 000 多年前的古陶器上就刻有古人潜水捕鱼的爬泳图案;夏禹治水时也发明了不少泅水之法;《诗经》、《淮南子》等古典中也对游泳运动作过相关的描述。我国现代游泳竞赛运动始于 19 世纪末、20 世纪初,并不断发展,涌现了大批优秀运动员,在世界性游泳比赛中屡创佳绩。

目前国际重大的游泳运动赛事主要有:奥运会游泳比赛、世界游泳锦标赛和世界杯短池游泳赛。

四、游泳运动的功能

游泳的健身功能是得天独厚的,它融水浴、空气浴和日光浴于一体,是强健身心、娱乐休闲、体疗康复的健身活动。当前也成为医疗界公认的强身健体、提高机体免疫功能、防病治病、抵抗衰老、降低抑郁症发生及减肥等的运动良方。

1. 健身健心功能

游泳能够有效改善心血管系统、呼吸系统和运动系统的机能。坚持游泳可增强人的神经系统功能，锻炼发达的肌肉，提高力量、速度、耐力、柔韧等方面的身体素质；调节人体的体温调控系统，改善机体对内外环境变化的适应能力，提高机体的免疫机能；锻炼心肺功能，增强心肌耐力及收缩力，改善机体的新陈代谢能力；对健美体魄、矫正体形也起着重要作用。

2. 文化教育功能

经常游泳不但能改善体质，预防疾病，而且能够磨炼意志，促进身心健康和谐及心智发展，培养自信、果敢、坚毅、临危不惧等优良心理品质。

3. 急救安全功能

游泳还是一项生存技能，是保证生命安全的重要手段，如水下探险、科学考察、防洪抢险、救护打捞等都需要熟练的游泳技术做保障，因此掌握游泳技术无异于发生意外时的一把“安全保险锁”。

4. 体疗康复功能

游泳是所有体育项目中对身体各部位的锻炼最为全面的运动，是理想的锻炼项目。游泳时水的拍打、震动作用对身体是一种良好的按摩，能有效消除身体疲劳。

第二节　游泳运动基本技术

流动的溪水不生腐毒；锤炼的钢铁不生锈；滚动的石头不生藓苔；锻炼的身体不生病灾。

一、熟悉水性和换气练习

熟悉水性是游泳运动初学者的一项重要技能和必经学习环节。目的是了解水性，逐步适应水环境，消除怕水心理，掌握游泳的基本动作，如呼吸、浮体、滑行和站立等。

水的基本特性水具有浮力、压力、阻力等相关特性，因此在熟悉水性练习过程中，需要充分把握水的基本特性，从而为更好地适应水下运动打好基础。

(1) 浮力。浮力即物体在水中受到的作用于其本身的向上的力。

(2) 压力。物体浸入水中会受到压力作用。在水中每下潜 1 m 就会增加 0.1 atm (1 atm=$1.013\ 25\times10^5$ Pa)。人在水中运动时会受到压力的影响从而给呼吸带来一定困难。

(3) 阻力。物体在水中运动时，会受到一个和物体运动趋势相反的力，即阻力。在游泳过程中，既要克服阻力，又要利用阻力，才能获得向前运动的动力。

(一) 水中行走

1. 水中行走练习目的

水中行走可体会水的浮力和阻力，掌握身体在水中维持平衡的能力，从而克服怕水心理。

2. 水中行走练习方法

(1) 手扶池边行走练习。

(2) 同伴协助水中行走练习。

(3) 各种方向的走、跳、转身、下沉等动作练习。

(二) 呼吸练习

1. 呼吸练习的目的

了解在水中呼吸与在陆地上呼吸的不同,掌握游泳的呼吸方法、过程及节奏,适应头浸入水中的感觉,消除怕水心理。

2. 呼吸练习的方法

(1) 头浸入水中闭气练习。手扶池壁边,用嘴吸足气后闭气,慢慢下蹲将头浸入水中,隔一段时间将头伸出水面换气。反复练习。

(2) 呼吸练习。用嘴和鼻在水中慢慢呼气,在即将露出水面时用嘴将剩余气体用力呼出,然后快速深吸一口气,再次浸入水中憋气,进行循环练习。

(3) 两人手拉手水中呼吸练习。

(三) 浮体与站立练习

1. 浮体与站立练习的目的

体会人在水中的浮力,体会控制身体平衡和在水中站立的方法(见图 6-1)。

图 6-1 浮体与站立练习示意图

2. 浮体与站立练习的方法

(1) 抱膝浮体练习。站立水中,深吸气后闭气,低头收腹团身,双臂抱紧膝盖,随浮力背部自然漂浮于水面。站立时松开两臂,前伸下压抬头,两腿伸直,以脚触水底站立,两臂在体侧自然放松。

(2) 手扶池边漂浮。手扶池壁,手腿伸展放松,身体在水中呈水平状态。

(3) 展体浮体练习。深吸气,蹬地、放松肩,臂腿伸直,仰卧漂浮于水中。站立时收腹,两臂向下压水并抬头,两腿屈膝前收,两脚站立水底。

(四) 滑行练习

1. 滑行练习的目的

体会水的浮力,掌握水中身体平衡和在水中滑行的姿势。

2. 滑行练习的方法

(1) 蹬池底滑行练习。直立于水中,手臂上举伸直,两臂夹耳朵,目视前方。深吸气后,屈膝、弯腰、低头,准备蹬池底。

(2) 蹬池壁滑行练习。背对池壁,一臂前伸,一臂拉池壁,目视前方,大小腿尽量收紧,脚掌贴于池壁,臀部靠近池边。两臂体侧后伸扶池壁,低头,双臂前伸,背和臀部露出水面后,双腿蹬池壁。随即两臂前伸并拢,头夹于两臂间,两脚用力蹬壁,使身体成流线型向前滑行。

二、自由泳

自由泳(freestyle)也称为爬泳,是最快、最省力的一种游泳姿势。自由泳时,身体俯卧水中,几乎与水面平行,两腿不停地上下打水,两臂依次轮流划水,动作结构简单、配合协调。

游泳是全身运动,任何一个部位的活动都离不开全身的协调配合。从表面上看,自由泳依靠划水和打腿产生推进力,实际上躯干的作用也不容忽视。首先,躯干应保持一定的紧张度,腰部一旦松软,整个人体就会像一摊泥紧张不起来;其次,身体的转动能够有效地发挥躯干部大肌肉群的力量,减少阻力,提高工作效果。自由游泳完整动作如图 6-2 所示。

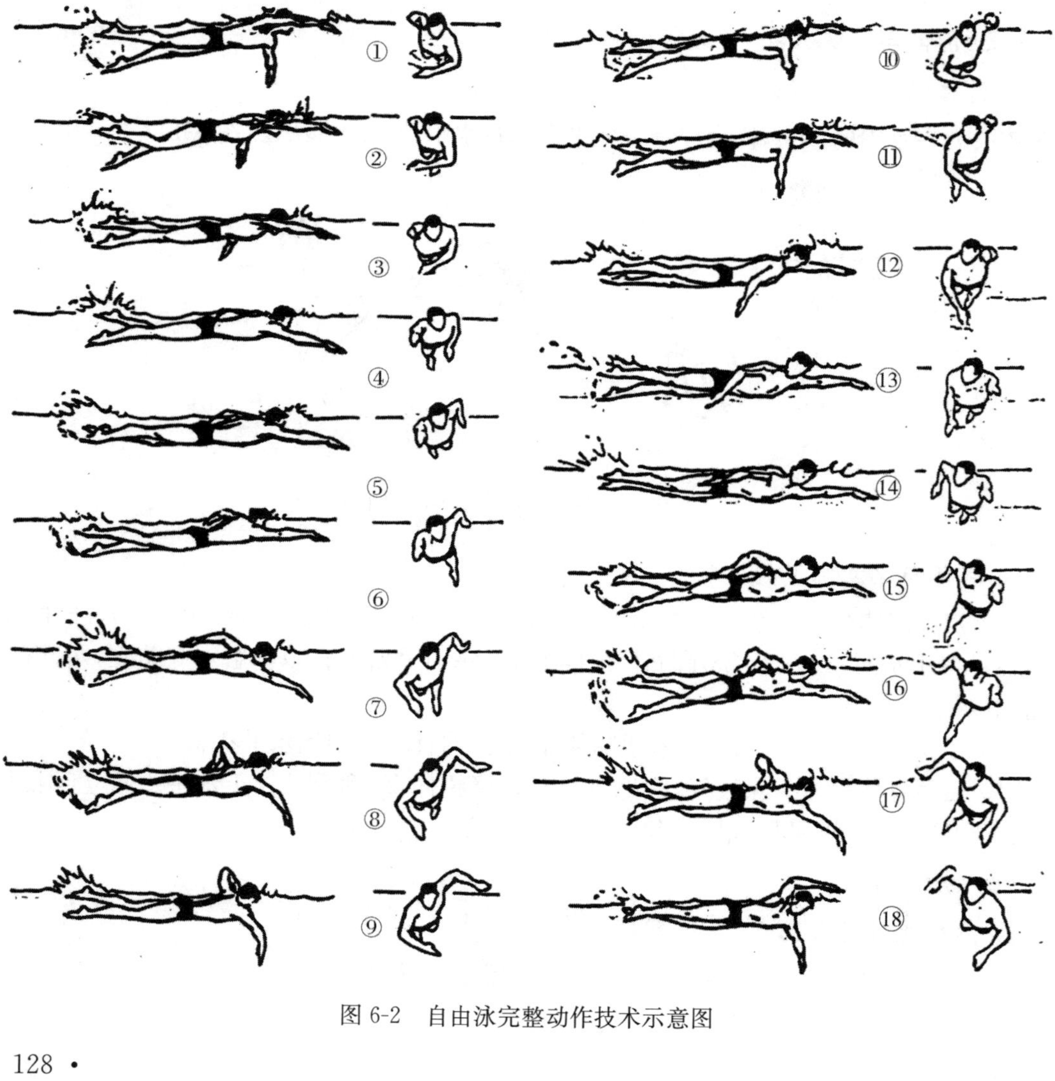

图 6-2　自由泳完整动作技术示意图

（一）身体姿势

身体自然伸直，俯卧于水面，上体位置尽可能高。收腹，脸和前额浸入水中，臀部接近水面，目视前下方。游泳过程中，身体随划水和呼吸做绕纵轴有节奏转动，转动角度在 40°左右。

（二）手臂动作

自由泳的完整配合有多种形式。一般常见的是每划水 2 次，打水 6 次，呼吸 1 次。

1. 动作技术要点

口诀：移臂放松肩前插，小臂手掌对准水，沿着中线把速加，两臂轮流交替划。

注意划水时保持屈臂高肘，推水用力。

2. 手臂基本动作要求

(1) 手的入水点在肩的延长线和身体中线之间，大拇指领先，斜插入水。

(2) 入水后，手、肘、肩继续前伸，使手臂伸展。随身体的转动，屈腕、屈肘，手臂向外、后方划水。在手下划到最低点后，旋转手臂向内、上、后方划水，保持高肘屈臂的划水姿势。

(3) 手臂与水平面垂直时，经手领先，加速推水，手臂转为向外、上和身后划水直到大腿侧，提肘出水。

(4) 出水后，手臂自然放松地经空中向前移臂，保持高肘姿势。然后手在肩前领先入水，开始下一个动作。

（三）腿部动作

1. 动作技术要点

大腿带动小腿，做上下交替鞭打水动作。

2. 腿部动作基本要求

(1) 打腿动作从髋部开始发力，大腿带动小腿，做鞭打水动作。

(2) 向上打水，腿从直到弯。以直腿开始向上打，脚接近水面时屈膝，小腿上抬，使脚掌露出水面后向下打水。开始可直腿打水，但腿略放松，不要僵硬，在水的压力下腿会自然弯曲。向下打水前膝关节弯曲角度约为 130°～160°，打水幅度约为 30～40 cm，打水时要绷紧脚尖。

（四）呼吸动作

自由泳换气较为困难，一般采用单侧换气法进行换气。换气时以身体中轴线为轴转动，头随躯干的转动而转动，当身体向左侧转动幅度达到最大时进行呼吸，此时左臂应充分前伸，嘴张大吸气。当吸足气后，头转回原来鼻子朝下的位置，头的转动先于身体转动。

（五）自由泳动作技术的练习方法

1. 手臂动作练习

陆上模仿动作练习，单臂自由泳划水模仿练习，两臂连贯交叉划水配合练习，水中走动时的以臂划水练习，双人配合练习。

2. 腿部动作练习

陆地上举腿模仿动作练习，水中手扶池壁打腿练习，滑行打腿练习。

3. 完整配合练习

陆地上模仿动作练习,单臂划水练习,腿臂配合动作练习,完整配合动作练习。

三、蛙泳

蛙泳(breast stroke)配合有一个顺口溜,即"划手腿不动,收手再收腿,先伸胳膊后蹬腿,并拢伸直漂一会儿"。从顺口溜中可看出,手的动作先于腿的动作,要先收手再收腿,伸手后再蹬腿(见图 6-3)。

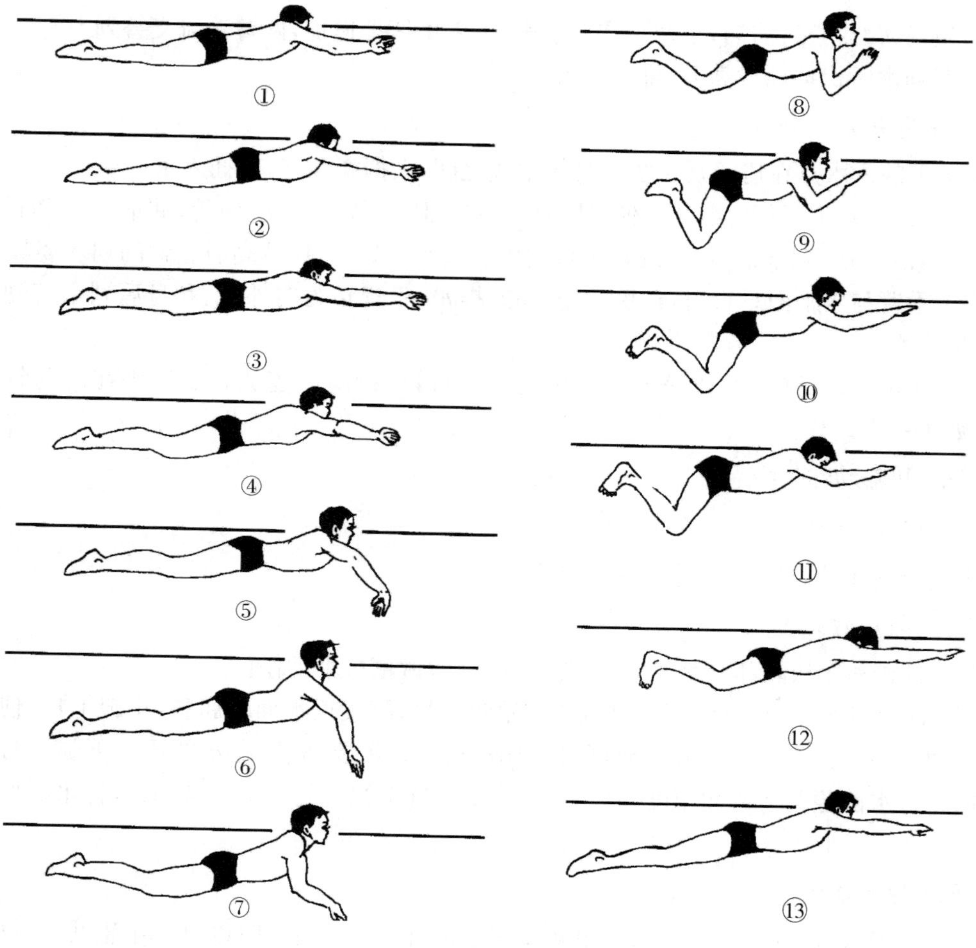

图 6-3　蛙泳完整动作技术示意图

(一)身体姿势

蛙泳在游进过程中,身体俯卧于水中,在完成手臂和腿的动作后身体几乎呈水平姿势。两臂向前伸直,两腿并拢后伸直。头略低,脸浸入水中,水平齐额,眼睛注视水下,身体保持流线型姿态向前滑行。

(二)手臂动作

1. 动作技术要点

口诀:分手比肩稍微宽,向内旋时伸前方。两臂侧下向后划,并拢伸直漂一会儿。注意划水时移臂相对要慢，收手要快，保持动作节奏，明确划水路线，整个臂部技术同时对称进行。

2. 手臂基本动作要求

(1) 外划。双手前伸，手掌倾斜大约45°(小指朝上)。双手同时向外、后方划，继而屈臂向后、下方划。

(2) 内划。掌心由外转向内，手带动小臂加速内划，手由下向上并在胸前并拢前伸(手高肘低，肘在肩下)。

(3) 前伸。双手向前伸(肘关节伸直)。

注意：外划放松，内划用力加速，前伸积极。

(三) 腿部动作

1. 动作技术要点

口诀：边收边分慢收腿，向外翻脚对准水。弧形向后蹬夹水，并拢伸直漂一会儿。注意掌握动作节奏：慢收、翻脚、快蹬和滑行。

2. 腿部基本动作要求

(1) 收腿。屈膝收腿，脚跟向臀部靠拢，收腿动作要轻、慢些，这样可减少阻力。收腿结束时，两膝与肩同宽，小腿与水面垂直，脚掌在水面附近。

(2) 翻脚。两脚距离大于两膝距离，两脚外翻，脚尖朝外，脚掌朝天，小腿和脚内侧对准水成“W”形。

(3) 夹蹬水。实际上是腿伸直的过程(屈髋、伸膝)，由腰腹和大腿同时发力，以小腿和脚内侧同时蹬夹水，先是向外、后、下，然后是向内、上方蹬水，像画半圆。向外蹬水和向内夹水连续完成，即连蹬带夹。蹬夹水完成时双腿并拢伸直，双脚内转，脚尖相对。蹬水的速度不要过猛，要由慢到快地加速蹬水，两条腿将近伸直并拢时蹬水速度最快。

(4) 停。双腿并拢伸直后再做一个短暂滑行(1～2 s)。

(四) 完整配合动作

1. 动作技术要点

口诀：划手腿不动，收手又收腿。先伸胳膊再蹬腿，手腿伸直漂一会儿。注意先划手再收腿，蹬腿时手伸直不动，稍滑行再划臂。

2. 完整配合动作的基本要求

蛙泳的完整配合动作是双手外划时抬头换气，双手内划时收腿低头稍憋气，双手前伸过头时蹬腿吐气。在一个动作周期内采取1次呼吸、1次划水、1次蹬腿的配合技术。

(五) 蛙泳动作技术的练习方法

1. 手臂动作练习

陆上动作模仿练习，池边划手动作练习，水中原地划臂动作练习，走动时划臂动作练习。

2. 腿部动作练习

陆上动作模仿练习，池边蹬腿练习，双人蹬腿练习，滑行蹬腿练习，夹板蹬腿练习。

3. 完整配合练习

陆上模仿动作练习，分解配合练习，腿臂配合练习，完整动作练习。

四、蝶泳

蝶泳(butterfly stroke)手臂动作的外形像是蝴蝶飞舞,因此被称为“蝶泳”;而躯干和下肢动作像是海豚在水中追逐,所以蝶泳也被称为“海豚泳”。它是四种竞技游姿中最美的一种,主要表现在蝶泳选手将力量和柔美完美地结合起来,配合躯干协调地做波浪动作,快速在浪花之中穿越(见图 6-4)。

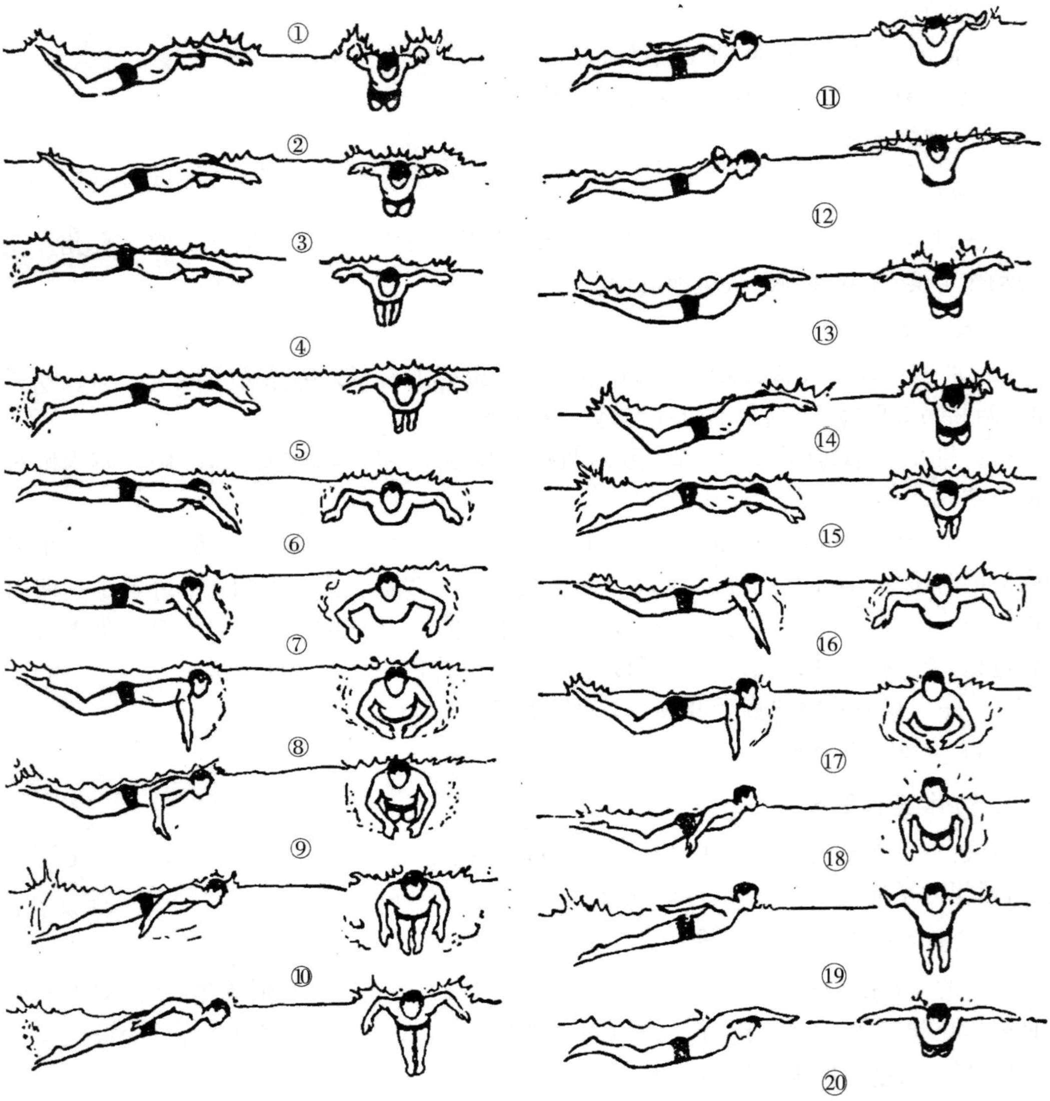

图 6-4　蝶泳完整动作技术示意图

(一) 身体姿势

游进过程中,头、颈、躯干、腿、脚沿着整个身体纵轴做转动式的递次起伏,形成有节奏的波浪运动。头部保持较稳定的姿势,除了抬头吸气外,眼睛一直注视下方,抬头吸气时略收下颌。

（二）手臂动作

1. 动作技术要点

口诀：两臂入水比肩宽，入水同时要伸肩。两臂抱水不分家，前宽后窄加速划。注意主要划臂动作要连贯协调，推水、出水要加速。

2. 手臂基本动作要求

(1) 蝶泳的手入水点在两肩的延长线上，以大拇指领先，斜插入水。

(2) 入水后，肩、肘前伸，两手沿曲线向外、后、下方抓水。两手分开到肩宽时，屈肘，加速划水。

(3) 两手分开达到最大宽度后，手臂转为向内、上和后划水，手臂上抬时保持高肘屈臂。两手在胸下或腹下时，手之间的距离保持最近。

(4) 呼吸与划水的配合也是蝶泳技术的关键。手臂结束向内划水时，头露出水面吸气，移臂时头入水。头在手出水前出水，在手入水前入水。

(5) 双手划水，两手距离最近时，手臂划水的方向再一次改变，转为向外、上和后划水，直至出水。

(6) 划水出水后，手臂在肩的带动下经空中向前移臂，准备入水，移臂一般以低、平、放松的姿势从两侧前移。

（三）躯干和腿部动作

1. 动作技术要点

口诀：水平俯卧呈流线，低头移臂扑向前。波浪打水推呼吸，展胸提臀腰发力。注意肩部保持平稳，由脊柱和腰部发力，大腿带动小腿，做上下鞭打水动作，从屈腿小幅打水逐渐过渡到上下鞭打水。

2. 躯干和腿部基本动作要求

(1) 开始时双腿自然伸直，双脚内扣呈“八”字形。

(2) 腰部发力，带动脊柱、大腿、小腿，做上下鞭打水动作。

(3) 大腿向下打水时提臀，然后两腿伸直向上移动，臀部下沉。

(4) 脚接近水面时大腿下压，屈膝，脚露出水面，用力向下后方打水。

（四）完整配合动作

1. 动作技术要点

口诀：首次大腿臂入水，划至胸下再打腿。低头伸臂慢呼气，加速推水抬头吸。注意两臂入水时打第一次腿，划至肩下时打第二次腿，动作要连贯协调。

2. 完整配合动作的基本要求

完整动作技术一般是采取 2 次打腿、1 次划水、1 次呼吸的配合方式。划水路线一般为“钥匙孔”形，两手在胸下或腹下时的距离最近，这种前后划水路线比较均匀。注意蝶泳的四肢动作是双臂、双腿同时协调发力。

（五）蝶泳动作技术的练习方法

1. 手臂动作练习

陆上动作模仿练习，池边划臂动作练习，水中原地划臂动作练习，蹬腿滑行划臂动作练习，夹板划臂动作练习。

2. 腿部动作练习

陆上动作模仿练习，池边蹬腿练习，双人蹬腿练习，滑行蹬腿练习，夹板蹬腿练习。

3. 完整配合练习

陆上模仿动作练习，分解配合练习，腿臂配合练习，完整动作练习。

五、仰泳

仰泳(back stroke)是仰卧在水中的泳姿。游泳时，脸部露出水面，呼吸方便，动作简单易掌握，实用价值大，可在水中休息、托运物品、救护溺水者，深受初学者的欢迎(见图 6-5)。

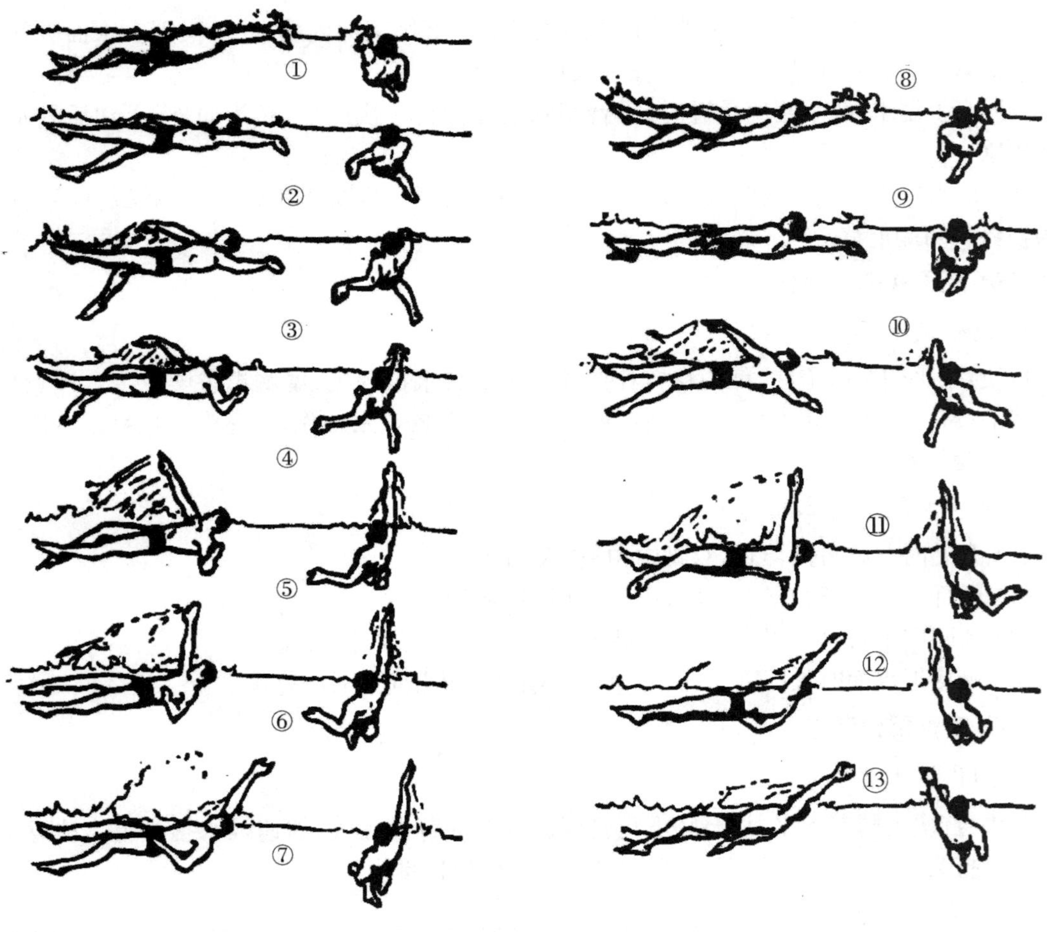

图 6-5　仰泳完整动作技术示意图

(一) 身体姿势

身体自然伸展至水平，仰卧于水面，头和肩部略高于臀，水齐耳际，脸部露出水面，身体尽可能处在较高位置。游进过程中身体随划水和打腿动作绕纵轴有节奏转动，角度在 45°左右，头部保持不动。

（二）手臂动作

1. 动作技术要点

口诀：空中移臂侧入水，屈臂屈肘对准水，向后加速快推水，两臂轮流来划水。注意屈腕划水积极充分，并保持屈臂。屈肘对水，向后划水，两臂前后交替轮流划水。

2. 手臂动作的基本要求

（1）臂划水时，出水以大拇指领先，移臂时手臂与水面垂直，上臂贴近耳朵。移臂过程中手臂旋转，入水时小指领先插入水中。

（2）两臂划水应与身体转动协调配合，两肩不断形成位置差。两臂始终处于相反的位置，一臂划水时，另一臂移臂。移臂时手臂紧贴身体不能太宽。

（3）移臂时如果手臂易弯曲，则可暂时用小指领先出水，养成直臂出水的习惯以后再用大拇指领先出水。

（4）身体始终保持伸展正直，几乎水平仰卧于水面。

（三）腿部动作

1. 动作技术要点

口诀：大腿来发力，小腿用力蹬。脚尖斜向里，鞭状来交替。注意直腿下压，屈腿上踢，两腿上下交替向后上方鞭打水。

2. 腿部动作基本要求

（1）以髋关节为轴，两腿上下交替打水。由腰和大腿发力并依次把力量传递到膝和踝关节，形成用脚背对水的有节奏的向后上方的鞭状打水动作。

（2）直腿下压。通过臀部肌肉群的收缩，大小腿直腿下压至一定深度后，大腿停止继续下压，小腿和脚在惯性作用下继续下压，当膝关节弯曲成 135°左右时，完成下压动作。

（3）屈腿上踢。下压动作结束后，小腿和脚形成较好的对水面，大腿带动小腿用力向后上方做踢水动作，注意膝关节和脚面不能露出水面。

（四）完整配合动作

1. 动作技术要点

口诀：自然仰卧在水中，臀部微收稍展胸，两腿上下来踢水，两臂轮流在划水。注意身体自然伸展，呈流线型姿势仰卧水中。两腿交替做上踢下压鞭打水。直臂空中移臂，屈臂屈肘向后划水。

2. 完整配合动作基本要求

（1）保持水平身体姿势，躯干和肩随手臂动作围绕纵轴转动，始终有一肩不露出水面。一般每划水 2 次，腿打水 6 次，呼吸 1 次。

（2）呼吸虽不受限制，但最好采用有节奏的呼吸方式，或以固定在一臂移臂时吸气。划水以及身体在水中行进时会有波浪及水花，随意呼吸易导致呛水。

（3）两腿交替上下打水。向上打水要快而有力，脚略内旋并绷直，向下打水时腿和脚自然放松。

延伸阅读

游泳健身运动中的 FIT 原则

FIT 是次数(frequency)、强度(intensity)和时间(time)三个英文单词的首字缩写组合。在游泳健身中科学控制锻炼的次数、强度和时间就会起到良好的锻炼效果。

(1) 次数。一般每周进行 3～5 次有计划、有规律的锻炼,锻炼效果较好。

(2) 强度。心率控制在最大心率的 60%～80%。

(3) 时间。每次至少锻炼 20～30 min。

(五) 仰泳动作技术的练习方法

1. 手臂动作练习

陆上动作模仿练习,同伴帮助划臂练习。

2. 腿部动作练习

陆上动作模仿练习,同伴帮助打腿练习,蹬壁滑行打腿练习,双臂前伸打腿练习。

3. 完整配合练习

陆上模仿动作练习,分解配合练习,腿臂配合练习,完整动作练习。

第三节　游泳运动竞赛规则

积知成智,至智成圣;积炼成健,至健长命;积乐成癖,至癖成仙;积善成德,至德成神。

一、比赛具体要求

运动员应在其出发的同一泳道内完成比赛,且须游完全程才能获得录取资格。

在所有项目中,运动员转身时身体须触及池壁,转身必须以池壁进行,不得在池底跨越或行走;但在自由泳项目或混合泳项目的自由泳段比赛中,允许运动员在池底站立,但不得行走。

游出本泳道阻碍其他运动员或用其他方式干扰其他运动员者,应取消其资格。如属故意犯规,总裁判应将犯规情况报告主办单位和犯规运动员所在的单位。

比赛中,运动员不得使用或穿戴任何有利于其速度、浮力或耐力的器具(如手蹼、脚蹼等),可戴泳镜。

接力比赛时,本队前一名运动员尚未触及池壁,后一名运动员即离台出发,应取消该队的资格。

二、运动员分道原则

除了在 50 m 池进行 50 m 项目的比赛外(在出发端面向泳池站立,第一泳道应在池的右侧),如果泳道数为单数,成绩最好的运动员或接力队应安排在中间的泳道。如果泳道数为双数(6 条或 8 条泳道),成绩最好的运动员或接力队应分别安排在第三或第四道。成绩次好的应安排在其左侧的泳道，接着按报名成绩顺序将运动员交替安排在其右侧和左侧泳道。报名成绩相同的运动员以抽签方法按上述模式安排泳道。

三、出发

1. 规则

自由泳、蛙泳、蝶泳及个人混合泳比赛时应从出发台起跳出发，仰泳和混合泳接力比赛应从水中出发。

2. 犯规情况

任何一名在出发信号发出前出发的运动员都会被取消参赛资格。如果出发信号已发出但发现运动员抢信号，应继续比赛，并在比赛结束后取消抢信号运动员的参赛资格。如果出发信号发出前发现运动员抢信号，则不再发出发信号，在取消抢信号运动员的比赛资格后，再组织其余的运动员出发。

四、各泳姿比赛具体要求

1. 自由泳

自由泳是指比赛中运动员可采用任何泳姿，但个人混合泳和混合泳接力项目中的自由泳是指仰泳、蛙泳和蝶泳以外的任何泳姿。

转身和到达终点时，可用身体的任何部分触池壁。

2. 蛙泳

蛙泳以出发和每次转身后的第一次手臂运动开始，身体应保持俯卧。任何时候都不允许身体转成仰卧姿势。

在整个比赛中，动作周期必须以 1 次划臂和 1 次蹬腿的顺序完成。

两臂的所有动作应同时并在同一水平面上进行，不得有交替动作。两手臂应同时在水面、水下或水上由胸前伸出，并在水面或水下向后划水。

3. 蝶泳

蝶泳以出发和每次转身后的第一次手臂动作开始，身体应保持俯卧。允许水里侧打腿，但任何时候都不允许转成仰卧姿势。

两臂必须同时在水面上向前摆动，并同时在水下向后划水。在每次转身和到达终点时，两手应在水面、水下或水上同时触壁。

两腿所有向上的动作必须同时进行。两腿或两脚可不在同一水面上，但不允许有相对交替的动作，不允许蹬蛙泳腿。

4. 仰泳

在出发信号发出前，仰泳运动员应面对出发端排于水中，两手抓住出发握手器。禁止站在水槽内或用脚趾扣住水槽边缘。

运动员到达终点时，必须以仰泳姿势触壁。触壁时允许身体潜入水中。

5. 混合泳

在个人混合泳和混合泳接力项目比赛中，每种泳姿必须符合竞赛规则的有关规定。在仰泳转蛙泳过程中，运动员必须呈仰泳姿态触壁。

6. 游程具体要求

在整个游程中，运动员身体的某一部分必须露出水面。允许运动员的身体在转身过程中及出发和每次转身不超过 15 m 的距离内完全没入水中，但运动员的头部必须在滑行 15 m 之前露出水面。

第四节　游泳卫生与安全

不对自己苛求，不对别人怨恨。疏导忧愤情绪，逆境暂时回避。处世宽容大度，待人表示善意。苦衷找人倾诉，常常做些善事。遇事不与人争，天天心情欢愉。

一、游泳卫生

（一）游泳前的准备

1. 游泳场所及人员选择

（1）正规游泳场馆。游泳前尽可能选择卫生及安全条件达标的场馆，其管理一般较为规范合理，池水消毒过滤较好，设施完善，有充足的安全和卫生保障。

（2）天然水域游泳。到天然水域游泳之前要先了解水质状况、水域情况，避免到水质状况较差或不熟悉的水域游泳。

（3）人员选择。不可单独前往，以免发生意外。

2. 游泳前全面的身体检查

游泳前最好进行全面的身体检查，防止患病者在游泳过程中发生危险事故，同时也避免某些传染性疾病的互相传染。

3. 下水前的准备活动

游泳前的准备活动要具有针对性，内容设置合理，准备活动充分，以确保游泳运动的安全性。

（1）准备活动的目的是：动员身体各器官系统机能，迅速进入到工作状态；防止肌肉、关节和韧带等发生运动损伤或发生抽筋、晕厥、腹痛等症；熟悉游泳动作，做好技术上的准备。活动量可根据自身情况而定。气温和水温较低的情况下，时间和活动量要稍加大，以加快血液循环，使身体发热，微出汗。

（2）做好专项准备活动，防止发生膝关节损伤或抽筋现象。可采取跪地后仰或深蹲转膝等动作加强膝关节的灵活性练习；活动踝关节和脚趾，以提高腿部后侧肌群和脚趾的灵活性。

（二）游泳时易发生的问题及处理办法

1. 脚抽筋

游泳时间过长，肌肉能量消耗过大，乳酸堆积过多，肌肉过度疲劳时会引发“脚抽筋”，此时可遵循扳、揉、敷三原则进行紧急处理。

（1）扳。抽筋时立即坐在泳池边，一手抓小腿肚，用力按压痉挛处的肌肉，另一手抓足部，将其向上扳，使足部背屈后做上下活动，抽筋就能缓解并消失。扳足动作不宜过猛，也不要背屈过度，90°即可。

(2) 揉。按摩肌肉，可按静脉走行方向，由下向上按摩肌肉，也可用双手从两侧相对轻拍肌肉，或将小腿肌肉放于手掌中滚动摇晃，按摩时不要过分用力挤捏。

(3) 敷。如抽筋时间过长，用揉、扳仍不能完全解除症状时，可用热毛巾或热水袋敷于小腿肚，以促进血液循环，使脚抽筋症状得到缓解。

2. 结膜炎

游泳性结膜炎是在夏季里最常见的一种急性传染性眼病，由滤泡性病毒侵入眼内引起。传播途径是患有这种眼病或非淋球菌性尿道炎的病人进入泳池游泳，将病毒带入水中，又随水侵入健康人眼中。

症状表现为：眼睛发红、发痒，结膜充血加剧，并持续不消，有水样和黏液样的分泌物。会出现点状角膜炎，并伴有怕光、眼睛酸痛、视力模糊等症。其预防方法如下。

(1) 在天然水域中游泳时，应选择清洁水域，严禁在污染水域中游泳。

(2) 在游泳池中游泳时，应选择在有循环过滤和吸尘消毒等卫生设备和水质较好的泳池游泳。

(3) 在红眼病流行期间，不在流行区域内的公共游泳池和静水水域中游泳。

(4) 每次游泳结束，用清水冲洗眼睛，并滴入少许氯霉素眼药水。

(5) 如已感染红眼病，应立即停止游泳，涂抹金霉素眼药膏，滴注氯霉素眼药水。

3. 常见耳病

游泳时耳朵没入水中，细菌极易伴随水进入外耳和中耳，如果未能及时清除或使用不正确的方法(用手指、硬物掏挖等)清除积水，很容易使耳朵发生炎症和感染。

其症状表现为：耳部红肿发烧、疼痛剧烈，严重者还有浓血流出。患中耳炎者，还伴有耳痛、发烧、恶心、呕吐等症。其预防方法如下。

(1) 不在不清洁的水域中游泳，可用橡皮耳塞或涂有凡士林的棉球堵塞住外耳入口然后再下水。

(2) 游泳后及时排除耳内残存的水，可用吸引法，头偏向有水耳朵那一侧，用手掌紧压这个耳朵的耳孔，屏住呼吸，然后迅速提起手掌，将水吸出；跳控法，如右耳存水，将头偏向右侧，左脚弯曲提起，用右腿单脚原地跳几次，水就会流出(左耳有水时，头偏向左侧，左脚弹跳)；必要时还可用消毒棉签轻轻伸入耳道内，将水吸出。

(3) 出发跳水时注意保持正确的入水姿势，防止耳部正对水而入水。

(4) 患有轻微外耳道炎症患者，可用 3% 的过氧化氢清洗外耳道，滴注滴耳油或甘油。而患有中耳炎或骨膜穿孔者，应及时请医生治疗，最好停止游泳。

4. 鼻腔疾病

游泳时常见的鼻腔疾病有急性鼻炎或鼻窦炎。原因可能是鼻黏膜受到冷水刺激，不能快速适应而使抵抗力降低，细菌乘虚而入；或游泳时患有伤风、感冒等症，使鼻黏膜上细菌增多并侵入鼻旁窦，造成急性炎症。

常见症状有：鼻痒、鼻干、鼻塞、打喷嚏、流鼻涕甚至伴有轻度发烧症状。预防方法如下。

(1) 加强冷水浴和游泳锻炼，增强身体对冷刺激的适应能力，防止伤风感冒等症发生。

(2) 掌握正确的游泳呼吸方法,避免呛水和鼻腔进水。

(3) 若发生鼻腔进水,可用手指压一侧鼻孔,将另一侧的水排干。注意不可用力捏鼻排水,以防鼻腔内的积水和鼻腔分泌物经耳咽管进入中耳,以致引起中耳炎等症。

(4) 游泳后,用热毛巾热敷鼻子,以促进局部血液循环。

(5) 轻微的鼻炎患者,可滴注1%的麻黄碱或肾上腺素滴液。病情严重者尽早就医。

5. 皮肤病

游泳时身体长时间浸泡在水中,水中的细菌极易接触皮肤表面或附着在皮肤上,尤其是在卫生条件不达标的场馆游泳。常见的皮肤病有体癣、股癣和足癣三种。原因可能是消毒不彻底,导致癣症患者身上带有的大量皮丝状菌的癣屑脱落入水池中传播。

体癣症状表现为:皮肤发痒,起小疹,逐渐向周围扩散呈块状或圆圈,颜色鲜红或暗红,抓破后结痂、脱屑。足癣的症状为脚底、趾间出现成群或分散的水泡或糜烂。其预防方法如下。

(1) 严格泳池的卫生检查制度,严禁皮肤病患者入池游泳。尽可能选择卫生条件达标的场馆。

(2) 游泳前后认真淋浴,用肥皂彻底全面清洗全身。

(3) 感染者轻者可用癣药水、药膏涂抹患处,重者应尽早到医院就诊治疗。

(三) 游泳后的卫生防护

游泳后的卫生保健不可或缺,需要从护耳、护齿、护眼、护发、护肤几方面进行。

1. 排除残留水

游泳者上岸后,应将耳朵、鼻腔内的水及时排除干净,以防止残留在内的脏水导致耳朵或鼻子发生炎症反应。

2. 清洗口腔

游泳后需用清水或牙膏刷牙,以保持口腔清洁。

3. 淋浴清洁

游泳中水中的污物极易黏在皮肤上,水中氯化物也会刺激皮肤导致皮肤过敏,因此游泳后需用香皂认真清洗全身。游泳时用的泳衣裤、眼镜、泳帽等应一并清洗干净,晾干备用。

4. 滴眼药水

游泳后,眼睛受池水和水中异物刺激,可能出现发红、发痒等症。因此游泳后最好用清水冲洗眼睛,也可用消炎眼药水滴眼,如0.5%氯霉素眼药水或金霉素眼药膏等。

5. 其他卫生保健

游泳时难免喝上几口生水,其中很可能含有痢疾杆菌、大肠杆菌及其他病菌。因此游泳后进餐时,最好吃几瓣大蒜,以防止急性胃肠炎的发生。

二、游泳安全

(一) 溺水及自我预防

溺水是指大量水液被吸入肺内,引起人体缺氧窒息的危急病症。溺水时间短者,口唇、四肢末端青紫,呼吸浅表,轻度缺氧;溺水时间长者,意识丧失,昏睡不醒,瞳孔散大,呼吸停止。

1. 溺水事故发生原因

溺水事故的发生由心理、生理、病理、游泳技术等相关因素构成。

(1) 心理因素。心理胆怯紧张，害怕水，遇到水就惊慌失措、四肢僵硬。

(2) 生理因素。体力不支、过饥或过饱、饮酒后极易导致溺水事故发生。

(3) 病理因素。患有心血管疾病、慢性病者不宜下水。

(4) 技术因素。游泳技术不佳，缺乏自我保护意识。

(5) 其他。场馆管理不规范，安全设施不到位，缺乏应急预警设备而不能快速救援。

2. 自我预防

游泳运动者需具有良好的自我保护意识，为健康、安全游泳做好保障。

(1) 游泳前熟悉场所、周围水域及环境。参加游泳前，事先了解游泳场馆周围的相关环境，避免发生意外时慌乱无措。

(2) 具备呼救意识。遇到意外或危险时，迅速及时发出求救信号，拨打 110 或向周围人员呼救。

(3) 争取急救时间。呼救之后，有能力进行自救的，可适当采取自救；不能自救的，则适当放松身体，争取时间，等待急救。

(4) 积极靠岸。水中遇到危险情况或自感体力不支时，需马上靠岸或向岸边呼救。

(二) 游泳救护

救护就是救生者利用或不利用救生工具，直接或间接将溺水者从水中脱救上岸。救生者在岸边利用现场的救生材料，如救生圈、竹竿、绳子等设施，对溺水者实施救助。

(三) 现场急救

1. 现场急救原则

现场急救需要做到：抢救生命，时间上分秒必争；实施救助措施，操作上准确无误；观察现场环境，保证自己和溺水者的安全；大胆、果断、迅速，不慌乱、不推脱，不随意中止现场急救，确保急救成功。

2. 现场急救检查程序

检查程序需从以下几个步骤入手。

(1) 判断意识。轻拍伤患者，在其耳部呼叫，判断是否还有意识反应。

(2) 高声呼救。原地高声呼喊或迅速拨打急救电话。

(3) 急救体位。将伤患者翻身为仰卧，放在坚硬平面上，从而实施下一步急救。翻身时需注意：跪在溺水者一侧的肩颈部，将其两上肢向头部方向伸直，再将远端小腿放在近端小腿上，两腿交叉；再用一只手托住其头颈，另一手托起腋下，使头颈、肩、躯干呈一整体同时翻转呈仰卧位，最后将其两臂放在身体两侧。

(4) 打开气道。先将溺水者的领口、领带或围巾等解开，同时迅速清除口鼻内的淤泥、痰、鼻涕、呕吐物等，保证呼吸道通畅。将一手小鱼际置于溺水者前额，使其头部后仰，另一手的食指和中指置于下颌骨下方，拇指轻按下唇，使口微张。

(5) 人工呼吸。在保持气道畅通情况下，抢救者用耳朵贴近溺水者的口鼻，采取一看、二听、三感觉的方法，判断是否具有自主呼吸功能。

① 看。观看溺水者胸部或上腹部有无起伏。

② 听。聆听溺水者口鼻有无呼吸的气流声。

③ 感觉。用面颊感觉有无气息吹拂面颊。

如有自主呼吸,则应继续保持气道畅通;如无自主呼吸,需检查有无异物堵塞气道。打开气道和清除口腔异物后仍无呼吸,可采取人工呼吸(见图 6-6)。

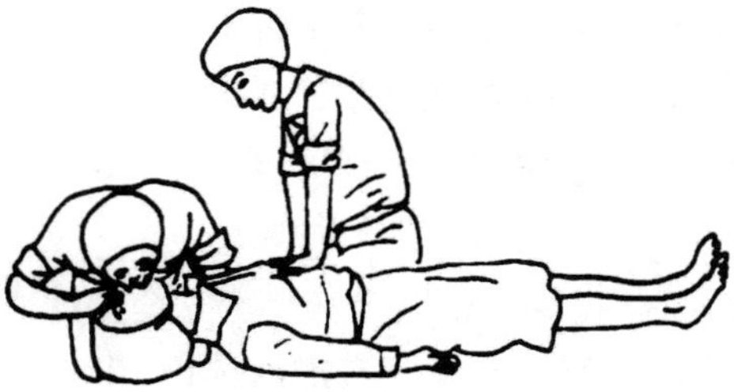

图 6-6　人工呼吸示意图

① 口对口人工呼吸方法:保持气道开放的同时,用放在前额的手的拇指和食指捏住溺水者的鼻孔,以防吹气时漏气。深吸一口气后,双唇包严溺水者口唇,缓缓将气体吹入,连续进行两次吹气,同时观察溺水者胸部是否膨起(见图 6-7)。

图 6-7　口对口人工呼吸示意图

② 口对鼻人工呼吸方法:一只手小鱼际按住溺水者前额,头后仰,另一只手托起下颌,使口完全闭合。抢救者深吸气后,双唇包绕溺水者鼻部,向鼻孔内吹气(见图 6-8)。

图 6-8　口对鼻人工呼吸示意图

(6) 人工循环。判断溺水者心跳是否停止,可触摸其颈动脉或肱动脉。如心跳停止,应立即实施人工循环——胸外心脏按压进行施救。

(7) 紧急止血。检查有无出现严重出血状况,如有应紧急止血,避免因大出血而引起休克。

(8) 保护脊柱。现场救治中,要特别注意保护脊柱,避免脊髓受伤或伤到脊柱。

（四）心肺复苏

心肺复苏(CPR)是针对呼吸心跳停止的急症危重病人所采取的抢救关键措施，即胸外按压形成暂时的人工循环并恢复的自主搏动，采用人工呼吸代替自主呼吸，快速电除颤转复心室颤动，以及尽早使用血管活性药物来重新恢复自主循环的急救技术。心肺复苏的目的是开放气道，重建呼吸和循环。人们只有充分了解心肺复苏的知识并接受过此方面的训练后才可以为他人实施心肺复苏急救措施。

1. 心肺复苏的步骤

心肺复苏的步骤为：开放气道—口对口人工呼吸—人工循环。

(1) 胸外心脏按压部位：先以左手的中指、食指抵住肋骨下缘，而后将右手掌侧放在胸骨下 1/2，再将左手放在胸骨上方，左手拇指邻近右手指，使左手掌底部在剑突上。右手置于左手上，手指间互相交错或伸展。按压力量经手跟而向下，手指应抬离胸部。

(2) 胸外心脏按压方法：急救者两臂位于病人胸骨的正上方，双肘关节伸直，利用上身重量垂直下压，对中等体重的成人下压深度为 5 cm，而后迅速放松，解除压力，让胸廓自行复位。如此有节奏地反复进行，按压与放松时间大致相等，频率为 80～100 次/min。注意单人或双人实施心肺复苏时，按压次数∶人工呼吸次数＝30∶2。

2. 心肺复苏成功的指标表现

心肺复苏成功的指标表现为如下几点：

(1) 昏迷变浅，出现各种反射；

(2) 出现无意识的挣扎动作；

(3) 自主呼吸逐渐恢复；

(4) 触摸到有规律的颈动脉搏动；

(5) 面色转为红润；

(6) 双侧瞳孔缩小，对光反应恢复。

思考与练习

(1) 游泳运动有几种形式？具有哪些健身功能？

(2) 如何加强游泳前的熟悉水性练习？

(3) 谈谈四种竞技游泳姿势各有哪些运动特点。

(4) 游泳前需要在哪些方面注意安全？

(5) 游泳前需要在哪些方面注意卫生？

第七章 武　　术

主要内容

中华武术源远流长，在华夏土地上延续了数千年之久，其历史悠久并植根于民间。经历了漫长的历史发展过程，逐渐形成了内容精深、社会价值广泛、文化色彩浓厚的中国特色的民族传统体育项目。本章主要介绍武术运动的产生、发展、特点、分类及功能，以及武术运动的精髓——初级长拳、初级剑等基本的练习套路。

学习目标

了解武术的产生与发展、特点及功能，掌握基本的武术功法，学会运用五步拳、初级剑术的基本练习方法，并将其作为一种养生方法和手段。

第一节 武术概述

少言语养真气，戒色欲养精气，薄滋味养血气，咽津液养脏气，莫嗔怒养肝气，节饮食养胃气，少思虑养心气，诸气和万物育。

一、武术简介

武术，西方人称之为"功夫(kung fu)"，是以技击为内容，通过套路、搏斗等运动形式来增强体质、培养意志及训练格斗技能，并注重内外兼修的民族传统体育项目。2008 年，武术以"特设项目"的身份出现在第 29 届北京奥运会上，被定名为"北京奥运会武术比赛"。

攻防技击是武术的本质属性，由踢、打、摔、拿、击、刺等技击动作，通过徒手或借助器械来表现攻防格斗能力。武术的主要运动形式为套路演练和对抗格斗，在演练上注重内外兼修、形神兼备。武术运动是在中华文化总体氛围中孕育、产生、衍化发展起来的，自然地融入了传统哲学、兵学、中医学、伦理学、气功、美学、艺术、文学和民俗学等多种传统文化思想和文化观念。

1. 武术的分类

武术按运动形式可分为三类，即常见的功法运动、套路运动和搏斗运动。

(1) 功法运动。功法练习是以单个动作练习为主，以达到健体或增强某方面体能的运动，包括柔功、内功、硬功、轻功、眼功、耳功等。

功法运动的意义：通过各种专门的练习方法和手段，以达到提高肢体关节活动范围和肌肉伸展性能的目的；通过对人体内在的精、气、神及脏腑、经络、血脉等的修炼，以达到精足、气壮、神明、内脏坚实、血脉经络通畅、内壮外强的功效；使身体具有较为强健的击打、抗击打、摔跤、磕碰能力,最终达到强筋骨、壮体魄的功效。

(2) 套路运动。套路运动是通过徒手或持器械表演来体现人的进攻和防守技能,以技击为主要内容,以攻守进退、动静疾徐、刚柔虚实等矛盾运动的变化规律为依据编排组合及成套练习,将人与人之间的攻防动作通过套路最大限度地表现出来。

套路运动主要包括有拳术、器械、对练、集体表演等形式。器械有"十八般兵器"之称,包括长、短、双、软和暗五种器械。

(3) 搏斗运动。搏斗运动是两人在一定条件下按照规则进行斗智角力的对抗练习。目前推广的项目主要有散手、推手和短兵三项。

2. 武术的功能

武术运动形式多样,内容丰富,文化内涵博大精深,具有健身、防身、修身养性、竞技、娱乐、文化交流等多方面功能。

(1) 健身健心功能。武术运动可改善心血管系统功能,促进神经系统均衡发展;增强呼吸系统功能;提高人体身体素质,协调全身运动,消耗身体多余脂肪,肌肉线条优美,从而塑造良好的体形。

(2) 保健康复及养生功能。武术运动内容丰富,有五禽戏、八段锦、易筋经、太极拳等传统保健运动,坚持练习可预防疾病,康复身心,增强体质,延缓衰老,对某些慢性病的治疗亦有一定作用,也可起到延年益寿的作用。

(3) 观赏审美及交流功能。武术演练具有很强的欣赏及审美价值。无论是套路表演,还是散手比赛都以恢弘的气势、优雅的定韵深受欢迎。另外还是人们切磋技艺、交流情感、增进友谊的友好平台,更是与国外友人交流的媒介,通过武术使其更充分地认识中国文化的精髓,探索东方文明的神韵。

二、武术基本功介绍

武术基本功是学习武术套路和提高武术运动技术水平的基础,包括腿功、腰功、平衡、跳跃、跌、扑、滚翻等内容。

(一) 基本手型手法

1. 基本手型

基本手型有拳、掌和勾三种。

(1) 拳。动作要领:五指弯曲握紧,拇指扣压于食指和中指的第二指节,拳面平展(见图 7-1)。

(2) 掌。动作要领:拇指弯曲,贴靠食指指跟外侧下方,其余四指伸直并拢向后伸张(见图 7-2)。

图 7-1 拳动作示意图

图 7-2 掌动作示意图

(3) 勾。动作要领:五指撮拢,屈腕成钩形(见图 7-3)。

图 7-3　勾动作示意图

2. 基本手法

(1) 冲拳。拳从腰间旋臂向前快速出击,有前冲、侧冲、上冲等形式。

准备姿势为两脚开立与肩宽,脚尖向前,两拳收抱腰间,拳心向上,肘尖向后,挺胸收腹立腰,两眼目视前方。右拳从腰间向前迅速用力冲出,拧腰顺肩,肘关节过腰时右前臂内旋,力达拳面,臂伸直,与肩相平,同时左肘向后牵拉。可做左右臂交替冲拳练习(见图 7-4)。

(2) 架拳。右拳向下、向左、向上经头前向右上方划弧,同时前臂内旋架起,拳眼向左斜下方,目视左方。可做左右臂交替架拳练习(见图 7-5)。

图 7-4　冲拳动作示意图

图 7-5　架拳动作示意图

(3) 砸拳。拳自上向下,先直臂后屈臂下砸为砸拳。要求拳心向上,力达拳背(见图 7-6)。

(a)　　(b)

图 7-6　砸拳动作示意图

(4) 推掌。掌由腰间旋臂向前立掌推击动作。右拳变掌,以掌跟为力点向前快速推出,同时前臂内旋使掌指向上,手臂伸直与肩平。推出时拧腰顺肩,同时左肘向后牵拉。左右交替练习(见图 7-7)。

(5) 亮掌。右臂微屈,抖腕翻掌,将掌举于体侧或头上(见图 7-8)。

图 7-7 推掌动作示意图

图 7-8 亮掌动作示意图

(6) 挑掌。臂由下向上翘腕立掌上挑，挑掌时力达四指(见图 7-9)。

(7) 穿掌。手心向上，臂由屈到伸，沿体侧穿出，穿掌时力达指尖(见图 7-10)。

图 7-9 挑掌动作示意图

图 7-10 穿掌动作示意图

(8) 劈掌。掌由上向下直臂成弧形迅速劈击，力达掌外沿(见图 7-11)。

(a)

(b)

图 7-11 劈掌动作示意图

(二)基本步型步法

1. 基本步型

(1) 弓步。两脚前后开立一大步，相距约本人脚长 3～4 倍，脚尖稍内扣，前腿屈膝半蹲，大腿略高于膝，膝不过脚尖；后腿挺膝伸直，脚尖朝向斜前方且稍内扣，两脚全脚掌着地；上体正对前方，屈肘抱拳，目视前方。左腿弓为左弓步，右腿弓为右弓步(见图 7-12)。

(2) 马步。两脚平行开立，相距约本人脚长 3 倍，脚尖向前，屈膝屈髋半蹲，膝不过脚尖，大腿略高于膝，全脚掌着地；身体重心落于两脚间，两手腰间抱拳，拳心向上，目视前方

(见图 7-13)。

图 7-12　弓步动作示意图

图 7-13　马步动作示意图

(3) 虚步。两脚前后站立,后脚尖外展 45°,屈膝半蹲,大腿近水平,以全脚掌着地支撑身体;前腿微屈,脚面绷直,脚尖虚点地;上体正直,两手叉腰(见图 7-14)。

图 7-14　虚步动作示意图

(4) 仆步。两脚左右开立一大步,一腿屈膝全蹲,大腿和小腿紧靠,臀部接近小腿,膝和脚尖稍外展;另一腿伸直扑平接近地面,全脚掌着地,脚尖内扣,两手握拳收抱腰间,目视仆腿方向(见图 7-15)。

图 7-15　仆步动作示意图

(5) 歇步。两腿交叉屈膝全蹲,前脚以全脚掌着地,脚尖外展;后脚跟离地,臀部坐于小腿上,接近脚跟;两手握拳收抱腰间,目视左前方(见图 7-16)。

(6) 丁步。两腿屈膝半蹲并拢,一脚以全脚掌着地支撑身体,另一脚停在支撑脚内侧脚弓处,脚尖点地;两手握拳收抱腰间,目光平视(见图 7-17)。

图 7-16　歇步动作示意图

图 7-17　丁步动作示意图

2. 基本步法

(1) 上步。后脚向前迈步为上步。

(2) 退步。前脚向后撤退为退步。

(3) 盖步。一脚经另一脚前,横迈一步成两腿交叉为盖步。

(4) 插步。一脚经另一脚后,横迈一步成两腿交叉为插步。

(5) 行步。两腿微屈,两脚连续前行,脚落地时,由脚跟过渡到前脚掌。

(6) 垫步。后脚跟离地提起,向前脚处落步,前脚立即蹬向前上方跳起,让位给后脚,在后脚前落步。

(7) 跨跳步。后脚蹬地跳起,前脚前摆落地为跨跳步。

(8) 踏步。一脚提起向地面踏跺,另一脚向前上步为踏步。

(三) 基本肩臂练习

1. 压肩

两脚开立,略宽于肩,上体前俯下压,两臂伸直,两手抓握一定高度物体,做体前屈下振压肩动作,挺胸收腹。

2. 绕环

臂绕环是以肩为圆心,直臂在体侧或体前沿立圆形路线抡动。有单臂前后绕环、双臂前后左右绕环等练习形式。

3. 俯卧撑

两臂伸直,两手分开宽于肩,掌心向下,指尖向前撑地,两脚前脚掌撑地使身体成俯卧姿势,并与地面保持平行。两臂同时屈肘,带动躯干一起向下压,贴近地面;伴随两臂的屈肘和伸直动作带动身体一上一下运动。可单手做俯卧撑,也可做俯卧撑胸前击掌撑地练习。

4. 手倒立

两腿前后开立,上体前屈,两手分开稍宽于肩,在体前撑地,掌心向下,指尖向前,前脚蹬地,带动后脚迅速向后上方摆起;当身体重心接近支撑垂直面时,蹬地腿迅速向摆动腿并拢成倒立姿势。

(四) 基本腰法

1. 俯腰

两脚并拢,身体直立,两手指尖相对直臂上举,翻腕使掌心向上,目视前方。上体前屈下俯或偏向体侧,或上体后仰接近脚尖,反复振压身体若干次。要求挺膝、立背、收髋,有前俯腰、侧俯腰和后俯腰等形式(见图 7-18)。

2. 甩腰

两脚左右开立宽于肩,两臂伸直,两手成掌,以腰髋关节为支点,上体做前俯后仰的甩腰动作,两臂随之做前压和后甩动作(见图 7-19)。

图 7-18　俯腰动作示意图

图 7-19　甩腰动作示意图

3. 涮腰(腰背绕环)

两脚左右开立宽于肩,两臂自然下垂,以髋关节为轴,上体前倾,有一侧向另一侧绕环,两臂随之绕动。要求尽量屈体,以增大绕环幅度(见图 7-20)。

(a)　(b)

图 7-20　涮腰动作示意图

4. 下腰(拱桥)

两脚左右开立宽于肩,两臂伸直上举,身体尽量后屈,挺胸、顶腰、展髋、送膝,使两手在身后撑地拱成桥形(见图 7-21)。

图 7-21　下腰动作示意图

(五) 基本腿法

1. 压腿

一脚挺直站立支撑身体重量,另一脚抬起伸直,将脚跟放在一定高度的物体上,通过上体反复向前下压或两手向下压膝来拉长被压腿各关节的肌肉和韧带。有正压腿、侧压腿、后压腿、仆步压腿等练习形式。

2. 劈叉

两手扶地,将两条腿前后或左右分开成一条直线,保持脚尖上翘。要求挺胸、立腰、两腿伸直。有纵劈叉和横劈叉两种练习形式。

3. 踢腿

两臂侧平举或叉腰，一腿支撑，另一腿脚尖绷紧向正前方或侧方直踢或侧踢，要求挺胸、立背、平肩收胯，脚尖绷直，踢起时要有加速度。有正踢腿和侧踢腿两种形式。

4. 摆腿

并步站立，两臂侧平举，立掌，一腿支撑地面，另一腿向侧前上方举步，脚尖勾紧，可经面前由内向外侧外摆或由外侧向内内收，要求直背、平肩、松胯，有外摆腿和内合腿两种形式。

5. 弹腿

并步站立，一脚上半步，伸直或稍屈膝，另一腿提起屈膝，大腿与地面平行，脚面绷直；注意提膝近水平时迅速向前弹击。要求立腰、收胯，脚尖绷直。

6. 踹腿

两腿前后交叉，一脚在前，稍屈膝，另一腿提起屈膝、脚内扣，脚底用力向侧上方猛力踹出。

（六）基本平衡动作

1. 提膝平衡(金鸡独立)

一腿伸直支撑身体，另一腿屈膝在体前尽量上提，脚尖向下，脚背绷紧扣于另一腿前。一手在头前上方抖腕成亮掌，另一手在体侧成勾手，目视前方(见图 7-22)。

2. 燕式平衡(俯身平衡)

一腿伸直支撑身体，另一腿屈膝提起，脚尖向下，脚背绷紧，两臂在胸前交叉，掌心向内，目视前方。上体前俯，略高于水平，抬头、挺胸、展腰，提膝腿伸直向后上方举起，脚面绷紧高于水平，两掌向两侧分开成侧平举，目视前下方(见图 7-23)。

图 7-22　提膝平衡动作示意图

图 7-23　燕式平衡动作示意图

（七）基本跳跃动作

1. 腾空飞脚(二起脚)

两脚并拢，身体直立，两手握拳收于腰间，目视前方。左腿向前摆动，右脚蹬地跳起，身体悬空，在空中右脚向前踢出，脚尖绷直，右手拍击右脚面，左手成勾手后上举，即蹬、摆、踢、拍四个连贯动作。

2. 旋风脚

两脚开立，两腿略蹲，两臂由右向左上方抡摆，重心移至右脚，左脚提起向外摆动，上体向左上方旋转，右脚蹬地跳起，在空中身体旋转一周，右脚做内合腿，左手拍击右脚掌，要求转体至少 270°。

3. 腾空外摆脚

两脚开立，右脚上步，脚外展，左腿向右前方踢起、摆扣，右脚蹬地右旋跳起，身体悬空向右转，在空中右腿外摆，两手先左后右拍击右脚外侧。

4. 旋子（燕子飞）

两脚并拢，身体直立，两手握拳收于腰间，目视前方。身体左转，左脚向前上一步，右臂屈肘前摆；右脚向前一大步，脚尖内扣，身体左转 90°；左脚顺势在右脚后方插步，身体继续左转并下俯，左脚迅速蹬地跳起，右腿伸直向右上方摆起；身体继续上腾起膝，向右后方旋转，两臂伸直平举，形同燕子飞；右脚先落地，随旋转惯性身体继续左转，左腿随之摆动落地。

第二节　拳术与剑术

养生先养身，养身先习动；养生先养心，养心先习静。有动有静，动静相济，一张一松，预防百病；动后血通，血通气行，气行神爽，祛病健康；静后而定，定后而安，安后神怡，无病健体。

图文
中国传统拳术

一、拳术简介

拳术（pugilistic art）是以拳、掌、勾为其主要手型和以弓步、马步、仆步、虚步、歇步为其基本步型，并由蹿蹦跳跃、闪展腾挪、起伏转折和跌扑滚翻等动作和技术组成的姿势舒展、动作灵活、快速有力、节奏鲜明的武术运动。

（一）拳术的分类

拳术包括门类较多，如查拳、花拳、少林拳、华拳、炮捶、洪拳等。

拳种有南北两派之称，流行于南方的拳术偏重手法，以灵活多变、巧打突击为主；北方拳术则偏重于腿法，以放长击远、狠打猛攻为主，因此又称“南拳北腿”。

（二）拳术的特点

拳术的基本特点是姿势舒展大方，动作刚健飘洒、勇猛快速；出手长，进步疾，飞腾高，跳跃远；刚柔相济，快慢相间，动迅静定，节奏分明。

拳术技术讲究四击、八法、十二形。

（1）四击。四击指武术中踢、打、摔、拿四种技法。

（2）八法。八法指手、眼、身法、步、精神、气、力、功。即拳如流星眼似电，身要灵活步要稳，精力充沛气要沉，力要顺达功要深。

（3）十二形。十二形指长拳的 12 种动静之势。以事物的 12 种形象来比喻 12 种动静之势，借此作为规范化的格式对技术提出要求，即动如涛，静如岳，起如猿，落如鹊，立如鸡，站如松,转如轮,折如弓,轻如叶,重如铁,缓如鹰,快如风。

二、拳术的基本技法

五步拳是学习拳术的入门基础。下面以五步拳为例,介绍几种动作套路。

(1) 预备式。双脚并拢,双手握拳抱于腰间,双肘后顶,向左摆头,目视左前方(见图 7-24)。

(2) 弓步冲拳。左脚向左横跨一步成马步,同时左拳变掌向左搂出,虎口撑开,掌指朝上,目视左方。左掌变拳收抱腰间,拳心朝上;马步向左拧腰转胯成左弓步,右拳同时内旋击出,拳心向下,力达拳面(见图 7-25)。

图 7-24 预备式

图 7-25 弓步冲拳动作示意图

(3) 弹踢冲拳。右拳外旋收回腰间,拳心向上;左拳拧旋击出,同时右脚向前弹出,脚面绷平,力达脚尖;左拳拳心向下,上体直立,目视前方(见图 7-26)。

(a) (b)

图 7-26 弹踢冲拳动作示意图

(4) 马步架打。右脚前落成马步,左手变掌向上撩架,右拳向前击出成平拳,眼看右方(见图 7-27)。

图 7-27 马步架打动作示意图

(5) 歇步盖打。向左转身,左脚后撤右脚后,左掌变拳收回腰间,右拳变掌从上向左下横盖,目视前方。下蹲成右歇步,右掌变拳收回腰间,左拳平拳击出,目视前方(见图 7-28)。

(6) 提膝穿掌。左拳变掌下横盖,起身右腿直立,左脚提膝,右拳变掌从腰间向右上方穿出(见图 7-29)。

图 7-28　歇步盖打动作示意图

图 7-29　提膝穿掌动作示意图

(7) 仆步穿掌。左脚向左落步成左仆步,左掌向左下方穿出,目视左方(见图 7-30)。

图 7-30　仆步穿掌动作示意图

(8) 虚步挑掌。右脚向前上步成右虚步,左掌顺势向上向后成下勾手;右掌向前向上挑出,掌指向上,右肘微曲,目视前方(见图 7-31)。

(9) 收势。左脚向右脚并拢,双手变拳收回腰间;向左摆头,目视左前方(见图 7-32)。

图 7-31　虚步挑掌动作示意图

图 7-32　收势

三、剑术简介

剑(rapier)属武术短器械的一种,系由古兵器演化而来。早在新石器时代就有体积很小的石刃骨剑,西周时期出现了形制尚不完备的青铜短剑,春秋战国时期出现了铁制剑。此后在战场上,刀逐渐取代了剑的格杀作用。剑术在几千年的发展历程中,始终是沿着相击格斗和舞练形式发展的。

剑术套路极其丰富，有三才剑、七星剑、八仙剑、十三剑、峨嵋剑、青萍剑、达摩剑、通背剑、太极剑等套路。就其剑术体势而言，可分工架剑、行剑、绵剑、醉剑；就其穗长分为长穗剑和短穗剑。

图文
太极剑

剑术运动的特点是轻快敏捷，潇洒飘逸，富有韵律感。

四、剑术基本技法

剑术基本技法包括以下几种动作。

(1) 持剑。掌心贴近护手，食指伸直附掌于剑柄，拇指为一侧，其余手指于另一侧，直腕扣握护手，剑脊贴近前臂后侧。

左手持剑法：拇指由护手方向下，与小指、中指和无名指由护手下向上将护手握紧，食指伸直附于剑把上，剑身贴于左臂后侧。

右手持剑法：拇指和食指靠近护手握紧，其余三指松握，用拇指指节和外掌缘控制剑(见图 7-33)。

(a)　　(b)

图 7-33　持剑动作示意图

(2) 握剑。五指握拢剑柄，虎口靠近护手，剑刃须与虎口相对(见图 7-34)。

(3) 刺剑。立剑或平剑向前直出为刺(见图 7-35)。

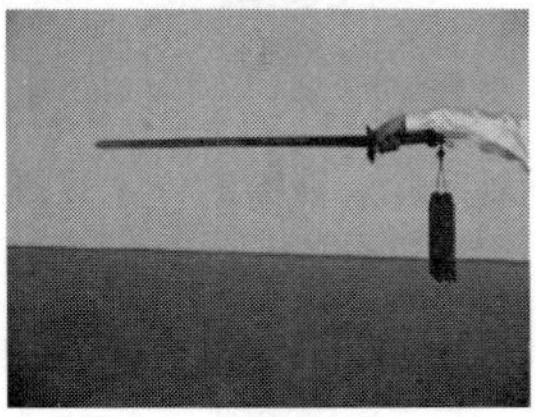

图 7-34　握剑动作示意图

图 7-35　刺剑动作示意图

(4) 劈剑。抡劈剑贴沿身体左右侧绕一立圆(见图 7-36)。

(a)　　(b)

图 7-36　劈剑动作示意图

（5）斩剑。平剑向左（右）横击，高度在头与肩之间为斩（见图 7-37）。

（6）点剑。立剑，提腕，使剑尖猛向前下为点（见图 7-38）。

图 7-37　斩剑动作示意图

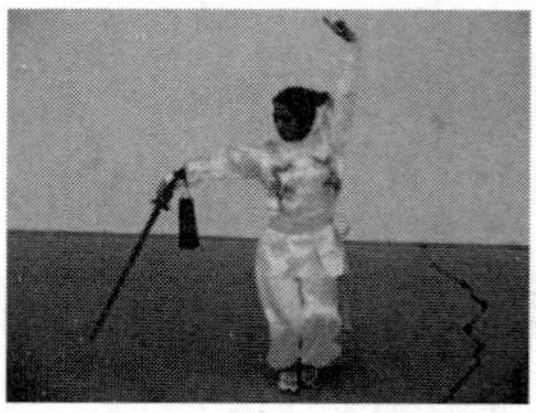

图 7-38　点剑动作示意图

（7）挂剑。立剑，剑尖向前向上或向后向下为挂（见图 7-39）。

(a)　(b)

图 7-39　挂剑动作示意图

（8）崩剑。立剑，沉腕，使剑尖猛向前上为崩（见图 7-40）。

（9）剑指。食指和中指尽量伸直，无名指和小指屈于手心，拇指压住无名指和小指（见图 7-41）。

图 7-40　崩剑动作示意图

图 7-41　剑指动作示意图

（10）剪腕花。立剑，在臂左右两侧向前下贴身立圆绕环。

（11）撩腕花。立剑，在臂左右两侧向前上贴身立圆绕环。

第三节　散　　打

船到码头车到站，人至花甲叹时短。思想松散人就懒，孤独苦闷又悲观。时变事变观念变，人类寿命在增延，人生在世要乐观，我命在我不在天，保养能活大年纪，人逾古稀并不稀，人至耄耋不算老，九十还能到处跑。猴行龟欲有童心，任我逍遥度百春。

一、散打概述

散打(free combat),历史上称为相搏、手搏、拍张、手战、抢手、拆手等,是两人按照一定规则条件限制,应用武术中的踢、打、摔及防守技术进行徒手对抗的现代竞技体育项目。散打是武术运动的最高表现形式,其动作形成也是源于千百年来徒手搏杀技法的精华,在防身抗暴等方面有重要的使用价值。

图文
散打裁判的基本手势

散打是中华武术的精华,具有独特的民族风格,在民间广为流传且深受人民群众喜爱。散打起源及发展同武术同步,源于传统的生产生活实践,直至演化成为华夏民族灿烂文化遗产中的瑰宝。散打运动具有高度的格斗搏击性能和攻防作用,有攻必有防,在攻防矛盾对抗中,培养机智顽强、灵活敏捷、勇敢果断的意志品质。

二、散打基本技术

1. 基本实战姿势

两脚前后开立,左脚在前,脚尖稍内扣;右脚在后,脚尖外展稍抬起,屈膝;左臂上臂与前臂弯曲约 90°;拳与下颌平,拳心斜向下方;右臂上臂与前臂弯曲夹角小于 90°,肘部下垂;右拳置于胸前,拳心斜向左下方,上体稍向前,双脚时刻保持弹性制动(见图 7-42)。

图 7-42 基本实战姿势

2. 基本步法

(1) 上步。右脚提起向前上一步,身体左转,左脚以前脚掌为轴内转,左右拳前后交换成基本姿势。

(2) 撤步。左脚提起向后撤一步,身体左转,右脚以前脚掌为轴外转,左右拳前后交换成基本姿势。

(3) 进步。身体重心前移,左脚擦地向前滑行一步,右脚随即跟进,上体姿势不变。

(4) 退步。身体重心后移,右脚擦地向后滑行一步,左脚随即后退,上体姿势不变。

(5) 侧跨步。左脚向左侧横跨一步,右脚脚内侧蹬地,迅速向左侧横跨跟进同样距离。

(6) 垫步。右脚蹬地向左脚并拢,同时左脚屈膝提起向前落步,还原成实战式。

(7) 盖步。右脚经左脚前上步,脚尖外摆,两腿成交叉状,左脚向前上步,还原到基本姿势。

3. 基本拳法

(1) 冲拳。右脚蹬地,身体重心微向左脚移动,上体略向右;左肩前顶,左拳内旋向前直线冲出。击打瞬间拳头突然握紧,力达拳面;右拳自然收于下颌前;左拳出击后迅速还原(见图 7-43)。

图 7-43　冲拳动作示意图

(2) 贯拳。右脚微后蹬并向内扣转,收胯转腰,右拳向外、前、里横贯;臂微屈,力达拳面;左拳屈臂回收至右肩内侧;贯拳击出后迅速还原(见图 7-44)。

(3) 平勾拳。上体微向左转,右拳向左前方屈肘弧线平勾击打,拳心向内、下,力达拳面;左拳自然收于胸前;右拳出击后迅速还原(见图 7-45)。

图 7-44　贯拳动作示意图

图 7-45　平勾拳动作示意图

4. 基本肘法

以右侧击肘为例。

(1) 顶肘。上体微左转,含胸扣肩,右肘抬起盘于胸前,拳心朝下;随即右脚向前进一步,左脚跟滑半步,以肘尖为力点直线向前顶撞;左手推顶右拳面以助发力。顶肘后迅速还原。

(2) 横击肘。右脚蹬地,身体左转,右臂屈肘,掌心向下,向右侧水平抬起,以肘关节前臂端为力点向左前方横击;左拳自然收于下颌前。击肘后迅速还原。

5. 基本腿法

以右腿法为例。

(1) 铲腿。左腿支撑身体,脚尖外展;右腿屈膝提起,脚尖内扣,随之由屈到伸,以脚外侧缘为力点向前下方铲击。铲腿后迅速还原。

(2) 横踢腿。左腿支撑身体,上体微左转,左脚跟里转,右腿合跨屈膝上提;右脚经外向斜上、里横踢,脚面平,力达脚背后端;两手收至胸前。横踢后迅速还原。

(3) 蹬腿。左腿支撑身体,右腿屈膝上提,伸髋挺膝,右脚直线向前蹬出,脚尖朝上,力达脚底或前脚掌;两拳屈臂回收至胸前。蹬出后迅速还原。

(4) 侧踹腿。左腿支撑身体,脚尖外展,右腿屈膝提起,脚掌内扣,右腿由屈到伸,以全脚掌为力点向前方踹出。踹脚后迅速还原。

6. 基本摔法

以甲乙双方为例。

(1) 夹颈过背。甲乙双方由基本姿势开始。甲以左直拳击乙头部。乙用前臂格挡甲左前臂,左臂由甲左肩穿过,屈臂夹甲颈部,右脚插步与左脚平行,屈膝,身体右转,以左侧髋部紧贴甲前身,两腿蹬伸,向下弓腰、低头将甲背起后摔倒。夹颈过背多用于防守冲、贯拳击头部时反击或主动进攻。

(2) 插肩过背。甲用右贯拳击乙头部。乙向前上步,左闪身,左臂由甲腋下穿过,右手推拍甲右前臂,两腿蹬直,向下弓腰、低头,左上臂插抱甲右腋下将甲摔倒。插肩过背用于防守冲、贯拳对头部攻击时,闪躲反击。

(3) 抱腰过背。甲用右贯拳击乙头部。乙向前上半步,右闪身,左臂由甲右臂下穿过,左手抱甲腰部,右手拍挡甲左拳,退右步,屈膝后蹬直,向下弓腰,低头将甲摔倒。抱腰过背用于防守冲、贯拳击打头部时的反击。

(4) 抱腿前顶。甲出拳击乙头部。乙左上步,下躲闪身,两手抱甲双腿,屈肘,两手用力回拉,用左肩前顶甲大腿或腹部,将甲摔倒。抱腿前顶用于主动进攻或防守反击。

思考与练习

(1) 试述武术的形式、功能及特点。

(2) 武术基本的手法有哪些形式?

(3) 武术基本的腿法有哪些形式?

(4) 剑术有哪些基本运动方法?

(5) 拳术有几种分类方法? 其特点是什么?

(6) 简述散打的基本的手法和步法特点。

第八章　时尚健身类运动

主要内容

青春、健康、激情、活力是每个人向往的一种生活状态。本章介绍的形体训练、体操、健美操、瑜伽、体育舞蹈、舍宾及跆拳道项目都是为塑造优美的人体美孕育而生的。本章主要介绍这七种健身、健美项目的产生、发展、分类、特点、功能以及各个项目的基本动作。

学习目标

了解形体训练、体操运动、健美操、瑜伽、体育舞蹈、舍宾及跆拳道的基本特点及构成，能够掌握自己喜欢的一到两项运动的基本动作，并将其作为业余文化生活的一种休闲运动方式。

第一节　形体训练

快走慢跑健身操，治疗疾病是法宝，药疗、食疗与神疗，三管齐下疗效好。

一、形体训练概述

形体(body-image)是人体结构外在表现出来的姿态、体型等的整体美。形体训练(figure training)是以人体科学理论为基础，通过徒手或利用各种器械，运用专门的动作方式和方法，以改变人的形体的原始状态，提高灵活性，增强可塑性，提高人体形体表现力为目的的形体素质基本训练。

二、形体训练基本动作

(一) 基本形态练习

1. 站姿练习

(1) 标准站姿。从正面观看，全身笔直，精神饱满，两眼正视，两肩平齐，两臂自然下垂，两脚跟并拢，两脚尖张开 60°，身体重心落于两腿正中；从侧面看，两眼平视，下颌微收，挺胸收腹，腰背挺直，手中指贴裤缝，整个身体庄重挺拔(见图 8-1)。

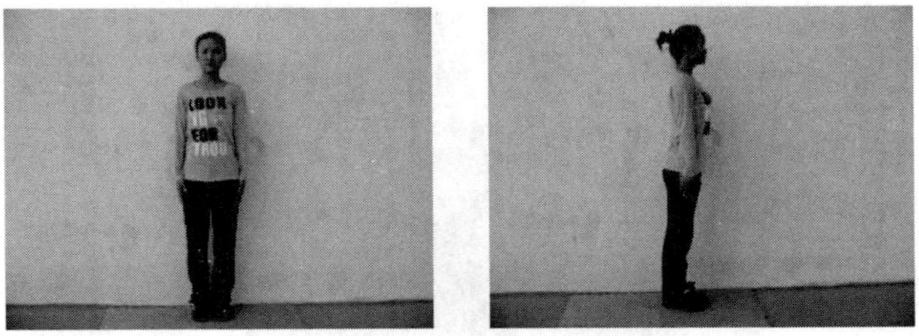

(a)正面　　(b)侧面

图 8-1　站姿示意图

（2）站姿的控制练习。

① 靠墙站立。在立正姿态的基础上，双腿夹紧，收腹挺胸，立腰，立背，紧臀，双肩后张下沉，下颌微收，头向上顶，保持五点靠墙，即脚跟、腿、臀、肩胛骨和头紧靠墙。

② 分腿站立。两腿在小八字基础上分开与肩宽，双手叉腰，双肘微向前扣，收腹，挺胸，立腰，立背，双肩后张下沉。

③ 双腿夹纸。站立者在两大腿间夹上一张纸，保持纸不松不掉。

④ 头顶书。站立者按要领站好后，在头上顶一本书，努力保持书在头上的稳定。

2. 坐姿练习

（1）标准坐姿。入座时轻松自然；入座后上体保持正直，肩部放松，两臂自然下垂，两臂曲放在桌面，或小臂平放在座椅两侧的扶手上，也可轻放在两膝或两手相握放在膝上。颈部挺直前倾，两膝自然弯曲，大腿保持水平，两脚掌均匀着地。臀部坐在椅子的中前部，腰部挺直保持正直端正(见图 8-2)。

图 8-2　坐姿动作示意图

（2）坐姿的控制练习。

① 盘腿坐。重心落在臀部，挺胸收腹，立腰提气，肋骨上提，头颈向上伸，下颌微收，两腿弯曲，脚心相对盘于胸前，双肘放松，双手搭于膝上或背于胸后(见图 8-3)。

图 8-3　盘腿坐动作示意图

② 正步坐。上体姿势同盘腿坐，两脚并拢，脚尖正对前方，两膝微开，两臂自然弯曲，两手自然扶于大腿处，上体正直，微向前倾，肩部放松下沉，立腰，头、肩、臀在一条直线上（见图 8-4）。

图 8-4　正步坐动作示意图

③ 侧坐。上体姿势同盘腿坐。上体微向侧转，两臂自然放松，扶于腿上。两腿弯曲并拢，双膝稍移向一侧，靠外侧腿略放前（见图 8-5）。

图 8-5　侧坐动作示意图

3. 走姿练习

(1) 标准走姿。开始迈步时以大腿带动小腿，先以脚后跟着地，再过渡到前脚掌，身体重心落至前脚掌，步子柔而轻缓。向前迈步时膝关节向前，脚尖稍外展。颈部自然挺直，下颌内收，双目平视，两肩放松，两臂自然协调地前后摆动，向前摆动稍屈肘，后摆幅度不大，一般在 30°左右。走路时保持步长为 75 cm 左右，步态自如轻盈、矫健敏捷（见图 8-6）。

(a)　(b)　(c)

图 8-6　标准走姿连续动作示意图

(2) 走姿控制练习。

① 行走辅助练习。摆臂：保持基本站姿，距离小腹两拳处确定一个点，两手呈半握拳状，大臂带动小臂向斜前方摆动。展膝：左脚起踵，脚尖不离地面，左脚跟落下时，右脚同时起踵，两脚交替进行，脚跟提起的腿屈膝，另一条腿膝部内侧用力绷直。平衡：行走时头上放

垫子或书本练习平衡姿态。

② 迈步分解动作练习。保持基本站姿，双手叉腰，左腿擦地前点地，与右脚相距一脚长，右腿直腿蹬地，髋关节迅速前移重心成右后点地，然后换方向练习。两臂体侧自然下垂。左腿前点地时，右臂移至小腹前的指定点位置，左臂向后斜摆，右腿蹬地，重心前移成右后点地时，手臂位置不变，然后换方向练习。

③ 行走连续动作练习。左腿屈膝上抬，提腿向正前方迈出，脚跟先落地，经脚心、前脚掌至全脚落地，同时右脚后跟向上慢慢踮起，身体重心移向左腿。换右腿屈膝，经过与左腿膝盖内侧摩擦向上抬起，勾脚迈出，脚跟先着地，落在左脚前方，两脚间相隔一脚距离。

4. 其他姿势介绍

（1）点头。点头时转折点在脖子，双目注视对方，同时用微笑或话语向对方问好（见图8-7）。

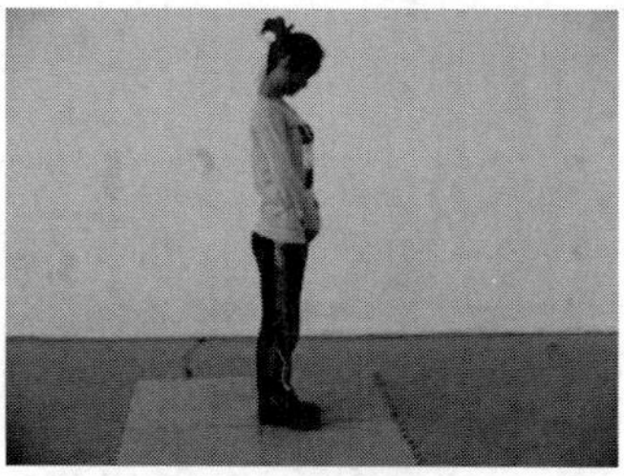

图 8-7　点头动作示意图

（2）回头。回头时身体稍向后侧，转向对方，以给人谦恭、友好的印象（见图 8-8）。

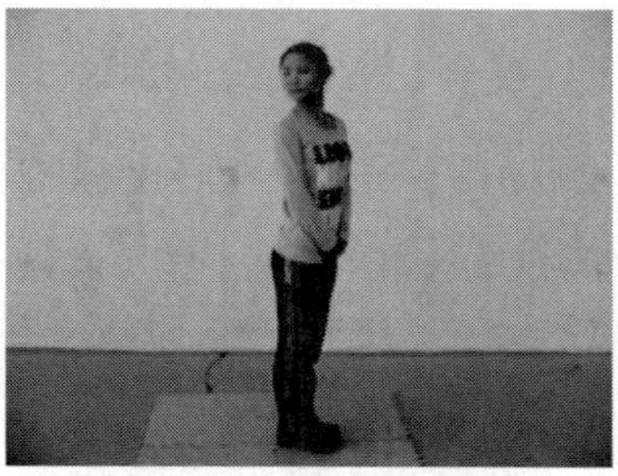

图 8-8　回头动作示意图

（3）递物。递东西给他人时，应双手将物品拿在胸前递出。递书时，应把书名向着对方，以便对方能够看清楚。若是刀剪之类的尖锐物，要把尖头朝向自己。递物时不能单手拿物品，更不能将物品丢与对方（见图 8-9）。

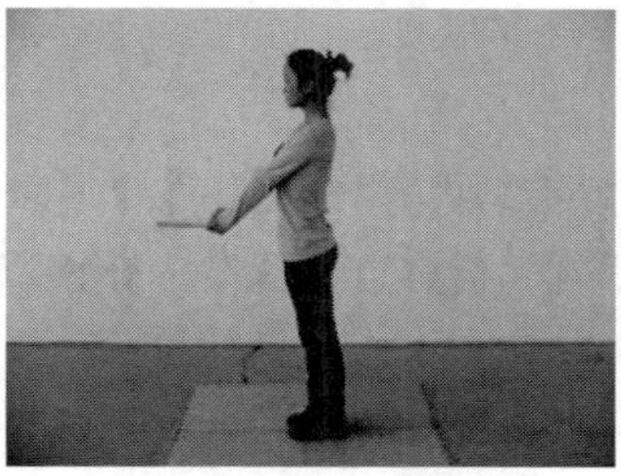

图 8-9　递物动作示意图

(4) 招手。招手时手的高度以在肩部上下为宜,手指自然弯曲,上臂与上体的夹角在30°左右(见图 8-10)。

图 8-10　招手动作示意图

(5) 请的手势。在标准站姿基础上,将手从体侧提至小腹前,优雅地划向指示方向,这时应五指并拢,掌心向上,上臂与上体夹角在 30°左右,手肘夹角为 90°～120°,以亲切柔和的目光注视客人,并说些适宜话语(见图 8-11)。

图 8-11　请人动作示意图

(6) 鼓掌。鼓掌一般表示欢迎、祝贺、赞同、致谢等意。鼓掌时一般将两手抬至胸前,左手掌心向上,四指并拢,虎口张开,用右手去拍打左手发出声响(见图 8-12)。

图 8-12　鼓掌动作示意图

(二)形体基本素质练习

1. 手臂和肩部练习

(1) 侧压臂练习。两脚分开站立,两臂体侧自然下垂,右臂直臂上举,左手屈肘在头后抓住右上臂,慢慢向左侧拉右肩关节,左右臂交叉(见图 8-13)。

(2) 压肩韧带练习。双脚开立,上体前倾,双臂伸直,双手手指交叉贴地,上体用力下压至最大限度(见图 8-14)。

图 8-13　侧压臂动作示意图

图 8-14　压肩韧带动作示意图

(3) 跪立上体前行练习。双腿并拢，跪地，双手直臂垂直撑地，屈臂时从头经胸至腹，依次贴近地面，撑地时抬头、挺胸，上体后倾。

2. 胸腹部练习

(1) 俯撑。面对墙分腿站立或跪立俯撑，屈肘，上体接近支撑面，注意保持背部平直，收腹，头部和脊柱保持在一条直线上(见图 8-15)。

图 8-15　俯撑动作示意图

(2) 扭腰仰卧起坐。仰卧平躺于地面，双腿并拢屈膝，手臂屈肘抱头，用力收腹至上体，带动腰部左右转动，转体时头与身体动作保持一致(见图 8-16)。

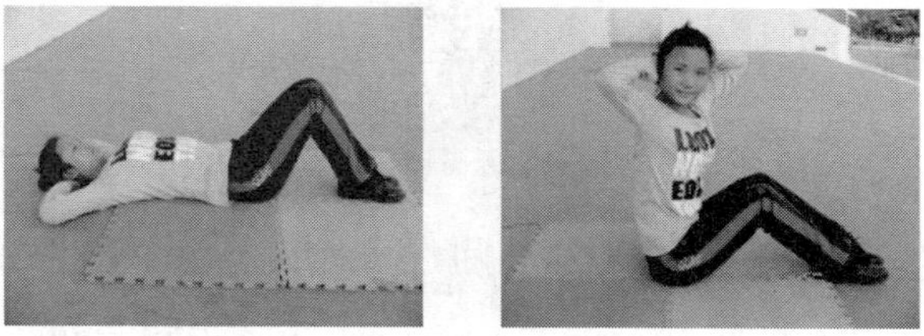

(a)　　(b)

图 8-16　扭腰仰卧起坐连续动作示意图

(3) 两头起练习。仰卧平躺于地面，双腿并拢伸直，绷脚尖，用力收腹，使上体与双腿同时抬起，注意用收腹力量控制两头翘动作(见图 8-17)。

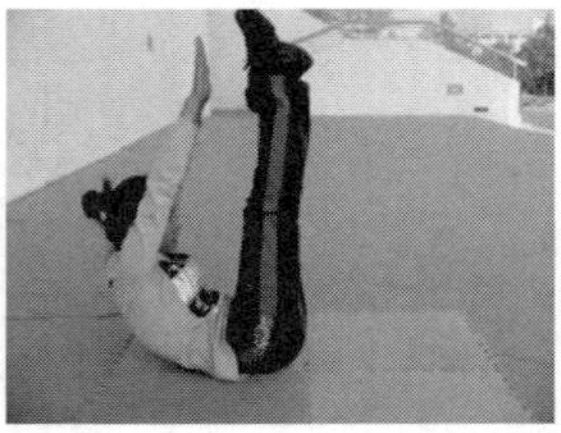

图 8-17　两头起动作示意图

3. 腰背部练习

(1) 双腿跪地做弓背练习。双腿跪地，两手撑地，保持背部平直，收腹。背部向上拱起并收腹，骨盆前倾；接着背部下沉，胸部向地面靠近，微抬头，臀部前移(见图 8-18)。

(a)　(b)　(c)

图 8-18　双腿跪地弓背示意图

(2) 坐姿胸腰部练习。直角坐于地面，双腿并拢伸直，绷脚尖，双手放于体侧。向后仰头，用力下腰，体前屈时用腹部尽量贴近大腿(见图 8-19)。

图 8-19　坐姿胸腰部动作示意图

(3) 跪姿下腰练习。跪立，上体正直。手臂上举，慢慢向后下腰，头后仰；起腰时以腰带动上体慢慢起立(见图 8-20)。

图 8-20　跪姿下腰动作示意图

(4) 坐姿甩腰练习。上体正直,分腿坐,双手侧举,手心朝下。用腰部力量带动上体做左右侧移和绕环练习(见图 8-21)。

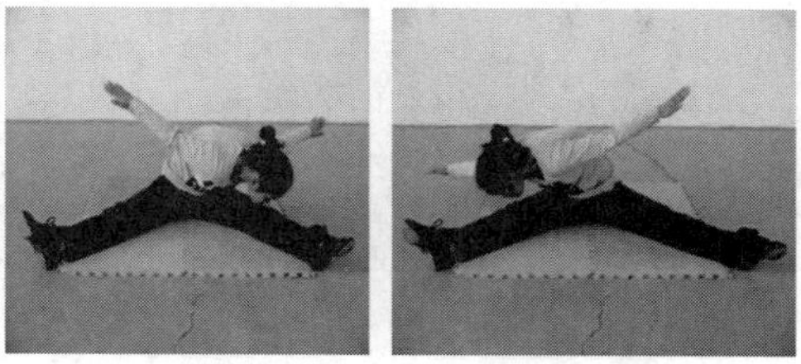

(a) (b)

图 8-21 坐姿甩腰动作示意图

4. 髋部练习

(1) 开胯练习。含胸跪坐在地上,脚尖点地,两手撑于膝关节上,然后侧伸一条腿,呈开胯姿势下压。注意保持立腰、立背、挺胸、用力下压(见图 8-22)。

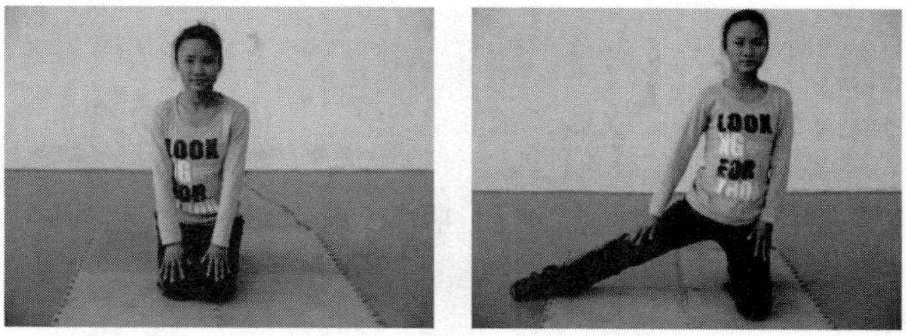

(a) (b)

图 8-22 开胯动作示意图

(2) 坐姿双腿外分练习。分腿坐在地上保持背部平直挺胸,同时向内收腹,双手扶大腿内侧,从臀部开始向前屈身下压。注意保持头部和脊柱在一条直线,膝盖和脚趾始终向上(见图 8-23)。

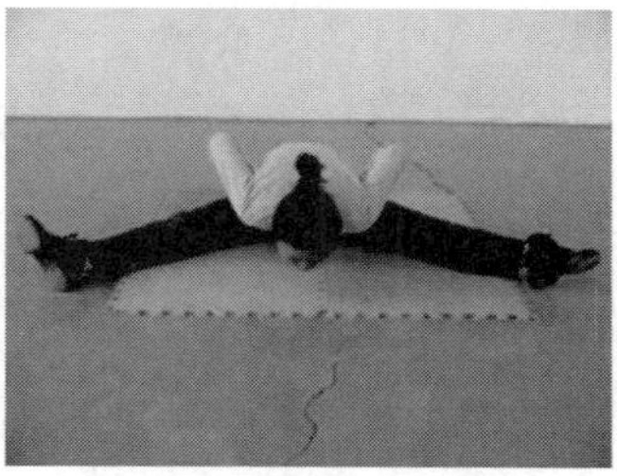

图 8-23 坐姿双腿外分动作示意图

(3) 平躺扫腿绕胯练习。仰卧平躺于地面,双脚并拢,绷脚尖,双手掌心朝下放于体侧。左腿从右侧至胸前到左侧绕环扫腿,左右交替练习。注意尽可能最大幅度绕转(见图 8-24)。

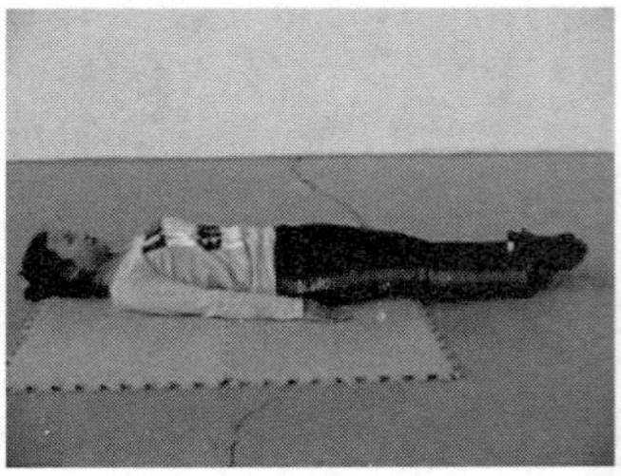
(a)

(b)

(c)

(d)
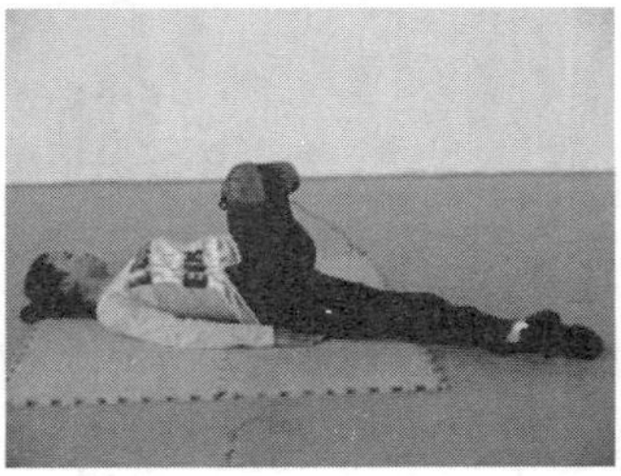
(e)

图 8-24　平躺扫腿绕胯连续动作示意图

5. 腿部练习

(1) 举腿勾绷脚练习。仰卧平躺于地面，收腹，挺胸，绷脚面，双手置于体侧，左右脚交替上举，注意练习时双腿伸直，控制好体态(见图 8-25)。

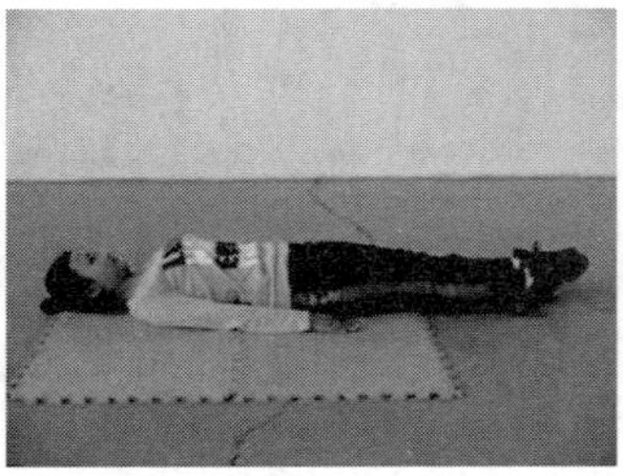
(a)

(b)

(c)

图 8-25　举腿勾绷脚动作示意图

(2) 坐姿压腿练习。直坐在地上，立腰，立背，头向上顶，双手屈臂置于大腿两侧。双腿并拢，上体前压，胸腹部尽量贴近大腿；两腿分开，上体左侧压，左右交替。注意双脚伸直绷紧脚面，上体前压时，胸腹紧贴大腿；侧压时双肩水平侧倒，带动上体完成动作(见图 8-26)。

图 8-26　坐姿压腿动作示意图

(3) 站姿压腿练习。面对把杆站立,双手叉腰,一腿支撑,另一腿在杆上做下压动作,可做正压腿、侧压腿、压后腿练习。注意双腿伸直,上体保持抬头、挺胸、立腰、立背姿态,腹部尽可能贴近大腿(见图 8-27)。

(a)　(b)

图 8-27　站姿压腿动作示意图

第二节　体 操 运 动

人体以它生动柔和的线条和轮廓,有力的体魄与匀称的形态,滋润光泽透明的色彩,成为大自然中最完美的一部分,标志着我们成为这个星球上最高级的生命。

一、体操运动概述

(一) 体操运动的产生与发展

体操(gymnastics)一词源自古希腊语 Gymnas。公元前 5 世纪,希腊人将锻炼身体的一切活动,如跑、跳、投掷、攀登、摔跤、舞蹈、骑马、军事游戏等统称为体操。直至 18、19 世纪,被尊为"德国体操之父"的古茨穆茨和德国体操创始人雅恩创建了以器械练习和军事游戏为基础的民族体操体系,对体操的发展和推动起到重大作用。1881 年国际体操联合会成立,1952 年赫尔辛基奥运会将体操项目列为正式比赛项目。

中国古代体操运动起源于原始舞蹈,最早的《诗经》中有相关描述。唐代"梨园"有百戏艺人表演的跟头、踺子、空翻等成为现代体操发展的雏形。而近代体操运动则是在 19 世纪 60 年代以后随洋务运动由国外传入我国的。

目前国际上大型体操比赛包括奥运会体操比赛、世界体操锦标赛和世界杯体操比赛,各项比赛又设团体赛、个人全能赛和单项赛。

(二) 体操运动分类

图文
体操器械简介

体操可分为基本体操、竞技性体操和团体操三大类。

(1) 基本体操。内容涵盖较多,如队列队形、徒手体操、轻器械体操、健美体操、一般跳跃等,还包括实用性体操,如生产操、广播体操、医疗器械操等。

(2) 竞技性体操。竞技性体操由竞技体操、技巧运动和艺术体操三个独立比赛项目构成。竞技体操包括男子的自由体操、鞍马、吊环、跳马、双杠、单杠,女子的自由体操、跳马、高低杠、平衡木。技巧运动包括翻腾、平衡、倒立、滚动、抛接等动作,成套动作中编插有造型、舞蹈表演等内容。艺术体操是女子特有的，符合女性的生理、心理特点。艺术体操是由徒手或持轻器械的各种舞蹈动作在音乐伴奏下进行的身体练习。

(3) 团体操。团体操是一种多人构成的群众性体操表演项目，通过队列队形的变换，配以舞蹈、技巧、武术等表演及形式多样的组合造型、图案变化、组字变换，配上音乐、服装、道具、灯光及背景等艺术装饰，构成完整的体操表演项目。

(三) 体操运动的特点

体操动作要求协调自然，舒展大方，姿态优美，韵律性强，合乎动作规范。无论是单个动作还是成套动作都要求准确协调，节奏韵律明快，动作舒展、飘逸、优美。

(四) 体操运动的功能

根据个体发展情况合理地选择不同的体操项目和内容，坚持锻炼，就能全面增强人体运动系统、内脏器官和神经系统的功能，促进人体的正常生长发育和全面发展，以达到锻炼身体、增强体质、增进健康的目的。

二、体操基本动作

(一) 体操基本动作术语

1. 队列队形的基本术语

(1) 队形。原地或行进间队列排列的形式。

(2) 列。左右并列站成一条直线为列，是横队单位量词。

(3) 路。前后重叠站成一条直线为路，是纵队单位量词。

(4) 横队。左右排列组成的队形。

(5) 纵队。前后排列组成的队形。

(6) 间隔。间隔指个人或成队之间，彼此左右之间的空隙。个人左右间隔为 10 cm(两肘之间)，成队左右间隔为 150 cm(两步)。

(7) 距离。距离指个人或成队之间，彼此前后之间的空隙。个人前后距离为 75 cm，成队前后距离为 150 cm。

(8) 口令。指挥队列的口传信号，由预令和动令组成。调整行进间步法整齐的口令为“一、二、一”，与调整队列队形有关的还有立正、稍息、报数、解散等口令。

2. 徒手操的基本术语

(1) 上肢动作。

① 举。以肩关节为轴，直臂举至某一方位，活动范围不超过 180°的动作。

② 振。手臂以直臂形式在某方位向后做快速摆动又迅速还原的弹性动作。

③ 屈和伸。屈是手臂在某方位弯曲肘关节；伸是手臂由屈向不同方向伸直的动作。

④ 绕和绕环。绕是手臂由始至终在 180°～360°移动的弧形动作；绕环是手臂在 360°以上范围内做圆形绕的动作。

(2) 躯干动作。

① 屈。屈是上体向不同方向弯曲的动作。

② 转。固定下肢，上体做向左右转动动作。

③ 倾。身体偏离垂直面又不失去平衡的姿势。

④ 绕环。固定下肢，上肢在水平面做环转动作。

(3) 下肢动作。

① 举。一脚站立，另一脚伸直举至某一方位。

② 屈和伸。屈是一脚站立，另一腿在某方位弯曲膝关节；伸是双腿由屈向不同方位伸直膝关节的动作。

③ 踢。一脚站立，另一腿绷直脚面，向不同方向用力快速摆动的动作。

④ 蹲和跪。蹲是屈膝站立的姿势；跪是两腿并拢，膝与小腿前面着地，上体与地面垂直的姿势。

⑤ 弓步。一脚向一侧迈出一大步，膝关节弯曲约 90°，另一腿伸直，全脚掌着地，上体与地面垂直。

⑥ 跳。一脚或两脚蹬地，身体保持正直腾起一定高度再落地，跳起时绷直脚面。

(4) 其他动作。

① 撑。上肢或身体某部分支撑在地面的姿势。

② 波浪。身体某些邻近关节按顺序做柔和屈伸的动作为波浪。

③ 劈腿。两腿最大限度分开成直线并触及地面的姿势。

④ 平衡。身体某些环节支撑地面，保持一定时间的静止姿势。

3. 体操比赛中常用动作名称

(1) 支撑。人体肩轴高于器械轴并对握点产生压力的一种静止动作，分单纯支持(仅用手支撑)和混合支撑(用手和身体一部分支撑)。

(2) 水平支撑。身体呈水平姿势支撑或静用力动作。

(3) 手倒立。用手支撑于地面或器械上，人体经倒立，在手推撑的同时翻转。

(4) 悬垂。人体肩轴低于器械轴并对握点产生拉力的一种静止动作。

(5) 旋翻。人体在腾空后沿横轴翻转两周的同时，绕纵轴转体的复合空翻动作。

(6) 滚翻。躯干依次接触地面或器械，经过头的翻转动作。

(7) 摆动。通过肌肉用力，改变人体各部分的相对位置，进行人体各部分运动速度的调配和组合，使人体产生变速位移的动作。

(8) 腾跃。整个人体腾空后从器械上越过的一类动作。

(9) 静止。通过肌肉的协调用力，在规定空间内维持一定时间的身体平衡，完成静止姿势。

(二) 体操运动的技巧动作

1. 翻滚动作

(1) 前滚翻。蹲立，两手向前撑地，两脚蹬地，提臀同时屈臂低头，屈体前滚。背部着地时，屈膝团身，两手抱小腿，上体跟上成蹲立姿势。

(2) 后滚翻。蹲撑，身体稍向前移，随即两手推地，低头，圆背，团身后滚。屈臂内夹两手，反掌放于肩，当后滚至肩头着地时，臀部上翻，顺势推地呈蹲撑。

(3) 侧手翻。以左侧为例，上体前倒，左腿前跨一步同时两臂上举，手撑地前顺势向右转体 90°，右腿后摆；左右手前伸依次在左脚延长线上撑地，右脚蹬地后经分腿倒站姿势，顶肩、立腰；两手依次推地，两脚依次落地。

2. 倒立动作

(1) 肩肘倒立。由直角坐开始，向后倒肩、举腿、翻臀，当向后滚动至小腿超过头部时，向上伸腿、展髋、挺直身体，同时两手撑腰后侧，夹肘，成肘、颈、肩支撑的倒立姿势。两腿伸直并腿坐，上体前屈，胸部靠近大腿，两只手触脚面，然后上体滚动后倒，两腿上举，两臂压垫同时腿上伸，迅速屈肘内收，手撑腰的上部(拇指向腰，其余四指托背)，伸髋、挺腹、脚面绷直向上方蹬，成肩颈和上臂支撑地面的肩肘倒立姿势。

(2) 头手倒立。蹲撑，两手同肩宽与前额成等腰三角形撑地；两肘内夹，提臀，两腿蹬地；当臀部上至支撑面的垂直面时，并腿、伸髋、立腰成头手倒立姿势。

(三) 常见的体操项目

1. 单杠动作

(1) 翻上。屈臂握杠，一腿后举开始，后腿经前向杠后上方摆起，顺势倒肩再引杠，使腹部靠杠，蹬地腿迅速赶上并腿；当身体翻至水平面时制动腿，抬上体，翻腕成支撑。

(2) 骑撑后倒挂膝上。以右腿骑撑为例，重心后移，后腿后下伸，直臂后倒挂膝；后腿前摆至杠水平面时做制动式的前伸动作；回摆时后腿充分伸展后摆，后摆接近至极点时，前腿膝窝勾杠，同时两臂顺势压杠，上体跟上呈支撑。

(3) 骑撑后摆转体 90°下。以右腿骑撑为例，右手反握，上体右倒，左手推离杠，重心移至右臂，同时右腿压杠，两腿向左侧摆起；右臂顶肩支撑以头和肩带动身体向右转体 90°，同时左腿摆起，右腿向左腿并拢挺身下。

2. 双杠动作

(1) 支撑摆动。顶肩支撑，摆动主要以肩为轴。前摆时肩稍向后移，梗头；后摆时肩稍向前移，顶臂拉肩；摆动过程中脚紧夹，向远伸；用力时机由腿摆过垂直部位开始，用力宜缓不宜急。

(2) 挂臂撑前摆上。前摆过垂直部位后，两腿主动猛力加速上踢；当腿摆出杠面后，立即急速制动腿，前伸，同时两臂用力压杠，上体急振；脚面继续顺势前伸，充分拉开肩角。

(3) 支撑前摆下。由支撑后摆开始，当前摆过垂直部位后，迅速向前上方摆腿，同时重心向落地方向侧移，当前摆近最高点时，两腿向前上方伸压展髋，上体急振，同时用力顶肩推手换握杠，挺身跳下，落地缓冲。

延伸阅读

人体各部位健美的标准

(1) 骨骼发育正常，关节灵活自然，不显粗大凸起，体态丰满而不显肥胖臃肿。

(2) 骨骼均衡发达，皮下脂肪适当。

(3) 五官端正，与头部配合协调，眼大有神。

(4) 双肩对称，男宽阔，女圆浑。肩部不沉淀脂肪，略外展，下沉。

(5) 脊柱正位垂直，曲度正常。

(6) 男子胸廓隆起厚实，正面和背面看呈“V”形；女子胸部丰满而不下坠，侧视有明显曲线，微挺胸拔背。

(7) 腰细而结实,微呈圆柱形,腹部扁平,腰部比胸部略细小 1/3;男子有腹肌垒块隐现;直立时腹部上立。

(8) 臀部圆满适度,略上翘,有弹性。

(9) 两腿修长,腿部线条柔和,小腿腓部突出,跟腱长,正侧观有屈曲感,体现敏捷与活力。

(10) 踝细,足弓较高。

第三节 健美操运动

若要身体健,按摩与锻炼,体弱者按摩,体强者锻炼。

一、健美操运动概述

健美操(aerobics)是在音乐伴奏下,以身体练习为基本手段,以有氧运动为基础,以健、力、美为特征,融体操、音乐和舞蹈于一体,以达到增进健康、塑造体形和娱乐身心为目的的一种体育运动项目。健美操起源于传统的有氧健身运动,是采用徒手或轻器械进行练习,在氧气供应充分的情况下,持续一定时间、中低强度的全身性运动,是增强有氧耐力素质的基础。

目前国际重大的健美操比赛主要有健美操世界锦标赛、健美操世界杯赛、世界冠军赛和世界巡回赛。

1. 健美操运动分类

健美操运动分健身性健美操和竞技性健美操两大类。

(1) 健身性健美操,其目的是锻炼身体,保持健康。健身性健美操可分为徒手健美操、轻器械健美操和特殊场地健美操。

① 徒手健美操,即传统意义上的健美操和满足不同人群兴趣爱好的不同风格的健美操,现在还衍生了新的项目,如形体健美操、爵士健美操、拳击健美操、搏击操、拉丁健美操、街舞、瑜伽健身操等。

② 轻器械健美操,是利用轻器械,以力量练习为主的一项有氧健美操,如踏板操、哑铃操、健身球操、花球操、皮筋操等。

③ 特殊场地健美操,如水中健美操是中老年人喜爱的在水中进行的健身锻炼项目,还有功率自行车、联合器械操、垫上健美操等形式。

(2) 竞技性健美操。竞技性健美操是在音乐伴奏下完成连续复杂的高强度的动作,该项目源自有氧健身舞,以成套动作为表现形式,在成套动作中必须展示连续的动作组合。比赛分男单、女单、混双、三人和六人操几种。

2. 健美操运动的特点

健美操运动将体操、现代舞蹈和节奏感强烈的音乐巧妙结合在一起,具有鲜明的特色和强烈的时代感、韵律感,旋律激昂高进,充满青春活力。现代健美操以高度的艺术性、广泛的适应性、健身的安全性、强烈的时代性等特点,深受年轻人及中老年人的喜爱,尤其受女性群体追捧。

健美操动作健美大方，突出了“健”与“力”的特点，更强调“美”，将人体语言艺术和美学艺术融为一体，富有一定的弹性和力量，对增强肌肉力量，提高身体协调性、灵敏性和弹跳性，塑造健美体形，培养健美体态有重要作用。

3. 健美操运动的功能

健美操运动属于有氧健身运动项目，坚持锻炼可增强体质，提高运动系统、心血管系统、呼吸系统、消化系统及神经系统的机能水平；塑造健美的身体形态，培养高雅的气质风度；培养审美情趣和创新能力，增强个体对社会的适应能力；同时培养良好的思想情操和顽强的意志品质。

二、健美操的基本动作

（一）健美操基本动作步法

步法是在特定节奏下的脚步运动方法，包括下肢的各种走、跑、跳、舞步等。

(1) 弹动。膝关节有节奏地弹性屈伸。

(2) 踏步。原地两脚掌交替落地。

(3) 走。踏步移动身体。

(4) 一字步。向前一步并腿，向后一步并腿。

(5) V 字步。左脚向左前迈一步，紧接着右脚向右前迈一步，屈膝，再依次退回原地。

(6) 漫步。左脚向前踏一步，屈膝，右脚稍抬起然后落回原地，接着左脚再向后踏一步，右脚同样稍抬起然后落回原地。

(7) 并步。左脚向左迈一步，右脚前脚掌并于左脚脚弓处，稍屈膝下蹲。

(8) 交叉步。一腿向侧迈出，另一腿在其后交叉，稍屈膝，迈出腿再向侧一步，另一腿与之并拢。

(9) 半蹲。两腿分开或并拢，屈膝。

(10) 点地。一脚尖或脚跟触地，另一腿稍屈膝。

(11) 移重心。一脚向侧迈一步，经过屈膝重心移至迈步脚支撑，另一脚侧点地。

(12) 后屈腿。一腿站立，另一腿后屈，然后还原。

(13) 弓步。一腿向前、侧、后迈步屈膝，另一腿伸直。

(14) 吸腿。一腿站立，另一腿屈膝向上抬起。

(15) 踢腿。一腿站立，另一腿直膝加速上踢。

(16) 弹踢腿。一腿站立，另一腿先屈膝，然后向前下方弹直。

(17) 跑。两腿依次经腾空落地，要求小腿向后屈膝折叠。

(18) 开合跳。由并腿跳成分腿，然后再跳回并腿。

(19) 并步跳。一脚向前侧迈一步，同时跳起，另一脚迅速并拢，成双脚落地。

(20) 点跳。一脚向侧小跳一次，另一脚随之并上垫步跳一次。

（二）健美操基本动作

1. 基本手型

(1) 并掌。五指并拢伸直，指关节不能屈曲(见图 8-28)。

(2) 开掌。五指用力分开伸直(见图 8-29)。

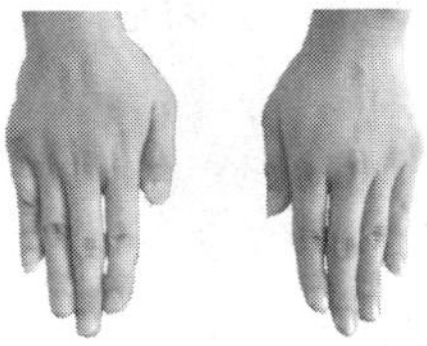

图 8-28　并掌示意图

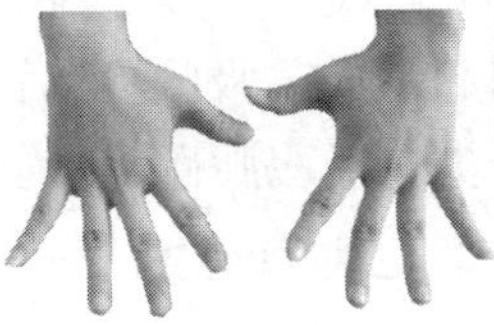

图 8-29　开掌示意图

(3) 花掌。分掌的基础上，从小指依次内旋，形成一个扇面(见图 8-30)。
(4) 立掌。手掌用力上屈，五指关节自然弯曲(见图 8-31)。

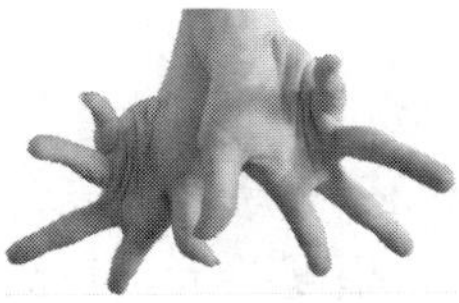

图 8-30　花掌示意图

图 8-31　立掌示意图

(5) 一指。拇指与中指、无名指、小指相叠，食指伸直(见图 8-32)。
(6) 剑指。拇指与无名指、小指相叠，中指与食指并拢伸直(见图 8-33)。

图 8-32　一指示意图

图 8-33　剑指示意图

(7) 响指。无名指、小指屈，拇指与中指用力摩擦打响(见图 8-34)。
(8) 拳。四长指握拳，拇指第一关节扣在食指与中指的第二关节处(见图 8-35)。
(9) 舞蹈手型。引用拉丁、西班牙、芭蕾等手型。

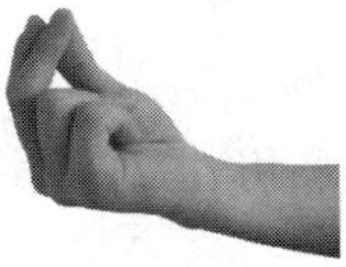

图 8-34　响指示意图

图 8-35　拳示意图

2. 基本步法

(1) 无冲击步法。
① 并腿类。膝弹动、踝弹动。
② 分腿类。半蹲、弓步、移动重心。
(2) 低冲击步法。
① 踏步类。踏步、走步、一字步、V 字步、漫步。
② 点地类。脚尖前点地、脚跟前点地、脚尖侧点地、脚尖后点地。
③ 迈步类。并步、迈步点地、迈步屈腿、迈步吸腿、迈步弹踢、侧交叉步。
④ 抬腿类。吸腿、踢腿、弹踢、后屈腿。
(3) 高冲击步法。
① 迈步起跳类。并步跳、迈步吸腿跳、迈步后屈腿跳。

② 双脚起跳类。并腿纵跳、分腿半蹲跳、开合跳、并腿滑雪跳、弓步跳。

③ 单腿起跳类。吸腿跳、后屈腿跳、弹踢腿跳、摆腿跳。

④ 跑步类。后踢腿跑、小马跳。

3. 身体其他部位的基本动作

(1) 身体标准姿态。做健美操练习时要始终保持身体自然挺胸、收腹、沉肩、伸颈和脊柱正直姿态,注意调整好呼吸。

(2) 头颈部动作。要求做各种头颈动作时,上体保持正直,速度要慢,头颈移动的方向要准确,颈部被动肌群充分伸展。

① 屈。头颈关节角度的弯曲,有向前、后、左、右的屈。

② 转。头颈部绕身体垂直轴的转动,有向左、右的转。

③ 绕环。头以颈为轴心的弧形和圆形运动,有左、右绕和左、右绕环。

(3) 肩部动作。要求提肩、沉肩时两肩在同一面上下移动,幅度要大,肩部要平。

① 提肩。单肩或双肩尽力向上提起。

② 沉肩。单肩或双肩尽力向下下沉。

③ 收肩。两肩尽力向内收拢,伴随含胸动作。

④ 展肩。两肩尽力向外打开,伴随展胸动作。

⑤ 肩部绕环。单肩或双肩绕肩关节做提、沉、展、收的绕环动作。

(4) 胸部动作。要求练习时收腹、立腰。含、展、移胸要尽量达到最大极限。

① 含胸。指两肩内合,缩小胸腔。

② 展胸。指两肩外展,扩大胸腔。

③ 移胸。指髋部固定,做胸左、右的水平面移动。

(5) 腰部动作。要求练习时,塌腰,动作幅度要大。

① 屈腰。下肢保持不动,上体向一侧屈伸动作,有前、后、侧屈腰。

② 转腰。下肢保持不动,上体向一侧转体动作,有左、右转腰。

(6) 髋部动作。要求髋关节做顶、提、绕和绕环时应平稳、柔和、协调,稍带弹性,上体要放松。

① 顶髋。指髋关节做急速的水平移动,有前、后、左、右顶髋。

② 提髋。指髋关节做急速向一侧上提的动作,有左、右提髋。

③ 摆髋。指髋关节做钟摆式的连续移动动作,有左,右侧摆和前后摆。

④ 髋绕环。指髋关节做弧形、圆形移动,有向左、右的绕环。

(7) 下肢缓冲和弹动。下肢缓冲和弹动涉及的部位有踝关节、膝关节和髋关节。落地时注意由前脚掌滚动到脚后跟落地,同时屈膝、屈髋,注意肌肉的收缩和放松要有控制,避免动作过分僵硬和关节过度伸展。

(三) 健美操基本动作练习

1. 健美操动作组合举例

(1) 第 1 个八拍。1 拍,右脚向侧迈一步,屈膝半蹲,双臂肩侧屈,双手握拳,拳心朝内;2 拍,右脚收回与肩宽,两臂置于体侧;3 拍,同第 1 拍,方向相反;4 拍,同第 2 拍,方向相反;5 拍,右脚向侧迈一步,右臂胸前屈;6 拍,左脚向侧迈一步,左臂胸前屈;7 拍,向上分腿跳,双臂侧上举，掌心向外；8 拍，并腿落地，屈膝半蹲，两手扶膝（见图 8-36）。其中，5 拍、6 拍合于图 8-36(f)中。

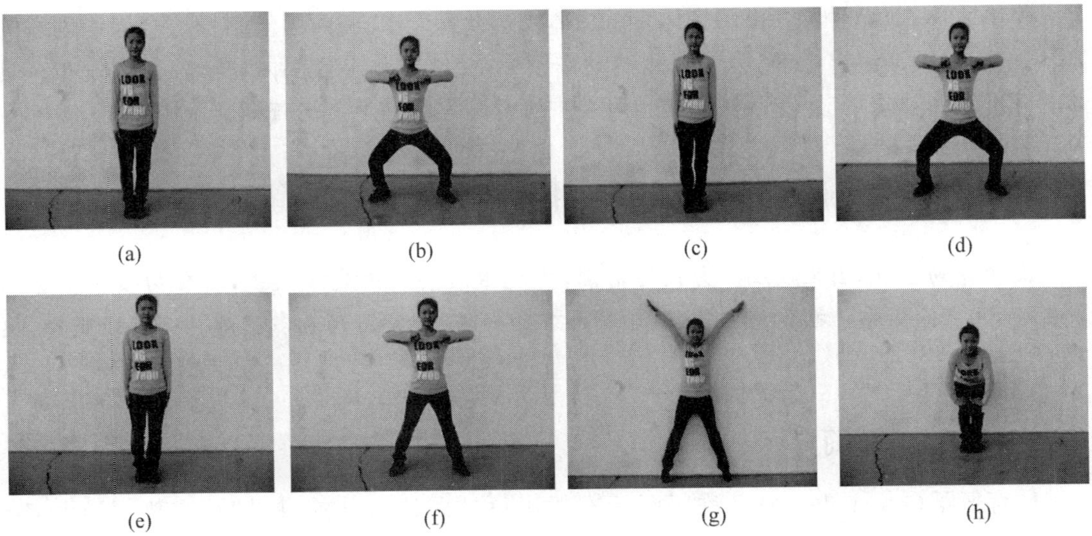

图 8-36　健美操动作组合第一个八拍动作示意图

(2) 第 2 个八拍。1 拍，抬左腿；2 拍，并腿落地，屈膝半蹲，两手扶膝；3 拍，右脚向侧迈一步，屈膝半蹲，双臂胸前交叉，身体朝右前 45°方向；4 拍，向右跳的同时后踢左腿，两臂打开，一臂侧上举，一臂侧平举；5 拍，左腿向右侧迈一步；6 拍，抬右腿；7 拍，右腿落地，左腿向后伸成右弓步；8 拍，向左跳转 90°成并腿立（见图 8-37）。

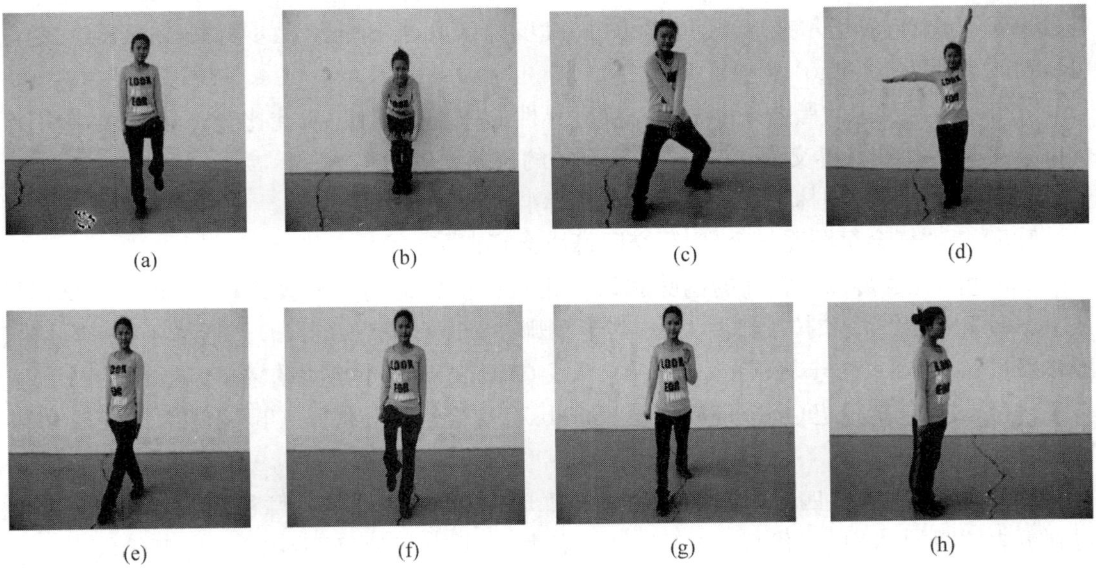

图 8-37　健美操动作组合第二个八拍动作示意图

(3) 第 3 个八拍。同第 2 个八拍，方向相反。

(4) 第 4 个八拍。1 拍，双腿向上跳，落地成右弓步，左臂向右前 45°方向伸，右臂贴耳向上举，身体朝前 45°方向；2 拍，跳成并腿，身体朝正前方；3 拍，向左跳的同时摆右腿，手臂由右向左至肩侧屈,右臂由左向右屈至侧平举,花掌;4拍,跳成并腿;5～8拍,同1～4拍,方向相反。

2. 全国健美操大众锻炼标准第三套动作

经国家体育总局批准,由国家体育总局体操运动管理中心、中国健美操协会组织创编的《全国健美操大众锻炼标准》第三套测试动作于2009年在北京首都体育学院正式发布。具体的标准动作要求可参考视频资料,也可在中国健美操网站上点击查询。

第四节　体育舞蹈

淡食多勤俭,限酒又戒烟。勿饮卯前酒,少进申后餐。街庭常散步,寝食勿多言。春棉渐渐减,秋衣徐徐添。摆脱怒中气,莫听顺耳言。提防疾病生,勤劳多锻炼。若要能坚持,健康又延年。

一、体育舞蹈简介

体育舞蹈(sport dance)又称国际标准舞,简称"国标",其前身是"社交舞"(ballroom dance),由欧洲的宫廷舞以及拉丁美洲的民间舞蹈发展而来,现为体育运动项目之一,是以男女为伴的一种步行式双人舞的竞赛项目。

1904年,在英国成立了"英国皇家舞蹈教师协会"。此组织在政府的支持下,于1924年将各国知名的体育舞蹈的舞步和舞姿加以整理成统一标准,使之系统化、规范化,制定了有关舞蹈理论、技巧、音乐和服装等竞技的标准,公布为"国际标准交谊舞舞厅舞",为世界各国所遵循。当时国际一致公认的体育舞蹈(现称之为老国标舞)包括:布鲁斯(Blues)、慢华尔兹(Slow Waltz)、快华尔兹(Quick Waltz)、快步舞(Quick Step)、狐步舞(Fox Trot)、伦巴(Rumba)和探戈(Tango)。

1925年,在英国的黑兹举办了第一次世界性的体育舞蹈比赛,此比赛一年一次,吸引了国际众多舞者前往参赛交流,促进了体育舞蹈的快速发展。

1947年,在德国柏林举行了第一届世界标准交谊舞锦标赛。

1950年,"舞会舞蹈委员会(国际交际舞协会)"宣布成立。

1960年,拉丁舞以其特殊的韵味和风范正式在世界赛场上大放光彩,至此体育舞蹈形成了摩登舞(现代舞)和拉丁舞两大项,共十个舞种。摩登舞(Modern)包括华尔兹(Waltz)、狐步舞(Fox Trot)、快步舞(Quick Step)、探戈(Tango)和维也纳华尔兹(Viennese Waltz)。拉丁舞(Latin)包括伦巴(Rumba)、桑巴(Samba)、恰恰恰(Cha-Cha-Cha)、斗牛舞(Paso Doble)和牛仔舞(Jive)。

1964年,增设八人四对一起共舞的集体舞形式,使体育舞蹈各舞种的舞姿和音乐特色得到更为鲜明的体现,现代舞、拉丁舞和集体舞三项崭新的舞蹈就被称为现代国际体育舞蹈。①

目前最权威的国际性体育舞蹈组织是国际体育舞蹈联合会(IDSF),现有79个会员协会,于1997年获得国际奥委会的正式承认。国际重大的体育舞蹈赛事主要有:摩登舞国际

---

① 徐雄杰、朱信龙编著:《国际体育舞蹈教程》,合肥,中国科学技术大学出版社,2007:5页。

竞技舞锦标赛、拉丁舞国际竞技舞锦标赛、十项国际竞技舞锦标赛、欧洲国际竞技舞锦标赛和亚洲—太平洋国际竞技舞锦标赛。

国际标准交谊舞于 20 世纪 30 年代传入中国，自 1986 年正式引进后，发展迅速。

1991 年，中国体育舞蹈运动协会成立。中国现为国际体育舞蹈联合会的正式会员。

体育舞蹈分为大众性体育舞蹈与竞技性体育舞蹈两大类，其中大众性体育舞蹈主要包括教学舞蹈、实用性舞蹈和社交舞蹈，竞技性舞蹈主要包括摩登舞(华尔兹、狐步舞、快步舞、探戈和维也纳华尔兹)、拉丁舞(伦巴、桑巴、恰恰恰、斗牛舞、牛仔舞)和团体队列舞(摩登舞组合、拉丁舞组合)。

体育舞蹈具有娱乐性、艺术性、造型性和自娱性与表演性统一的特点。体育舞蹈动作以人体肌肉活动特有的运动形式产生负荷并刺激内脏器官，使心血管、呼吸和神经系统机能的增强。体育舞蹈中的摩登舞所用舞曲节奏适中，配合起伏的动作、轻柔灵巧的倾斜、摆荡以及优美的造型，华丽多姿、风韵独特，既可锻炼身体，又可塑造形体，和缓的节奏亦是中老年人的首选。拉丁舞则热情奔放，节奏明快，几乎可锻炼身体每个部位，配合动感的音乐，还能使人忘却烦恼和忧愁。经常采用体育舞蹈进行锻炼，能增强人们的沟通和交往意识，还能塑造形体和提高对美的感受力。

如今，大中小城市的晨晚练点，随处可见三五成群的居民随着音乐起舞，体育舞蹈培训市场亦非常火爆。可以说，体育舞蹈在我国的发展越来越快，越来越好。

二、体育舞蹈基本知识

初学体育舞蹈时须掌握一些最基本的概念和知识，下面将逐一介绍。

(一) 舞池介绍

标准比赛场地为长 23 米，宽 15 米，地面光滑平整的长方形场地(见图 8-38)，长线为 A 线，短线为 B 线，舞程路线为逆时针方向，此方向称舞程向，其线路称舞程线。

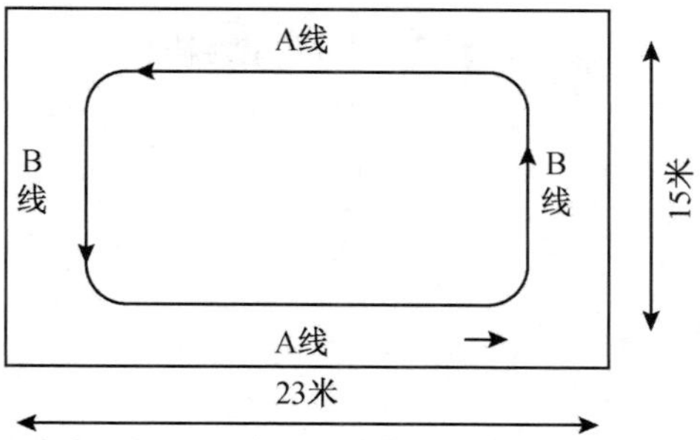

图 8-38　体育舞蹈标准比赛场地

(二) 角度和方位

为了使舞者在舞池中起舞时明确方向，按照规定的动作进行比赛和练习，体育舞蹈对每个舞步起始、结束时所站立的方向，运步、旋转过程中的方位、角度都作了相应的规定。

1. 旋转角度

旋转时以每转 360°为一周；旋转 45°为 1/8 周；旋转 180°为 1/2 周；旋转 225°为 5/8 周；旋转 270°为 3/4 周；旋转 315°为 7/8 周。在做旋转动作时，应先标明旋转的方向，再标明角度。例如:左转 1/4 周。

2. 方位

为了便于舞蹈进行中正确地辨别方位和检查旋转的角度,在舞场上要规定一定的方位。一般情况下,多以乐队演奏台的一面为规定方位的基点,定为“1 点”(亦可在场地中任选一个面定位“1 点”)。每向顺时针方向转动 45°角则变动一个方位,共有八个点(见图 8-39)。

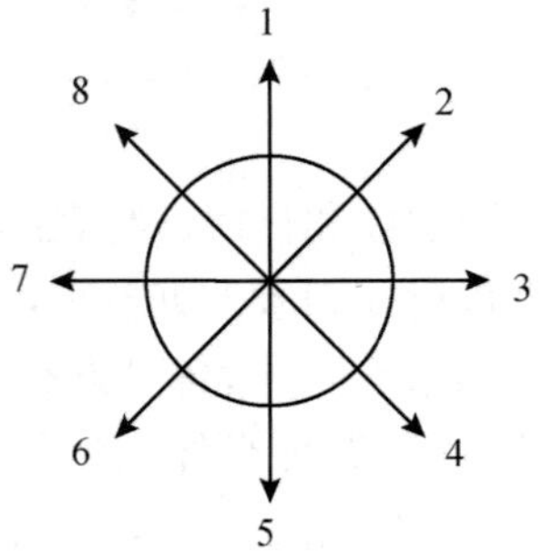

图 8-39　八点方位图

以上方位为固定位置时使用。若舞者按舞程线不断变换方位,向前移动,则方位要和舞程线发生联系。因此,规定了几条线来指示舞者每个舞步的行进方向。体育舞蹈中规定了八条线,它们分别为:面对舞程线、面对斜壁线、面对壁线、背斜中央线、背对舞程线、背对斜壁线、面对中央线和面斜中央线(见图 8-40)。

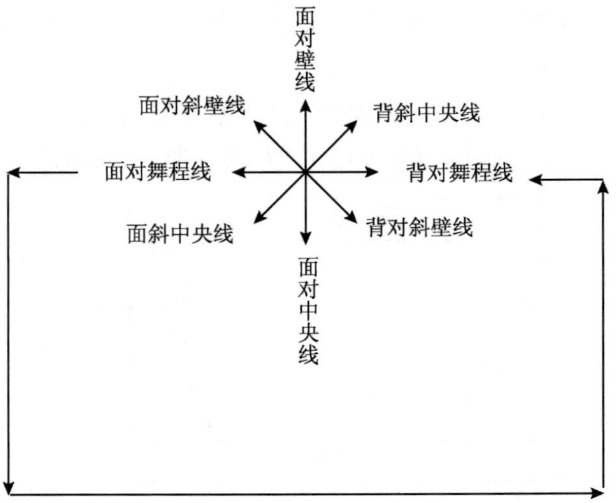

图 8-40　体育舞蹈方位线示意图

(三)基本名词与动作术语

(1) 舞姿:泛指舞者跳舞的姿态。

(2) 闭式舞姿:泛指男女面对面双手扶握的身体位置。

(3) 开式舞姿:指男士的右侧与女士的左侧身体紧密贴靠,身体的另一侧略向外展的站立或行进的身体位置。

(4) 右错舞姿:指在摩登舞中,男女舞伴的一方向另一方的右外侧前进所形成的身体位置。

(5) 并肩舞姿：指在拉丁舞中，男女面对同一方向肩臂相并的身体位置。以男士为基准，男士左肩与女士右肩相并称为左并肩位；男士右肩与女士左肩相并称为右并肩位。

(6) 扇形舞姿：指在拉丁舞中，女士肚脐朝向男性，身体有点扭转，重心脚稍向后，女士右手掌心向下放于男士左手掌心位，男女异侧手臂打开，如同能容纳三个人一般的身体位置。

(7) 影子舞姿：男女舞伴面向同一方向重叠而立，形影相随的身体位置，以女士居前较常见。

(8) 反身动作：一侧脚前进或后退时，异侧肩和胯后让或前送，使身体与舞步形成反向配合的身体动作。

(9) 反身动作位置：指在身体不转动的情况下，一脚在身前或身后形成交叉，以保证两人身体维持相靠状态的身体动作位置。

(10) 升降动作：指在跳舞时身体的上升与下降。升降动作是在膝、踝、趾关节的屈和伸动作的转换中完成的。

(11) 摆荡动作：指舞者在身体上升做斜向或横向移动时，像钟摆似的把身体摆动起来。

(12) 倾斜动作：指在跳一些舞步时身体的倾斜。从形体上讲，倾斜动作是指肩的平衡线向左向右倾斜，它与地面的水平线成夹角。

(13) 节奏：通常指以一定规律反复出现、赋予音乐以性格的具有特色的节拍。

(14) 速度：这里指音乐的速度，即每一分钟内所演奏的小节总数。

(15) 组合：两个或两个以上的舞步型的结合。

(16) 套路：由若干个组合串编成的一套完整的舞步型。

(四) 握抱姿势

华尔兹、狐步舞、快步舞和维也纳华尔兹舞的握抱姿势如下。

1. 闭式舞姿

(1) 男子握姿：直立，两脚并拢，挺胸立腰，收腹微提臀，两膝自然放松；左手与女伴右手掌心相握，虎口向上，前臂与上臂的夹角约为135°，高度与女伴右耳峰水平相平；右手五指并拢，轻轻置于女伴左肩胛骨下端，前臂与上臂夹角约为75°；头部自然挺直，目光从女伴右肩方向看出；右腹部1/2微贴女伴(服装与服装之间接触)。

(2) 女子握姿：直立，两脚并拢，挺胸立腰，收腹微提臀，紧腰向后上方打开；右手与男伴左手掌心对掌心相握，轻轻置于男伴左手虎口上；左手在男伴右肩袖处轻轻搁置，用虎口轻轻掐住男伴三角肌；头部略向左倾斜，目光从男伴右肩方向看出；右腹部1/2微贴男伴(服装与服装之间接触)。

2. 散式舞姿

在闭式舞姿的基础上，男伴将头及上身略向左打开，女伴将头及上身略向右打开，男女伴的头向同一方向看出，腰胯部接触同闭式舞姿。

(五) 体育舞蹈十大舞种基本特点

1. 华尔兹

华尔兹即人们通常所说的慢三步舞，其舞曲节拍为3/4拍，速度为31小节/分钟。基本节奏为1、2、3拍，第1拍是重拍(嘭)，第2、3拍是轻拍(嚓、嚓)。此舞舞态雍容华贵，舞步婉转流畅、此起彼伏，被誉为“舞中之后”。其基本步法为一拍跳一步，每小节三拍跳三步，但也有一小节跳两步或四步的特定舞步。由于其节奏较缓慢，且其他舞种中的不少技巧均在华尔兹中得到充分体现，故一般被列为最先学习的舞种。基本舞姿为闭式舞姿和散式舞姿。

2. 快步舞

快步舞舞曲节拍为4/4拍，速度为48～52小节/分钟。基本节奏为慢、慢、快、快、慢，其中第1、3拍为重拍(嘭)，第2、4拍为弱拍(嚓、嚓)。此舞轻快活泼易掌握，非常适合年轻人学习。其基本步法为慢步两拍跳一步，快步一拍跳一步。基本舞姿同华尔兹。

3. 狐步舞

狐步舞舞曲节拍为4/4拍，速度为30小节/分钟。基本节奏为慢、慢、快、快，其中第1、3拍为重拍(嘭)，第2、4拍为弱拍(嚓、嚓)。此舞舞步平稳大方，但在跳舞过程中无停留，在运动中还要完成升降、转身等动作，对舞者的膝、踝关节柔韧性要求极高，是体育舞蹈舞种中最难跳的一种舞。其基本步法为慢步两拍跳一步，快步一拍跳一步。基本舞姿同华尔兹。

4. 探戈

探戈舞曲节拍为2/4拍，速度为32～34小节/分钟。基本节奏为慢、慢、快、快、慢，两拍均为重拍。音乐采用顿挫感非常强烈的断奏式演奏。此舞舞步华丽高雅、热烈狂放且变化无穷，但跳舞时表情要严肃，这与其他舞种不同。其基本步法为慢步一拍跳一步，快步半拍跳一步。基本舞姿为闭式舞姿和散式舞姿，但动作与摩登舞其他四个舞种的舞姿有所不同。

5. 维也纳华尔兹

维也纳华尔兹舞曲为3/4拍，速度为56小节/分钟。基本节奏为1、2、3，其中第1拍是重拍(嘭)，第2、3拍是弱拍(嚓、嚓)。此舞典雅大方，动作流畅，旋转性强。其基本步法同华尔兹，动作少，技巧不多。基本舞姿同华尔兹，不同的是舞伴间站立位置稍分开一些，男士左臂稍降、略宽。

6. 伦巴

伦巴舞曲为4/4拍，速度为28～31小节/分钟。基本节奏为2、3、4、1，或快、快、慢。此舞音乐缠绵抒情，舞姿婀娜，具有文静、含蓄和柔媚的风格，是拉丁舞中较易掌握的一个舞种。其基本步法为慢步两拍跳一步，快步一拍跳一步，起步是在每小节的第二拍上。基本舞姿为闭式舞姿和扇形舞姿。

7. 桑巴

桑巴舞曲为2/4拍或4/4拍，速度为48～56小节/分钟。其基本节奏为1、1(2、2)、1、1/2、1/2(2、1、1)、1/2、1/2、1/2、1/2(1、1、1、1)、3/4、1/4、1(1.5、1/2、2)，或慢、慢、慢、快、快、快、快、快、快、慢、a、慢。此舞活泼动人，热情奔放，但其舞步强调上下弹动，且伴随舞者膝踝关节的弹动腹部有幅度较小的前后摆动，与伦巴等完全不同，故为拉丁舞中较难掌握的一个舞种。其基本步法为慢步一拍(两拍)跳一步，快步半拍(一拍)跳一步，a是1/4拍(半拍)跳一步。基本舞姿同伦巴。

8. 恰恰恰

恰恰恰舞曲节拍为4/4拍，速度为32～34小节/分钟。其基本节奏为2、3、4、&、1或慢、慢、快、快、慢。此舞音乐欢快，舞蹈活泼风趣，动作利落紧凑，是拉丁舞中另一个较易掌握的舞种。其基本步法为慢步一拍跳一步，快步是半拍跳一步，起步与伦巴相同，在每小节的第二拍上。基本舞姿为开式舞姿和扇形舞姿。

9. 斗牛舞

斗牛舞舞曲节拍为 2/4 拍，速度为 60～62 小节/分钟。其基本节奏为 1、2。此舞是一种模仿西班牙斗牛士动作的舞蹈，男士扮演斗牛士，女士扮演斗牛士手中的斗篷，故其动作刚劲有力，威武激昂。其基本步法是一拍跳一步。握持方式除了因手臂举得相当高，致使男女上身位置更贴近外，与其他舞蹈相似。

10. 牛仔舞

牛仔舞舞曲节拍为 4/4 拍，速度为 40～46 小节/分钟。其基本节奏为 1、2、3、4，1、2、3、a、4，1、2、3、a、4、5、a、6，或快、快、快、快，快、快、快、a、快，快、快、快、a、快、快、a、快。此舞节奏欢快兴奋，动作活泼，舞步丰富多变，深受年轻人的喜爱。但由于其舞步不强调移动，几乎是跳动着的，且变化取决于男士的领带，故也不易跳好。其基本步法为快步一拍跳一步，a 是 1/4 拍跳一步，在 a 时可以变换方向，具有较大的灵活性，但无论舞步怎样变化，均要用脚前掌平着踏地，脚跟轻微地上下弹动，膝关节自然弹动屈伸。基本舞姿有闭式舞姿、开式舞姿、散式舞姿等。

三、摩登舞之华尔兹舞基本动作

根据高职高专体育舞蹈教学的具体情况，本书介绍华尔兹舞的部分基本动作。

（一）前进并换步和后退并换步

前进并换步和后退并换步又称为“方块步”或“四方步”。准备姿势为闭式舞姿，舞步动作要领见表 8-1。

表 8-1　华尔兹前进并换步和后退并换步动作要领一览表

步序	节奏	要领		脚法	方位		升降	转度	倾斜	
		男士	女士		男士	女士			男士	女士
1	1	左脚前进	右脚后退	跟掌	面对舞程线	背对舞程线	结尾开始上升	不转		
2	2	右脚经左脚横步	左脚经右脚横步	掌	面对舞程线	背对舞程线	继续上升		左	右
3	3	左脚并于右脚	右脚并于左脚	掌	面对舞程线	背对舞程线	继续上升，结尾下降		左	右
4	1	右脚后退	左脚前进	跟掌	面对舞程线	背对舞程线	结尾开始上升			
5	2	左脚经右脚横步	右脚经左脚横步	掌	面对舞程线	背对舞程线	继续上升		右	左
6	3	右脚并于左脚	左脚并于右脚	掌	面对舞程线	背对舞程线	继续上升，结尾下降		右	左

（二）左脚并换步

准备姿势为闭式舞姿，舞步动作要领见表 8-2。

表 8-2　华尔兹左脚并换步动作要领一览表

步序	节奏	要领		脚法	方位		升降	转度	倾斜	
		男士	女士		男士	女士			男士	女士
1	1	左脚前进	右脚后退	跟掌(男) 掌跟(女)	面对斜壁线	背对斜壁线	结尾开始上升	不转		
2	2	右脚经左脚横步稍前	左脚经右脚横步稍后	掌	面对斜壁线	背对斜壁线	继续上升		左	右
3	3	左脚并于右脚	右脚并于左脚	掌	面对斜壁线	背对斜壁线	继续上升，结尾下降		左	右

（三）右转步

准备姿势为闭式舞姿，舞步动作要领见表 8-3 和 8-4。

表 8-3　华尔兹右转步男士步动作要领一览表

步序	节奏	要领	脚法	方位	升降	转度	倾斜
1	1	右脚前进	跟掌	面对斜壁线	结尾开始上升	开始右转	
2	2	左脚经右脚横步	掌	面对斜壁线	继续上升	1～2 转 1/4	右
3	3	右脚并于左脚	掌	背对舞程线	继续上升，结尾下降	2～3 转 1/8	右
4	1	左脚后退	掌跟	背对舞程线	结尾开始上升		
5	2	右脚经左脚横步	掌	面斜中央线	继续上升	4～5 转 3/8	左
6	3	左脚并于右脚	掌	面斜中央线	继续上升，结尾下降		左

表 8-4　华尔兹右转步女士步动作要领一览表

步序	节奏	要领	脚法	方位	升降	转度	倾斜
1	1	左脚后退	掌跟	背对斜壁线	结尾开始上升	开始右转	
2	2	右脚经左脚横步	掌	背对斜壁线	继续上升	1～2 转 3/8 身体稍转	左
3	3	左脚并于右脚	掌	面对舞程线	继续上升，结尾下降	身体完成转动	左
4	1	右脚前进	跟掌	面对舞程线	结尾开始上升	继续右转	
5	2	左脚经右脚横步	掌	背斜中央线	继续上升	4～5 转 1/4	左
6	3	右脚并于左脚	掌	背斜中央线	继续上升，结尾下降	5～6 转 1/8	左

（四）右脚并换步

准备姿势为闭式舞姿，舞步动作要领见表 8-5。

表 8-5　华尔兹右脚并换步动作要领一览表

步序	节奏	要领		脚法	方位		升降	转度	倾斜	
		男士	女士		男士	女士			男士	女士
1	1	右脚前进	左脚后退	跟掌(男) 掌跟(女)	面斜中央线	背斜中央线	结尾开始上升	不转		
2	2	左脚经右脚横步	右脚经左脚横步	掌	面斜中央线	背斜中央线	继续上升		右	左
3	3	右脚并于左脚	左脚并于右脚	掌	面斜中央线	背斜中央线	继续上升， 结尾下降		右	左

（五）左转步

准备姿势为闭式舞姿，舞步动作要领见表 8-6 和 8-7。

表 8-6　华尔兹左转步男士步动作要领一览表

步序	节奏	要领	脚法	方位	升降	转度	倾斜
1	1	左脚前进	跟掌	面斜中央线	结尾开始上升	开始左转	
2	2	右脚横步	掌	背对斜壁线	继续上升	1～2 转 1/4	左
3	3	左脚并于右脚	掌跟	背对舞程线	继续上升，结尾下降	2～3 转 1/8	左
4	1	右脚后退	掌跟	背对舞程线	结尾开始上升		
5	2	左脚经右脚横步	掌	面对斜壁线	继续上升	4～5 转 3/8 身体稍转	右
6	3	右脚并于左脚	掌跟	面对斜壁线	继续上升，结尾下降	身体完成转动	右

表 8-7　华尔兹左转步女士步动作要领一览表

步序	节奏	要领	脚法	方位	升降	转度	倾斜
1	1	右脚后退	掌跟	背斜中央线	结尾开始上升	开始左转	
2	2	左脚经右脚横步	掌	面对舞程线	继续上升	1～2 转 3/8 身体稍转	右
3	3	右脚并于左脚	掌跟	面对舞程线	继续上升，结尾下降	身体完成转动	右
4	1	左脚前进	跟掌	面对舞程线	结尾开始上升	继续左转	
5	2	右脚经左脚横步	掌	背对斜壁线	继续上升	4～5 转 1/4	左
6	3	左脚并于右脚	掌跟	背对斜壁线	继续上升，结尾下降	5～6 转 1/8	左

四、拉丁舞之伦巴舞基本步型

伦巴舞是拉丁舞五个舞种中较易掌握的一种，也是体育舞蹈教学中最先教学的内容，下面将向大家介绍伦巴舞的部分基本步型。

（一）基本动作

准备姿势为：男士闭式位，开立，重心放右脚；女士闭式位，开立，重心放左脚，舞步动作要领见表 8-8。

表 8-8 伦巴基本动作要领一览表

步数	脚位		转度		拍数
	男士	女士	男士	女士	
1	左脚向前	右脚向后	开始左转,1～3 完成左转 1/8 或 1/4		2
2	重心回到右脚	重心回到左脚			3
3	左脚向侧	右脚向侧			4、1
4	右脚向后	左脚向前	4～6 完成左转 1/8 或 1/4		2
5	重心回到左脚	重心回到右脚			3
6	右脚向侧	左脚向侧			4、1

（二）扇形

准备姿势为:男士闭式位,重心放右脚;女士闭式位,开立,重心放左脚,舞步动作要领见表 8-9。

表 8-9 伦巴扇形位动作要领一览表

步数	脚位		转度		拍数
	男士	女士	男士	女士	
1～3	同基本动作 1～3	同基本动作 1～3	1～3 向左转 1/8	1～3 向左转 1/8	2、3、4、1
4	右脚向后	左脚向前		4～6 完成左转 1/4	2
5	重心回到左脚	右脚向后稍右			3
6	右脚向横侧	左脚向后			4、1

（三）阿列曼娜

准备姿势为:男士扇形位,重心放在右脚;女士扇形位,重心放在左脚,舞步动作要领见表 8-10。

表 8-10 伦巴阿列曼娜动作要领一览表

步数	脚位		转度		拍数
	男士	女士	男士	女士	
1	左脚向前	右脚靠近左脚			2
2	重心回到右脚	左脚向前			3
3	左脚靠近右脚	右脚向前		右转 1/8	4、1
4	右脚向后	左脚向前		4～6 完成右转 $1\frac{1}{8}$	2
5	重心回到左脚	右脚向前			3
6	右脚靠近左脚	左脚向前			4、1

（四）曲棍步

准备姿势为:男士和女士均从扇形位开始,舞步动作要领见表8-11。

表 8-11　伦巴曲棍步动作要领一览表

步数	脚位		转度		拍数
	男士	女士	男士	女士	
1	左脚向前	右脚靠近左脚			2
2	重心回到右脚	左脚向前			3
3	左脚靠近右脚	右脚向前			4、1
4	右脚向后	左脚向前	开始右转,4～6 完成右转 1/8	开始左转,4～6 完成左转 5/8	2
5	重心回到左脚	右脚向侧稍后			3
6	右脚向前	左脚后退			4、1

（五）右陀螺转

准备姿势为:男士闭式位,重心放左脚;女士闭式位,重心放右脚,舞步动作要领见表8-12。

表 8-12　伦巴右陀螺转动作要领一览表

步数	脚位		转度		拍数
	男士	女士	男士	女士	
1	右脚放在左脚后,脚尖外转	左脚向侧	开始右转,1～8 完成两圈右转	开始右转,1～8 完成两圈右转	2
2	左脚向侧	右脚放在左脚前,脚尖外转			3
3～8	重复 1～2 三次	重复 1～2 三次			4、1、2、3 4、1、2、3
9	右脚靠近左脚	左脚向侧			4、1

（六）右分展步

准备姿势为:男士闭式位,重心放右脚;女士闭式位,重心放左脚,舞步动作要领见表8-13。

表 8-13　伦巴右分展步动作要领一览表

步数	脚位		转度		拍数
	男士	女士	男士	女士	
1	左脚向侧	右脚向后	稍右转	左脚向右转 1/2	2
2	重心回到右脚	重心回到左脚	开始左转	开始左转,2～3完成左转 1/2	3
3	左脚靠拢右脚	右脚向侧	回转还原		4、1

（七）定点转

准备姿势为：男士面对开立，重心放在右脚；女士面对开立，重心放在左脚，舞步动作要领见表 8-14。

表 8-14　伦巴定点转动作要领一览表

步数	脚位		转度		拍数
	男士	女士	男士	女士	
1	左脚向前	右脚向前	左转 1/4	右转 1/4	2
2	右脚向前	左脚向前	左转 1/2	右转 1/2	3
3	左脚向侧	右脚向侧	左转 1/4	右转 1/4	4、1

（八）闭式扭臀

准备姿势为：男士女士均由闭式位开始，脚靠近，舞步动作要领见表 8-15。

表 8-15　伦巴闭式扭臀动作要领一览表

<table>
<tr><th rowspan="2">步数</th><th colspan="2">脚位</th><th colspan="2">转度</th><th rowspan="2">拍数</th></tr>
<tr><th>男士</th><th>女士</th><th>男士</th><th>女士</th></tr>
<tr><td>1</td><td>左脚向侧</td><td>右脚向后</td><td>稍向右转</td><td>右转 1/2</td><td>2</td></tr>
<tr><td>2</td><td>重心回到右脚</td><td>重心回到左脚</td><td>开始左转</td><td rowspan="2">开始左转，2～3
左转 1/2</td><td>3</td></tr>
<tr><td>3</td><td>左脚靠拢右脚</td><td>右脚向侧</td><td>回到原位</td><td>4、1</td></tr>
<tr><td>4</td><td>右脚后退</td><td>左脚向前，小步</td><td></td><td>右转 3/8</td><td>2</td></tr>
<tr><td>5</td><td>重心回到左脚</td><td>右脚向侧后</td><td></td><td rowspan="2">开始左转，5～6
左转 5/8</td><td>3</td></tr>
<tr><td>6</td><td>右脚向侧</td><td>左脚向后</td><td></td><td>4、1</td></tr>
</table>

五、华尔兹和伦巴主要练习方法

（1）听教师或同伴口令单人练习单个步法，口令速度可先放慢，熟练后口令速度回到正常。

（2）听音乐单人练习单个步法。

（3）听教师或同伴口令双人练习单个步法，口令速度可先放慢，熟练后口令速度回到正常。

（4）听音乐双人练习单个步法。

（5）听教师或同伴口令单人练习组合步法，口令速度可先放慢，熟练后口令速度回到正常。

（6）听音乐单人练习组合步法。

（7）听教师或同伴口令双人练习组合步法，口令速度可先放慢，熟练后口令速度回到正常。

（8）听音乐双人练习组合步法。

六、体育舞蹈主要竞赛规则

（一）对选手的规定

（1）不许在同类舞场中换舞伴。

（2）准时入场，违者按弃权论处。

（3）编组后不能改组。

（4）摩登舞比赛中必须男女交手跳舞，拉丁舞比赛中不许做托举上肩、跪腿等动作。

（二）评判要素

从基本技术、音乐表现力、舞蹈风格、动作编排、临场表现和赛场效果六个方面对选手进行打分。

（三）计分方法

体育舞蹈的计分方法以顺位法为依据。所谓顺位法是指决赛名次的产生方法，即将决赛时评委给选手打的名次通过顺位排列的方法计算单项和全能名次。具体计分程序如下。

（1）计分员将单项舞评分单上各裁判打“√”的记号记入预赛、半决赛用的淘汰表，按“√”数的多少和规定名额录取下一轮比赛的选手。

（2）将决赛单项舞评分单上各裁判判定名次记入顺位表，再把各单项舞成绩顺位核计，算出选手单项舞名次。

（3）将单项舞名次数相加，依数值由小到大排出第一至第六名摩登舞或拉丁舞名次。

（四）顺位法计分规则

1. 单项舞顺位规则

（1）在各位次上领先获得半数裁判判定的选手获得该顺位的名次。

（2）在同一顺位上有两对以上选手获得半数，则按数值多少决定名次，多者名次列前。

（3）在同一顺位上出现相等数时，则将顺位数相加，用括号表示，积分少的名次列前。

（4）在第一顺位上所有选手未获过半数，则降下位计算，直至出现过半数为止。

2. 全能顺位规则

（1）将总分顺位表的各单项名次数相加，按合计数的大小，排列选手名次，数小的名次列前。

（2）如果名次合计数相等，则看获得顺位次数多少，多的名次列前。

（3）如果合计数、顺位次数都相等，则看顺位积数多少，少的名次列前。

（4）如果合计数、顺位次数、顺位积数都相等，则须将相等者的各单项名次顺位重新全部列出，重新计算。如又相等，则可加赛或用其他方法解决。

（五）裁判标准的运用和裁判员必须具备的条件

裁判应严肃、认真、公正、准确地做好评判工作，必须具有良好的业务能力和道德品质。世界比赛的专业裁判由英国皇家舞蹈教师协会考核审定。按等级分为以下三种不同资格。

（1）学士资格。必须掌握5种舞蹈的50个以上的动作组合。

（2）会士资格。必须掌握5种舞蹈的100个以上的动作组合。

（3）范士资格。必须掌握10种舞蹈的100个以上的动作组合，并兼有考官资格。

实地训练

伦巴舞前进步练习

【目标】通过实训掌握伦巴舞前进步的动作要领。

【内容】前进步练习。

【场地】舞蹈房。

【方法与步骤】1. 原地移步：左脚在前，右脚在后，两脚脚跟内侧在一直线上，身体重量置于两腿之间；身体前移至左脚的中央，将身体重心完全站于左脚（站立脚）上。两脚交替进行，注意身体重心的转移。

2. 连续前进步：在步骤1的基础上若要连续前移，则要将身体重心从站立脚中央转换至前脚掌上，另一条腿胯部放松向前伸脚，并按照原地移动的方法继续前进。注意身体重心的移动应严格按照原地移动的要求进行。熟练后可加上手臂摆动的动作。

第五节　瑜伽运动

运动能代替药物，药物不能代替运动。运动使血脉畅通，增强器官功能，平衡生理功能，防治一切疾病。

一、瑜伽运动概述

1. 瑜伽运动的产生与发展

瑜伽(yoga)起源于距今六七千年前的古印度文明时期。古印度人相信天人合一，他们将不同的瑜伽修炼方法融入日常生活而奉行不渝：道德、忘我的动作、稳定的头脑、宗教性的责任、无欲无求、冥想和宇宙的自然和创造。其梵语意义为“相应、一致、结合或和谐”，即通过内省，自控身心，与万事万物保持和谐平衡，以达到修身养性，身体与精神相统一的健康状态。瑜伽是一种通过提升意识，帮助人们充分发挥潜能的哲学体系及其指导下的运动体系。

2. 瑜伽运动分类

瑜伽经过漫长的发展历程已衍生出很多体系，如传统瑜伽、哈达瑜伽、胜王瑜伽、智瑜伽、至善瑜伽、音瑜伽、密宗瑜伽、现代瑜伽、高温瑜伽、舒缓瑜伽、双人瑜伽等。

延伸阅读

瑜伽体系介绍

(1) 传统瑜伽。目的在于集中注意力，舒缓身心，锻炼身体，加强身体柔韧性，领悟宁静。

(2) 高温瑜伽。室内温度维持在32～38 ℃下练习体位法和呼吸法，通过温度和速度练习达到排毒和消脂作用。

(3) 冥想瑜伽。探索“自我、真我、本我”，以静坐、语音引导、冥想为主，谋求精神与身体的调和统一。

（4）能量瑜伽。强调体位法以促进新陈代谢，增强肌肉的结实度和弹性，提高身体素质，尝试挑战自我，探寻极限，塑身健体。

（5）智慧瑜伽。提倡培养知识理念，从无明中解脱，达到神圣知识，以期与梵合一。

（6）业瑜伽。倡导将精力集中于内心的世界，通过内心的精神活动引导更加完善的行为。

3. 瑜伽运动的特点

瑜伽固有的哲学性使练习者具有一定的逻辑性和可控性，通过针对性的练习，可使身体脏腑器官在某些方面得到补偿和恢复。另外其对人体的作用具有全方位性，可使呼吸、意识和姿势结合成一体，达到精神和身体的和谐统一。

4. 瑜伽运动的功能

瑜伽是一种健身塑身运动，长期练习可增强身体柔韧性，使身体线条匀称修长，增强肢体的灵敏度；通过呼吸、冥想来安静神经，平静心境，使人保持一种舒畅宁静的心态；能保持姿态平衡，促进身体平衡发展；还能净化血液，调节体重，有效消除体内多余脂肪并维持饮食平衡；还可刺激内分泌系统，维持内分泌平衡。

延伸阅读

在准备练习瑜伽前，须明确以下注意事项：

练习前 2 小时内不要进食，结束后 1 小时内最好不要吃东西，以免影响练习效果。正式练习前应做好热身，否则易产生运动损伤。练习结束后不要马上洗澡，而应休息 30 分钟左右，避免对身体造成伤害。

二、瑜伽运动基本动作

微课
瑜伽

（一）瑜伽基本呼吸法

练瑜伽须先练呼吸，若呼吸方法不正确，不仅练习没成效，反而对身体有害。

1. 胸式呼吸

胸式呼吸吸入空气仅限于胸腔内，气息较浅。具体做法：将意识集中于肺部，缓缓吸气，感觉肋骨向外扩张，空气充分填满胸腔，保持腹部平坦；之后缓缓呼气放松胸腔，将体内废气呼出。

2. 腹式呼吸

腹式呼吸吸入空气仅限于腹腔内，气息较深。具体做法：意识更多集中于腹部，缓缓吸气，感觉腹部空气充分膨胀，向前推出，胸腔保持不动；之后缓缓呼气，腹部慢慢凹陷，将体内废气呼出。

3. 胸腹式呼吸

胸腹式呼吸又称为自然完全的呼吸，能给身体提供充足的氧气，并使血液得到净化。此呼吸法可将体内的浊气和废气充分排出，增进内脏器官的机能和体内循环，防止呼吸道感染，还可清澈心灵。具体做法：缓缓将空气吸入，感觉到由于横隔膜的下降使腹部完全鼓起；之后肋骨向外扩张到完全开放状态，肺部继续吸入空气，随后温和地收紧腹部，腹部慢慢凹陷，感觉肚脐贴向后背，将气完全呼出。

（二）瑜伽基本坐姿

1. 简易坐

平坐地上，弯曲左小腿，将左腿叠搭在右腿上，弯曲右小腿，右脚前脚掌尽量向上，双手十指交叉握于膝上（见图 8-41）。

图 8-41　简易坐动作示意图

2. 金刚坐

两膝跪地，将两小腿胫骨和脚背平放于地面，靠拢两膝，两个大脚趾互相交叉，两脚跟向外支出，臀部置于分离的脚跟之间（见图 8-42）。

图 8-42　金刚坐动作示意图

3. 莲花坐

双腿伸直，挺胸立腰，左脚脚心向上，尽量放在右大腿根部，脚跟抵右侧小腹。左右交替练习（见图 8-43）。

图 8-43　莲花坐动作示意图

（三）瑜伽基本动作

1. 牛面式

动作要领：金刚坐坐好，调整呼吸；吸气，右臂上伸，曲肘；呼气，左手扳右肘，尽量让右手放低到两肩胛骨间；左臂向背后曲起，两手手指相叩；挺直脊背，目光平视，保持 20 秒，自然呼吸；左右各 3 次，松手甩动；换另一侧再做（见图 8-44）。

图 8-44　牛面式动作示意图

作用是美化双臂曲线，对肩周炎有辅助治疗作用。还可使双膝、髋关节得到锻炼、改善关节炎疼痛症状。严重膝部风湿、关节炎者忌。

2. 猫伸展式

动作要领：跪于地板，双手支撑身体；吸气，脊柱向下伸展，抬头，引颈向上，臀部上翘；呼气，含胸，拱背，垂头引颈向下，收紧腹部肌肉，尽量向上拱起整个背部（见图 8-45）。

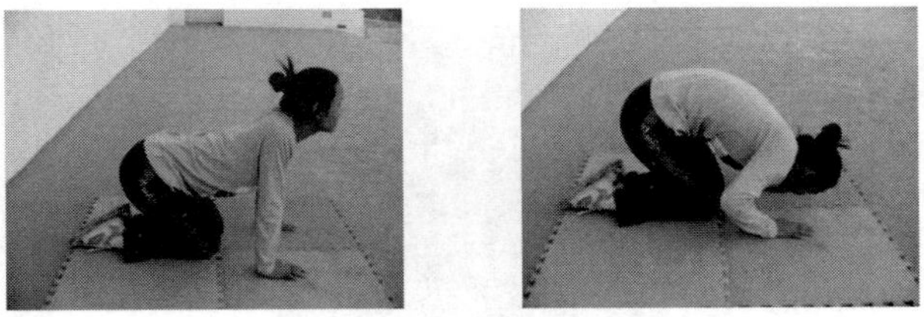

(a)　(b)

图 8-45　猫伸展式动作示意图

作用是放松颈、肩、背部肌肉，使脊柱及周围肌群更富弹性。

3. 金刚鱼式

动作要领：跪坐于地板上，双手放于两大腿上；吸气，呼气，身体慢慢向前，头顶逐渐触地，双手胸前合十（见图 8-46）。

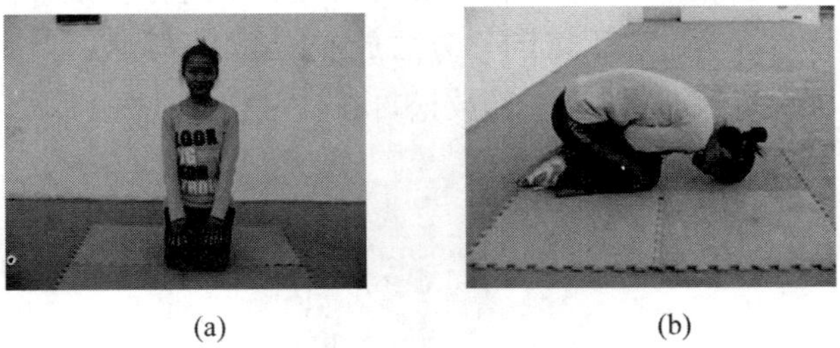

(a)　(b)

图 8-46　金刚鱼式动作示意图

作用是伸展脊椎、颈部与后背的肌肉。

4. 眼镜蛇式

动作要领：俯卧，两腿伸直，鼻子挨地，双手放在双肩正下方，手指分开；双腿紧贴在一起；整个练习中收紧双膝和臀部肌肉，吸气，鼻子沿地面滑动，慢慢抬头朝上看，肩膀上抬，带动胸部离开地面，手肘弯曲，贴紧胸廓(见图 8-47)。

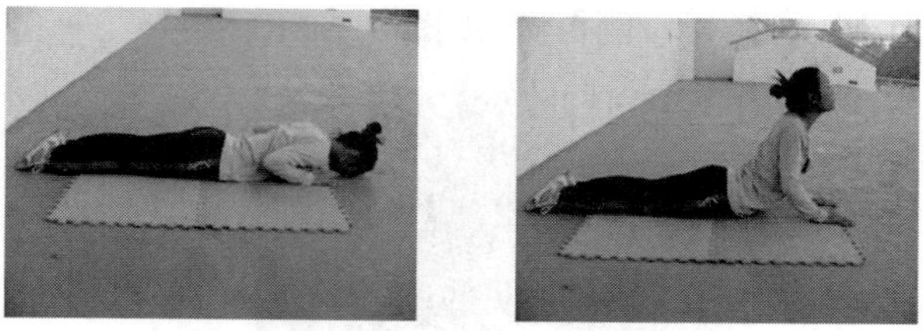

(a) (b)

图 8-47 眼镜蛇式动作示意图

作用是灵活后腰，减少腹部脂肪，紧实臀部、腿部后侧肌肉群。严重腰椎间盘突出者忌。

5. 双腿背部伸展式

动作要领：坐好，两腿伸直并拢，双手放膝关节上；吸气，伸直手臂上举，脊柱向上延伸，身体略后仰；呼气，从下背部开始向上逐渐弯曲上体，双手抓脚；慢慢降低上体重心，两肘稍向外用力，帮助躯干下降；放松颈部，头自然下垂，闭眼，注意力集中于眉心；最终达到头触膝，保持 10～30 s，正常呼吸；吸气，伸直手臂抬起上体，呼气，手放下(见图 8-48)。

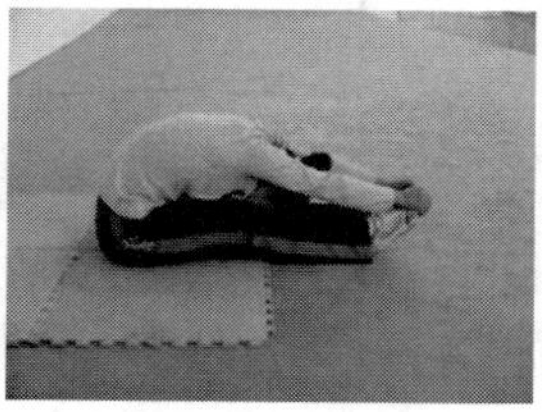

图 8-48 双腿背部伸展式动作示意图

作用是伸拉大腿后侧韧带，减少脂肪；伸展腰背部肌肉群、缓解坐骨神经痛。

6. 骆驼式

动作要领：跪下，小腿平放于地面，膝盖打开至臀宽，脚板朝天；大腿及躯干成一直线，与地面成 90°；双手放在盆骨上方，手肘屈曲，挺直腰背，肩及手肘朝后方；吸气，由上背开始，身体慢慢向后弯，收紧大腿股四头肌、臀部和腹部；脸朝上，不过分伸展颈项；呼气，右手放右脚跟上，手掌向下，手指向后，然后左手依同一方法放左脚跟上；吸气，双手往脚掌方向用力，挺胸朝上，盆骨和大腿与地面保持垂直；头部放松，保持呼吸自然(见图 8-49)。

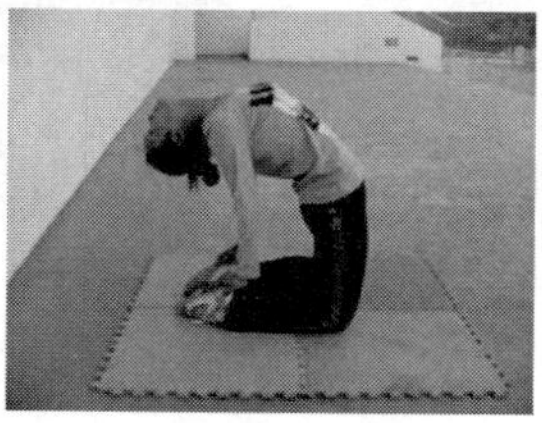

图 8-49 骆驼式动作示意图

作用是美化胸腰部曲线，防止胸部下垂，有严重腰椎间盘突出者忌。

7. 树式

动作要领：两脚并拢而立，扩胸收腹，膝内侧、大脚趾集中用力，额轻微上抬。吸气后，边呼气边弯曲右膝，脚背紧贴髋关节，脚底朝上；左腿支撑全身重量，双手向上伸出，手掌合十，缓慢呼吸，静止 20～60 s；另一条腿做相同练习（见图 8-50）。

图 8-50　树式动作示意图

作用是提高平衡力、专注力；强壮腿部力量，伸展双臂及上背部，扩展胸部。

8. 骑马式

动作要领：尽量向后伸出左腿，同时屈右腿；两臂伸直，双掌合十；身体重量由右脚、左膝和左脚趾来支撑；最后头向后仰起，背成弓形，向上凝视（见图 8-51）。

图 8-51　骑马式动作示意图

作用是伸拉胯部韧带，减少大腿内侧、前侧脂肪，灵活后腰。

9. 双莲花坐式

动作要领：坐下，两腿向前伸直。双手抓左脚，将其放在右大腿上，脚跟放在肚脐下，左脚板底朝天；双手抓右脚，把它扳过左小腿上方，放在左大腿之上；右脚跟放在肚脐下，右脚板底也朝天；伸直脊椎，两膝紧贴地面；交换两腿位置，并重复此练习（见图 8-52）。

图 8-52　双莲花坐式动作示意图

作用是促进腿部血液循环，灵活脚踝、脚背，对冥想有较大帮助。

10. 鱼式变体式

动作要领：仰卧，用两肘支撑地面，挺胸，抬高下巴，背部拱起，头顶顶地面，尽量拱高背部，双手于胸前合十，再向后伸直，接近地面，保持深呼吸。慢慢还原，休息(见图 8-53)。

作用是刺激头顶百会穴，美化胸腰部曲线，锻炼腹部及腿部力量。

(a)

(b)

图 8-53　鱼式变体式动作示意图

11. 狗伸展式

动作要领：身体拱成倒“V”形，双手于体前伸直，手指向前，肩部下压；双腿伸直，脚后跟压住地面(见图 8-54)。

图 8-54　狗伸展式动作示意图

作用是缓解脊柱压力，同时增加腿部肌肉力量及肩膀弹性。

第六节　舍　　宾

悦耳清雅的音乐伴奏，节奏欢快的优雅舞姿，陶冶神志情操，调节神经功能。

一、舍宾概述

1. 舍宾的产生与发展

舍宾是英文 shaping 的译音，源于 20 世纪 90 年代的俄罗斯，其含义是形体整型、塑造或雕塑，是有别于健美操、有氧操的一种全方位追求形体美和形象美的运动，目前其流行范围越来越广。

舍宾融合了体育、营养、美容、舞蹈等众多学科中对“美”的理解，是目前世界上唯一获得专利的形体雕塑系统。1995 年舍宾进入中国，教练通常将舍宾练习过程比喻成捏泥巴，针对每个人不同的骨骼类型、不同的部位来雕塑体形。舍宾形体运动以其独特的理论、先进科学的训练方法、明显的减肥健美效果，一经推出便火爆都市，风靡全球，迅速成为现代都市女性追求的时尚。

2. 舍宾系统组成

舍宾系统包括信息处理系统、形体训练和运动处方、营养处方、形体语言训练及形象设计等内容。

(1) 信息处理系统。舍宾运动有专门的舍宾信息处理软件,包括形体测评、营养咨询及形象设计等内容。锻炼者在进入正式锻炼前,要通过测试得到一个综合性的测评意见。

(2) 形体训练和运动处方。舍宾运动是对脂肪的局部消耗和全身消耗全部给出合理指导的运动处方系统。舍宾舞蹈是在舍宾形体训练的基础上发展起来的,专门为 18～45 岁女性设计,集舞蹈、体操、健美、时装模特等专业训练方法于一体,是舞蹈与健身的完美结合。

(3) 营养处方。舍宾营养处方是对训练者的日常饮食、烹饪方法、卫生保健及营养状况等给予综合评价后制定的科学化的配餐表。

(4) 形体语言训练。舍宾形体语言训练包括姿态训练、仪态训练、步态训练、协调性训练及肌肉训练等内容。其中姿态、仪态、步态和协调都是提高气质、塑造女性优雅形体的重要内容。

(5) 形象设计。舍宾形象设计包括健康、形体、形体语言、气质、整体形象设计(如服装、发型、美容化妆等)及与整体美相关的各种细节设计、养护及教育。

舍宾运动不仅仅有效地对参加者进行形体雕塑,而且还通过多种练习使参加者身体健康、动作协调、姿态优美、举止文雅得体。

3. 舍宾的特点及功能

现代人正在追求 5 个层次的人体美,即健康、静态形体美(外形、肢体围度、脂肪百分比、皮肤护理等)、动态美(姿势、表情、动作等)、气质美和整体美(包括自身和服饰、发型、化妆的协调配合)。舍宾运动是针对女性的生理特点,面对现代人对全面美的追求,创造性地开发出的一套人类形体的计算机测评系统和骨骼结构分类形体模型标准设计方法,是一套全新的形体雕塑和形象美化的科学方法,具有很强的综合性、科学性和针对性。目前练习舍宾的主要是女性群体,因此舍宾也被称做是"女人的私房运动"。

二、简易舍宾训练

(一) 舍宾基本训练课程

1. 姿态练习

在舒缓音乐的伴奏下进行伸展手臂、伸腿、弯腰等轻柔的动作,为正式活动做准备。

2. 姿势练习

姿势练习融合了芭蕾、拉丁、印度舞蹈等不同风格的舞蹈精髓,动作优美舒缓,可提高人的整体气质,对个人身心也有良好的调节作用。

3. 步态练习

穿高跟鞋,像模特般走步,慢慢抬腿、提胯、迈步,走成一条直线。

4. 协调性练习

在节奏韵律明快的音乐中做上下肢、左右肢的协调性和灵活性练习。

5. 肌肉练习

做大腿、臀部、腰腹部、背部、手部等不同部位的肌肉训练。

（二）简易舍宾活动

1. 调适运动

身体直立，右脚前跨半步，与左脚成丁字形，双臂左右平伸。弯腰向前，左手在右脚前方触地，心中默念到 10，左右交替练习 5～10 组。注意弯腰时上体保持平衡，脊柱伸展有力，双臂左右摇摆，维持身体平衡，调适肢体匀称。

2. 展臂运动

身体直立，右脚向前跨出一步，与左脚形成丁字形。身体上半身平直向前倾俯，左脚跟抬起，脚尖着地，身体与左腿成直线，与地面成 30°，双手臂向身体两侧平伸，双目俯视地面，心中默念到 10，左右肢交替进行 5～10 组。注意腰背平直，俯倾适度，收腹缩臀，臂腿协调。

3. 举臂运动

双脚分开，相距一步，脚成八字形站立。双手臂向身体两侧平伸。缓慢抬起右臂，略微屈肘，小臂上举，心中默念到 10，左右交替进行 5～10 组。注意举臂稍慢，脊柱挺直，同时收腹缩臀，双腿挺直用力。

4. 伸腿运动

身体直立，双腿分开，相距半步，双臂上举。上半身向右侧弯，头与双臂同时向右，右腿稍弯，左腿向右伸直，脚尖着地，心中默念到 10，左右下肢交替进行 5～10 组。注意保持伸腿平直有力，臀部紧缩，大腿与小腿肌肉匀称发展，外形丰满圆润。

5. 弓腿运动

身体直立，双手臂在身体两侧平伸，左腿略弓，左脚站稳，支持身体重心。右腿后伸，脚尖着地，保持平衡。身体向左前倾，双臂随之倾斜，上身平直，目视前方。心中默念到 10，左右腿交替进行 5～10 组。注意弓腿有力，锻炼腿部肌肉，协调四肢，挺胸收腹，保持平衡。

6. 踢腿运动

身体直立，右侧站稳，左腿前伸，用力挺直，左手臂后伸，右手臂前伸，掌心向上，目视右手，心中默念到 10，左右交替进行 5～10 组。注意单腿直立时，重心平稳，力度均衡，用力踢腿，上身平衡。

7. 侧身运动

身体直立，右脚向外，左脚向前，呈丁字形，保持站立平稳。双臂向左右两侧平伸；身体向左侧弯 30°，头略转，视线随右手臂方向凝视，心中默念到 10，左右上肢交替进行 5～10 组。注意挺胸收腹，肩臂展平，锻炼两侧均衡协调，肢体匀称发展。

8. 平衡运动

双腿分开，相距一步，脚呈八字站立，双臂在身体两侧斜上方直伸，手指伸直。昂首收颌，挺胸收腹，心中默念到 10，左右交替进行 5～10 组。注意身姿匀称，脊柱平直，双腿挺立；呼吸均匀，保持形体姿态平衡。

9. 协调运动

身体直立，右脚向前跨出半步，双手臂在身体两侧左右平伸，这时右腿屈膝弓腿，左腿向后叠起屈膝下弯，呈半跪姿势。左手臂向内屈肘，右手臂向斜上方伸展。身体向左侧倾，头随之稍转，双目视右上方，心中默念到 10，左右交替进行 5～10 组。注意肢体弯曲适度，动作准确，臂腿协调，呼吸均匀。

上述动作需要一次连续做完。可自选一段轻松乐曲，身着弹力体操服，在清晨或是晚间饭后睡前进行，隔日一次。每节次数可根据身体的耐受力酌定。

第七节　跆　拳　道

大千世界乱纷纷，我自安坐静我心。云展云舒随风意，花开花谢任风勤。不似世人忙里老，得来闲暇养精神。勤于纸上寻欢乐，年逾古稀有童心。

一、跆拳道简介

跆拳道是由中国武术流传演化而来的，在朝鲜、韩国民间较流行的一种简单、易学、实用、徒手自卫性武术，也是一项培养道德、礼仪和高尚情操的体育项目。它由品势(特尔)、搏击和功力检验三部分内容组成。由于其具有简捷实用、内外兼修和手脚并用的运动特点，因此深受广大青少年的喜爱，并在世界范围内得到了广泛的传播和发展。目前有 170 多个国家和地区开展跆拳道运动，直接或间接参与这项运动的人数已超过 8 000 万人，并且还有不断增加的趋势。

目前跆拳道组织主要分为两个体系：国际跆拳道联盟(ITF)体系和世界跆拳道联盟(WTF)体系。

延伸阅读

1961 年 9 月，韩国成立了唐手道协会，后更名为跆拳道协会，并成为全国运动会正式竞赛项目。

1966 年 3 月，跆拳道创始人崔泓熙将军创立了第一个跆拳道国际组织，即国际跆拳道联盟，当时有 9 个国家加入。但崔泓熙将军于 2002 年逝世后，ITF 即分裂为三大组织，分别由崔泓熙将军亲子崔重华师圣、国际奥委会资深委员张雄及奥地利维也纳国际跆拳道联盟主席 Master Tran Trieu Quan 主持。

1973 年，世界跆拳道联合会在韩国汉城成立，有美国、中国、日本、加拿大、朝鲜、中国香港、英国等 20 多个国家和地区加入。

1974 年，在加拿大蒙特利尔举办了第一届国际跆拳道锦标赛。

1975 年，世界跆拳道联合会被国际体育联合会接纳为正式会员。

1980 年，国际奥委会正式承认世界跆拳道联合会。

2000 年，跆拳道被列为奥运会正式比赛项目，采取 WTF 体系。

我国跆拳道的发展经历了从院校到大众、竞技体育与大众健身体育相互促进的过程，目前已成为国家体育总局的重点发展项目。跆拳道的主要特点有：以腿为主，以手为辅，身体主要关节武器化；动作简捷，刚直相向；内外兼修，方法独特，以功力验水平。正是由于具有以上特点，跆拳道可提高身体各关节的灵活性及肌肉的伸展性与收缩能力，全面提高人的身体素质，还可提高人内脏器官的机能和神经系统的灵活性，增强人体的击打和抗击打能力。

通过攻防练习,可以学习掌握实用技击术,提高防身自卫能力。通过跆拳道的练习和跆拳道精神的学习,可培养人顽强果断、吃苦耐劳的精神,养成礼让谦逊的美德。通过观看跆拳道比赛或实战,可感受到运动美,还能激发人的斗志,陶冶人的道德情操。可以说,跆拳道对人的身心发展是非常有好处的。

二、跆拳道基本技术

跆拳道有两个体系,但由于奥运会是以 WTF 体系为准,故本书将向大家简要介绍 WTF 体系中的跆拳道基本技术。

(一) 跆拳道使用部位主要术语及动作要领

1. 拳法

拳法在竞技跆拳道中主要有正拳,在品势(相当于中国武术中的套路)中有正拳、勾拳和锤拳等。

(1) 正拳也称平冲拳或直拳:将手的四指并拢握紧,拳面平,拇指压贴于食指和中指的第二指关节上(见图 8-55)。使用正拳时,用拳的正面的食指和中指部分击打。

(2) 勾拳:握法同正拳。使用时用食指和中指关节根部的突出部分击打(见图 8-56)。

图 8-55　正拳

图 8-56　勾拳

(3) 锤拳:握法同正拳。使用时用小指和手腕间的肌肉部分击打(见图 8-57)。

(4) 平拳:向前平伸拳,然后弯曲手指的第二指关节,指尖贴紧手掌,拇指弯曲紧贴食指尖,用第二指尖击打(见图 8-58)。

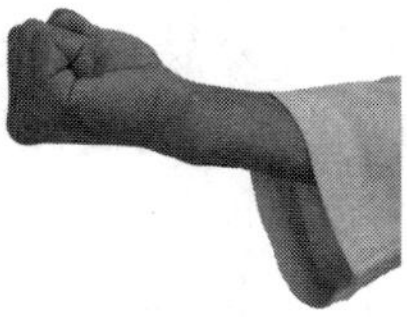

图 8-57　锤拳

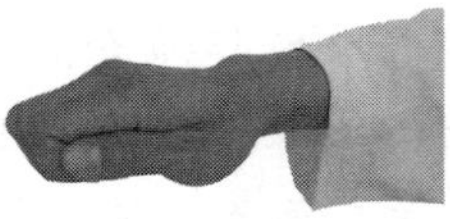

图 8-58　平拳

(5) 中突拳:中指弯曲或食指从正拳握法中突出,主要击打太阳穴和两边肋部(见图 8-59)。

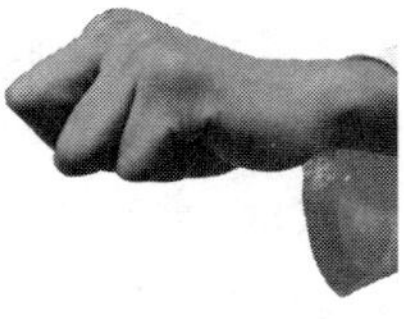

图 8-59　中突拳

2. 掌法

(1) 手刀:四指伸直,拇指弯曲靠近食指,用小指侧的掌外沿攻击对方(见图 8-60)。只局限于在品势中使用。

(2) 背刀:此掌法与手刀基本相同,用食指侧攻击对方(见图 8-61)。只限于在品势中使用。

(3) 贯手:手形与手刀基本相同,要求微屈中指,主要用四指指尖截击对方的要害部位,如攻击对方的眼睛、喉部等(见图 8-62)。只限于在品势中使用。

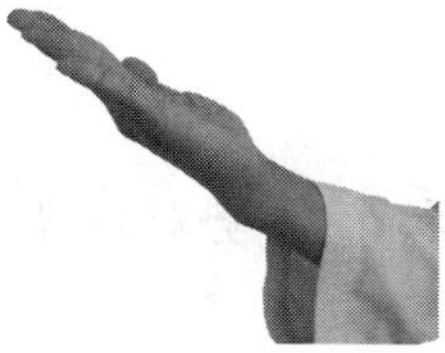

图 8-60　手刀

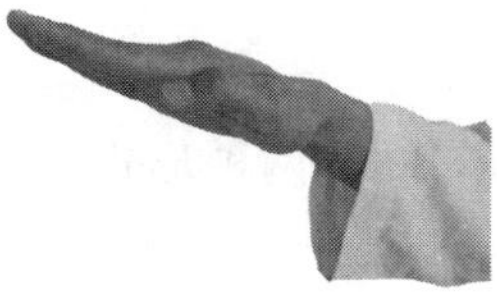

图 8-61　背刀

图 8-62　贯手

3. 臂部

(1) 腕关节的四周部位。主要用于防守格挡。

(2) 肘部:用肘的鹰突关节攻击,只限于在品势中使用。

(3) 前臂和上臂:主要用外侧进行格挡防守,其中前臂的格挡在跆拳道比赛中经常被运动员所使用。

4. 膝部和脚部

跆拳道比赛中,运动员主要以腿攻为主,采用的脚的部位是脚面、足刀、脚尖和脚跟。

(1) 膝部:用膝盖顶击对方,只局限于在品势中使用。

(2) 脚面:用脚的正面部分攻击对方,主要用来踢击对方髋关节以上、锁骨以下被护具包围的部位和头部的侧面剖面。

(3) 足刀:用脚外沿侧蹬对方,多用于侧踢、推踢。

(4) 脚尖:主要用脚趾前端的部位进攻对方。

(5) 脚跟:主要用脚跟后踢和推踢对方。

(6) 前脚掌:主要用前脚掌攻击对方,多用于劈腿。

(二) 实战姿势

1. 标准实战姿势

左脚在前称为左势,右脚在前称为右势,此处以左势为例。

双脚前后开立与肩同宽,左脚尖正对右斜前方,右脚脚跟抬起,膝关节微屈,重心在两脚之间;上体自然直立,正对右斜前方,双手握拳,拳心相对,两臂弯曲置于胸前;头部挺直正对前方,目视正前方(见图 8-63)。

2. 侧向实战姿势

身体完全侧向,左右脚在一条直线上,其他部位动作同标准实战姿势(见图 8-64)。

3. 低位实战姿势

身体姿势同标准实战姿势,只是双膝弯曲加大,重心降低(见图 8-65)。

图 8-63　标准实战姿势示意图

图 8-64　侧向实战姿势示意图

图 8-65　低位实战姿势示意图

（三）与对手相关的站位

1. 开式站位

开式站位包括左势对右势和右势对左势两种形式，图 8-66 所示为左势对右势。

2. 闭式站位

闭式站位包括左势对左势和右势对右势两种站位形式，图 8-67 所示为左势对左势。

图 8-66　开式站位示意图

图 8-67　闭式站位示意图

（四）基本步法

在跆拳道技术体系中，步法是非常重要的一个环节。在竞赛跆拳道中亦有规则限制，在比赛中运动员主要用腿攻击和防守反击，运动员步法的灵活与否，在一定程度上决定了其进攻和防守或反击的效果。故学跆拳道必先了解基本步法。

1. 上步

(1) 动作过程及要领：右势站立，右脚向前上一步，成左势；反之左势亦然。上步时通过向左拧腰转髋完成，两臂在体侧自然上下移动，重心应稳定。

(2) 实战使用：上步常用于逼近对手后撤，或引诱对手进攻，而当对手使用上步时，自己即可使用进攻技术攻击对手。

2. 后撤步

(1) 动作过程及要领：右势站立，左脚向后撤一步，成为左势准备姿势；反之左势亦然。后撤步时重心保持平稳移动，通过向左拧腰转髋完成，两臂在体侧自然上下移动。

(2) 实战使用：后撤步常用于对手向自己使用前旋踢时。当对手准备继续进攻时，可用前腿的侧踢或鞭踢或下压阻击对手。

3. 前跃(进)步

(1) 动作过程及要领：右势站立，两脚同时向前跃进一步，保持右势准备姿势；反之左势亦然。向前跃步时，重心不宜起伏过大，尽量使重心平稳移动，两脚稍离地即可。

(2) 实战使用:前跃步时,常用于快速接近对方以使用旋踢或下压等进攻动作;当对方前跃步时,可用前腿的劈腿或后踢或后旋踢迎击对方,但有时对方使用前跃步是为了引诱自己反击后要调整重心时再进攻得点,因此,此时自己可后撤一步而不被对方所利用。

4. 后跃步

(1) 动作过程及要领:右势站立,两脚同时向后回撤一步,保持右势准备姿势;反之左势亦然。向后回撤时,重心不宜起伏过大,尽量使重心平稳移动,两脚稍离地即可。

(2) 实战使用:后跃步常用在对方进攻,自己需要快速与对方拉开距离时,此时由于自己有一个向后撤的惯性,再用进攻的动作就一定有难度,一般是使用迎击动作如后踢或后旋踢等。因此若对方使用后跃步时,自己要防止对方的阻击动作;如果自己使用组合动作,在对方后跃步时,自己一般使用侧踢、推踢或外摆下压等动作。

5. 原地换步

(1) 动作过程及要领:右势站立,两脚原地前后交换,由右势换成左势;反之左势亦然。重心不宜起伏过大,尽量使重心平稳移动,两脚稍离地即可。

(2) 实战使用:原地换步常用在对方与自己是闭式站位,自己为了与对方形成开式站位用以更有利于击打对方胸部时,或是为了不让对方的优势腿发挥威力,使对方感到别扭。而当对方原地换步时,可利用此时机抢攻得点。

6. 侧移步

(1) 动作过程及要领:第一种步法是以前脚为轴,后脚向左(右)侧方向移动,用以改变与对手的站位方向;第二种步法是右势站立,右脚先向右(或向左)侧移动一步,随之左脚也迅速向右(或向左)侧移动一步。一般将身体重心移向前脚,以利于后脚进攻。

(2) 实战使用:主动进攻时,对方反应速度快,则使用向一侧移动侧移步,诱使对方来不及调整身体重心而不能很好地反击。或是当对方进攻,自己不向后撤,而使用侧移步与对方贴近使用进攻动作。

7. 垫步

(1) 动作过程及要领:右势站立,右脚向左脚内侧上步,同时左腿迅速抬起以便进攻和防守。

(2) 实战使用:主要在主动进攻时用前腿攻击对方。

(五) 基本腿法

1. 前踢

前踢是学习旋踢的基础,在品势中常被使用。

(1) 动作过程及要领。左势站立,重心移至左腿,提起右大腿同时髋部略向左转,两大腿内侧之间的距离尽量小,膝盖朝前,脚面稍绷直,双手握拳自然垂于身体两侧;继续将髋关节前送,右大腿向前抬提,当大腿抬至水平或稍高时,向前弹出小腿,用脚面击打目标;直接向右转髋使右小腿折叠快收回原位,然后后撤右腿,还原成左势准备姿势(见图 8-68)。击打时脚面应绷直,小腿弹直的一瞬间,应有一个制动过程,使脚产生鞭打的效果。此腿法主要攻击对手的面部和下颌。

(a) (b) (c)

图 8-68 前踢动作示意图

(2) 易犯错误与纠正方法。

① 踢时髋部未前送。

纠正方法:针对性地练习提腿送髋姿势,并由教师、教练或同伴予以纠正。

② 提膝时未直线出腿;击打时脚面未绷直;支撑腿未积极配合髋部的转动。

纠正方法:先分解练习单个动作,再完整练习,熟练后利用脚靶配合进行练习。

③ 小腿弹出后,在弹直瞬间无制动过程。

纠正方法:利用脚靶配合进行练习,并逐渐提高前踢的高度和远度。

2. *旋踢*

旋踢是跆拳道比赛中最常用的动作之一,亦是运动员得分的主要技术之一。

(1) 动作过程及要领。右势站立,重心移至左腿;提起右大腿同时髋部略向左转,膝盖朝前,大小腿折叠,脚面绷直;继续将右大腿向前提高,左脚向外侧转动,右腿快速鞭打踢出小腿,膝盖朝向左侧;击打后右脚自然落下成左势,之后后撤左脚,还原成右势准备姿势(见图 8-69)。注意提膝应尽量随着转髋同时进行,为保护重心,躯干应稍向左后倾以配合快速转髋。此腿法主要进攻对手的胸部、肋部及面部。

(a) (b) (c)

图 8-69 旋踢动作示意图

(2) 易犯错误及纠正方法。

① 腿上提时躯干未稍后倾,使腿的长度未被充分利用。

纠正方法:针对性地练习提腿送髋姿势,并由教师、教练或同伴予以纠正。

② 先转髋再提膝,造成膝盖过早偏向右侧。

纠正方法:针对性地练习转髋提膝的动作,对镜练习,并由教师、教练或同伴予以纠正。

③ 小腿弹出后,在弹直的一瞬间无制动过程。

纠正方法:利用脚靶配合进行练习。

3. 反击旋踢

动作过程和要领基本同旋踢，只是支撑腿随身体重心的移动轨迹向后或向斜后方移动，当对手进攻时，自己迅速向后移动重心，使用反击旋踢得点(见图 8-70)。

(a) (b) (c) (d)

图 8-70 反击旋踢动作示意图

(六) 基本技术训练方法

跆拳道基本技术的主要训练方法可概括为以下几点。

1. 自我训练法

(1) 对镜练习法。自己面对镜子练习各种技术动作，边练习边自我观察。通过对镜练习可以较快地掌握基本动作。一般的跆拳道道馆和训练馆均设有镜子。

(2) 模仿练习法。通过图片或视频模仿优秀运动员及有效技术组合进行技术练习。通过模仿可了解和掌握技术动作的特点、优势和实战运用效果，有利于更好地掌握和运用技术。模仿练习时，可请教师、教练或同伴在旁监督和提醒，以利于改进与提高。

(3) 踢打沙袋练习法。沙袋练习是跆拳道训练的一种重要方法，通过踢打沙袋，可提高腿法技术的完成速度和击打力度，进而提高技术训练的质量。

2. 配合训练法

通过和教师、教练或同伴的配合，训练基本技术和组合技术。此法较灵活，练习时教师、教练或同伴可做出多种不同的配合动作，以训练练习者的各种技术，提高其运用技术的效果和能力。常用的方法具体有:听口令完成技术动作、脚靶练习法和踢组合靶练习。

3. 模拟训练法

可模拟比赛的环境进行训练，以提高灵活运用和发挥技术的能力。

4. 实战训练法

跆拳道十分注重实战，训练专项技术的目的亦是实战，实战是对技术训练效果的有效验证和进一步促进。因此，应经常进行测验赛和对抗赛等多种形式的实战比赛提高练习者有效运用技战术的能力，并丰富其临场经验，提高其自信心。

三、跆拳道常识和主要竞赛规则

(一) 比赛场地

跆拳道比赛场地为长 10 米，宽 10 米的水平且无障碍物的正方形场(儿童比赛场地为长、宽均为 7 米的正方形场)。场地地面为有弹性的垫子。场地中央长 8 米、宽 8 米的区域为比赛区,其余部分为警戒区。

(二) 级位与段位

黑带是跆拳道高手的象征,是实力的体现,还体现了一种荣誉和责任。

黑带段位分一至九段。一至三段为黑带新手的段位,称为"副师范";四至六段是高水平的段位,称为"师范";七至九段只能授予具有很高学识造诣和对跆拳道发展作出重大贡献的杰出人物,其中七至八段称为"师贤",九段称"师圣"。四段以上有资格申报国际教练和国际裁判,并有资格担任道馆馆长或总教练。

黑带一段以上选手有资格参加国际比赛。

(三) 世界跆拳道联盟最新段位与年龄标准

(1) 白带(10 级):必修基本动作或太极一章。

(2) 白黄带(9 级):必修太极一章。

(3) 黄带(8 级):必修太极二章。

(4) 黄绿带(7 级):必修太极三章。

(5) 绿带(6 级):必修太极四章。

(6) 绿蓝带(5 级):必修太极五章。

(7) 蓝带(4 级):必修太极六章。

(8) 蓝红带(3 级):必修太极七章。

(9) 红带(2 级):必修太极八章。

(10) 红黑带(1 级):必修太极一至八章。

(11) 黑带(1 段/1 品):必修高丽;升级年资为 1 年;年龄为 15 岁或以上,年龄不足者为 1 品。

(12) 黑带(2 段/2 品):必修金刚;升级年资为 2 年;年龄为 16 岁或以上,年龄不足者为 2 品。

(13) 黑带(3 段/3 品):必修太白;升级年资为 3 年;年龄为 18 岁或以上,年龄不足者为 3 品。

(14) 黑带(4 段/4 品):必修平原;升级年资为 4 年;年龄为 21 岁或以上,年龄不足者为 4 品。

(15) 黑带(5 段):必修地跆;升级年资为 5 年;年龄为 25 岁或以上。

(16) 黑带(6 段):必修天拳;升级年资为 6 年;年龄为 30 岁或以上。

(17) 黑带(7 段):必修汉水;升级年资为 7 年;年龄为 36 岁或以上。

(18) 黑带(8 段):必修一如;升级年资为 8 年;年龄为 44 岁或以上。

(19) 黑带(9 段):由特别组织评核,在跆拳道方面有重大贡献者;升级年资为 9 年;年龄为 53 岁或以上。

(20) 黑带(10 段):最高段位;年龄为 60 岁或以上。

(四) 腰带颜色的象征意义

(1) 白带:白带代表空白,练习者没有任何跆拳道知识和基础,一切从零开始。

(2) 黄带:黄带是大地的颜色,就像植物在泥土中生根发芽一样,在此阶段要打好基础,并学习大地厚德载物的精神。

(3) 黄绿带:介于黄带与绿带之间的水平,练习者的技术在不断上升。

(4) 绿带:绿带是植物的颜色,代表练习者的跆拳道技术开始枝繁叶茂,跆拳道技术在不断完善。

(5) 绿蓝带:由绿带向蓝带的过渡带,练习者的水平处于绿带与蓝带之间。

(6) 蓝带:蓝带是天空的颜色,随着不断地训练,练习者的跆拳道技术逐渐成熟,就像大树一样向着天空生长,练习跆拳道已经完全入门。

(7) 蓝红带:练习者的水平比蓝带略高,比红带略低,介于蓝带与红带之间。

(8) 红带:红色是危险、警戒的颜色,练习者已经具备相当的攻击能力,对对手已构成威胁,要注意自我修养和控制。

(9) 红黑带:经过长时间系统的训练,练习者已修完 1 级以前的全部课程,开始由红带向黑带过渡。

(10) 黑带:黑带代表练习者经过长期艰苦的磨炼,其技术动作与思想修为均已相当成熟。也象征跆拳道黑带不受黑暗与恐惧的影响。

(五) 主要竞赛规则

1. 比赛运动员重量级别的划分

(1) 一般比赛运动员重量级别划分情况。具体划分见表 8-16。

表 8-16　跆拳道比赛运动员重量级别划分一览表

级别 \ 性别	男　子	女　子
鳍量级	54 千克以下	47 千克以下
蝇量级	54～58 千克	47～51 千克
雏量级	58～62 千克	51～55 千克
羽量级	62～67 千克	55～59 千克
轻量级	67～72 千克	59～63 千克
次中量级	72～78 千克	63～67 千克
中量级	78～84 千克	67～72 千克
重量级	84 千克以上	72 千克以上

(2) 奥运会比赛运动员重量级别划分情况。

① 男子组:58 千克以下;58～68 千克;68～80 千克;80 千克以上。

② 女子组:49 千克以下;49～57 千克;57～67 千克;67 千克以上。

2. 比赛时间

每场比赛分为 3 局,每局比赛时间为 3 分钟,局间休息 1 分钟。青年锦标赛每场比赛为 3 局,每局比赛时间 2 分钟,局间休息 1 分钟。

3. 比赛中对使用技术和攻击部位的规定

(1) 使用拳的技术时须握紧拳,用拳正面的食指或中指部分击打;使用脚的技术时,用踝关节以下的脚的前部击打;指、掌、肘、膝、抓、搂、抱、推等动作在比赛中禁用,如出现将被警告或扣分。

（2）比赛中允许攻击的部位包括髋骨以上至锁骨以下以及两肋部，可攻击背部。头部两耳向前头颈的前部只允许用脚的技术攻击。

4. 比赛得分

（1）使用允许的技术，准确有力地击中有效得分部位，击头得 3 分，旋踢和后踢得 2 分，其他技术得 1 分。一个技术动作的最高分为 3 分。

（2）有效得分部位包括腹部和两肋条部以及面部允许被攻击的部位。

（3）若使用允许的技术击中被护具保护的非有效得分部位，击倒对方时按得分计。

5. 获胜方式

（1）击倒胜（KO 胜）。

（2）主裁判终止比赛胜（RSC 胜）。

（3）对方弃权胜（弃权胜）。

（4）对方失去资格胜（失格胜）。

（5）主裁判判罚犯规胜（犯规胜）。

实地训练

跆拳道——旋踢

【目标】通过实训掌握旋踢的基本技术。

【内容】跆拳道旋踢技术练习。

【场地】跆拳道室。

【方法与步骤】1. 功放上步转体动作要迅速果断，左脚内扣落地时脚跟对敌。

2. 右脚随身体右转向右后侧摆起时不要太高，以能带动身体旋转起跳为宜。

3. 左脚蹬地起跳，身体腾空，但不过膝，目的是快速旋转出腿。

4. 右脚横踢时，左腿向下落地，要快落站稳，即横踢目标的同时左脚落地。

5. 重复练习，注意保护自己。

思考与练习

（1）体操运动有哪些特点及功能价值？

（2）形体训练有哪些内容？标准的坐、走、站姿有哪些要求？

（3）健美操运动有哪些特点？健美操基本的步法有哪些？

（4）瑜伽运动有几种呼吸方法？长期练习对人体会产生怎样的影响？

（5）简述体育舞蹈的产生及发展情况。

（6）什么是舍宾？有哪些特点？

第九章　休闲娱乐类运动

主要内容

本章主要介绍保龄球、轮滑、定向运动、登山运动、野外生存训练等室内、室外休闲娱乐类运动项目的产生、发展、特点、分类，所需的主要装备，基本的技术方法及安全注意事项。

学习目标

了解保龄球、轮滑、定向运动、登山运动、野外生存训练等休闲娱乐类运动项目的基本特点，懂得基本的运动方法及技巧，掌握基本的野外生存生活技巧。通过形形色色的户外运动，树立积极、健康、快乐、真实、自然的生活方式和观念。

第一节　保　龄　球

人生不必苛求完美，只要你拥有一个轻松自我的微笑，只要你拥有一份向上进取的心境，只要你满足于自己的踏实努力，便能够好好地欣赏别人，别人也能欣赏你。

一、简介

保龄球(bowling)又叫“地滚球”，是一种在木板球道上用球滚击木瓶的室内体育运动。

保龄球运动可以追溯到13世纪的德国，在当时的教会里流行着一种“九柱球”的游戏(当时的天教主在教堂的走廊上安放木柱象征异教徒和邪恶，以球滚地击之来赎罪、消灾避邪)，以检验教徒对宗教的信仰程度。直到宗教革命之后，马丁路德统一了九瓶制，成为现代保龄球运动的真正起源。如今，保龄球已经成为现代社会中的一项时尚运动，流行于欧、美、大洋洲和亚洲一些国家。

17世纪荷兰移民将九瓶制带到美洲，18世纪末到19世纪美国人对九瓶制保龄进行了改革，创立了十瓶制保龄球。1875年，美国纽约地区9个保龄球俱乐部的27名代表组成了世界上第一个保龄球协会，规定了球道的长短和球瓶的大小，为保龄球成为正规的体育运动奠定了基础；1895年，美国保龄球总会(ABC)正式成立，规定将保龄球瓶排列为正三角形并确定了标准保龄球的直径；1916年美国女子保龄球总会(WABC)成立，1935年美国青年保龄球总会(YABC)成立，从而推动了保龄球运动的普及和传播。1952年，国际保联(FIQ)在芬兰成立，下辖世界9瓶保龄球协会和世界十瓶保龄球协会两个分支组织。1954年，第一次保龄球国际比赛在芬兰的首都赫尔辛基举行；1963年，举行了第一届保龄球世界锦标赛；1964年，举行了第一届保龄球世界杯赛；1968年，举行了首届保龄球亚洲锦标赛；1974年，保龄球项目被列为亚运会正式比赛项目；1988年，第二十四届汉城奥运会上，保龄球被列为表演项目;1992 年,第二十五届巴塞罗那奥运会首次将保龄球列为正式比赛项目。

19 世纪下半叶保龄球运动传入我国,19 世纪初 20 世纪末在北京、上海、天津有少量的保龄球馆。1984 年国家体委将十瓶制保龄球列为我国发展的体育项目。1985 年 5 月 26 日中国保龄球协会成立,并随后代表我国加入亚洲和国际保龄组织。

保龄球主要由球、球道、球柱三部分组成。球上有 3 个孔,便于手指插入球体,球的重量一般在 9～16 磅之间。球道一般约长 19.15 米,宽为 1.15 米,终端的 10 根瓶柱摆成三角形作为靶体。

延伸阅读

保龄球礼仪十五则

1. 上投球区时,请务必更换保龄球鞋。
2. 只使用自己的保龄球。
3. 遵守先右后左的原则。
4. 待球瓶完全排好后再投球。
5. 请勿侵入相邻的球道。
6. 不要随便进入投球区。
7. 当相邻投球区的人已准备好时,请让先。
8. 投球的预备姿势请勿过久或呆立在投球区内。
9. 投球动作结束后,请勿久留在球道上。
10. 请勿打扰投球者的注意力。
11. 切勿投出高球。
12. 勿在投球区以外挥动保龄球,特别是在别人休息的座椅前。
13. 成绩不佳时,请勿轻率迁怒球道。
14. 不要随便批评别人的缺点。
15. 勿将饮料洒落于球道上。

二、比赛基本规则及记分方法

1. 比赛基本规则

(1)保龄球是以局为单位,以击倒球瓶数的多少来记分并决定胜负的。一局分为 10 格,每格有两次投球的机会。如果在一格中,第一次投球就把 10 个球瓶全部击倒,即全中,就不能再投第二次。唯有第 10 格不同,第一次投球如果投得全中,仍要继续投完最后两个球;如果是补中,就要继续投完最后一球,结束全局。值得强调的是,如果两次投球没有将 10 个瓶全部击倒,那么第三次机会就会被自动取消。

(2)比赛以抽签的方式决定道次。每局在相邻的一对球道上进行比赛,每轮互换球道,直至全局结束。第二局需互换球道,单数的球员向左移动,双数的球员向右移动。有时也可以统一向右移动道次,目的是为了每个球员都能相遇和机会均等。投球的先后以抽得的 A、B、C 顺序为准。

(3)保龄球比赛时，均以6局总分累计决定名次。

①单人赛：将每一局的成绩相加，以6局总分最高者为冠军，次者为亚军，再次为第三名。

②双人赛：每人6局，以二人合计12局累计总分高低决定名次。

③三人赛：每人6局，以三人合计18局累计总分高低决定名次。

④五人赛：每人6局，以五人合计30局累计总分高低决定名次。

⑤全能赛：以每人24局总分高低决定全能名次。

⑥精英赛：通过上述前四项比赛，取24局总分的前16名参加准决赛，进行单循环后共打完15局，取15局总分的前4名参加挑战赛。第四名对第三名，是第一次挑战；胜者对第二名是第二次挑战，胜者对第一名的比赛称为决赛，连胜两局者为冠军，连负二局者为亚军。一胜一负两局总分高的为冠军，一胜一负两局分低的为亚军。如果两局总分相同，就要看双方第九轮与第十轮的成绩了，分数高的夺得冠军。

2. 记分方法

(1)全中：当每一个格的第一次投球击倒全部竖立的十个瓶子时，称为全中。用(×)符号记录在记分表上该格上方右边的小方格中。全中的记分是10分加该运动员下两次投球击倒的瓶数。一局的最高分300分，运动员必须投出十二个全中。

(2)补中：当第二次投球击倒该格第一个球余下的全部瓶子，称为补中，用(/)表示。记录在该格右上角的小方格内。补中的记分是10分加运动员下一个球击倒的瓶数。

(3)失误：除第一次投球后形成分瓶外，当运动员在某格两次投球后，未能将十个瓶子全部击倒，即为失误。

(4)分瓶：分瓶是指在第一球投出后，把1号瓶及其他几个瓶子击倒，剩下的瓶子呈下列状态：

①2个或2个以上的瓶子，它们之间至少有1个瓶子被击倒时，如7号瓶和9号瓶、3号瓶和10号瓶。

②2个或2个以上的瓶子，紧挨在它们前面的瓶子至少有1个被击倒时。如5号瓶和6号瓶。

注：分瓶在记分表上用(O)表示。

(5)犯规：在投球时或投球后，运动员的部分身体触及或超越了犯规线，以及接触了球道的任何部分和其设备建筑时，即为犯规。该次犯规的时效直到该名运动员或下一名运动员投球为止。犯规在记分表上用(F)表示。

三、基本动作技术

1. 持球方法

保龄球是大拇指、无名指和中指来抓握球，一般有以下三种持球方法：

(1)传统式持球法。大拇指完全伸入指孔，中指、无名指伸入指孔第二指节。这是一种最基本的持球方法，也是最受欢迎的一种方法。它比较容易控制球，因为3个手指放的深，且球的重量平均分配3个手指上，所有投球时不怕球漏掉。对于初学者或手力弱的女性也很合适。但这种持球方法很难投出旋转球。另外，使用这种持球方法时应注意，在手掌和球之间必须留有一定空间，一般以能够插入 1 支前臂为宜。这样可以重复分发挥寿星的杠杆作用。

(2)半握式持球法。中指和无名指伸入指孔第一指节和第二指节之间，拇指可以完全伸入孔中。这种持球方法比较传统式持球法更容易投出旋转球及曲线球，同时也更能体会保龄球的趣味性，但必须注意控制得当。这对初学者而言是有一定困难的，因为选用这种持球方法要特别注意是否容易放球或打出旋转球。

(3)全握式持球法。拇指可以完全伸入之空中，中指和无名指只有一指节伸入指孔中，

这是一种"浅入"的持球方法。球的起伏、回转都比较好，但非常难控制，而且手指头的负担也很重。这种持球方法适合于有经验的高手，勉强使用会使手指、手腕的筋肉受到牵拉，产生疼痛感。选择这种持球方法，应先试一试手的大小是否与指距合适，以便能打出旋转球及曲线球。

选好持球方法以后，持球的手腕可以有三种不同的姿势，即手腕挺直、向内侧弯曲、向外侧张开，如图 9-1 所示。这三种姿势将决定投球的形式。绝大多数球员采用前两种姿势。不管选用上述哪一种姿势，都必须始终如一，绝不能因运球、摆臂等不同动作而中途改变持球手腕的姿势，因为这样不但会影响投掷效果，甚至会扭伤或拉伤手腕。

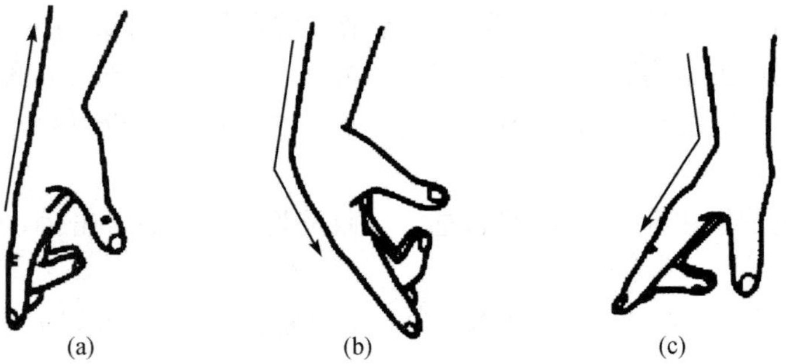

图 9-1　持球时手腕的三种姿势

2. 基本投球动作

投球时左脚贴着地面向前方滑出一大步，脚尖先着地逐步过渡到全脚掌，左右两腿成弓箭步，左脚脚尖、左膝与左臂在同一条直线上。躯干前俯，左腿支撑，右腿蹬地，以腰为轴带动右臂从身后加速向前下摆动。左臂伸直外展保持身体平衡。当右臂摆动至与地面垂直、球离地约 15～20 厘米时，握球手开始放球。大拇指自然先行脱出指孔，中指和无名指向上钩提后脱出指孔。出球后的一刹那，右手掌称矢面状，像和对剑的人握手一样。随后顺势拉起，完成投球动作。

3. 助跑滑步投球技术

初学者想要打好保龄球，最重要的就是要学好如何助走以及正确的出球方式，助走实际上就是由站立在球道上，到出球的时候所需要行走的路线。通常有分为三步助走、四部助走及五步助走，步伐较大的可采用比较少的步数，但是也要配合自己身体的协调性以及灵活性。下面主要讲述下四步助走，一般四步助走能够使投球者有足够的时间调整球的角度以及调整出手。

(1)准备动作。身体对着目标,双脚并拢,肘部紧贴身体双膝自然弯曲,重心落在左腿上。右手握球,左手助握,右前臂弯曲称直角。球与臂轴在同一平面内,目光注视前方。

(2)第一步推球。右脚向正前方迈出一小步,同时双手把球向前下方推出,右手臂伸直与身体约成45°,同时左手离球向外侧展出。右脚着地后重心随即移至右腿。需注意的是迈出右脚和推出球的动作必须时间一致。

(3)第二步直臂下摆。迈出左脚,步幅比第一 步稍大,同时右手臂在球重力作用下下摆,左手继续外展,当持球手臂下摆到与地面成垂直角度位置时,平稳地完成第二步,身体重心平稳地移动到左脚处。

(4)第三步直臂后摆。握球的右手臂在重力和人体的作用下,由下摆过渡到后摆,同时迈出右脚,左手继续外展。这一步的步幅和第一步一样,但速度加快,第三步着地时球后摆至最高点与右肩齐平。

(5)第四步滑步回摆技球。紧接第三步,球以重力向下回摆,同时左脚前脚掌贴着地面向正前方滑进。左脚向前滑进一大步后,在犯规线前,脚眼落地制动前冲,这时左腿深屈,左手向外展平,配合身体保持平衡。躯干前屈重心移至左脚,成左弓步。

此时,持球手臂由向下回摆过渡到向前回摆,当持球手臂加速回摆至与地面垂直时,回摆速度达到最大值。此时球距离犯规线上15～20厘米的高度时,手腕不作任何人为转动,把球向二号目标箭头上送出,大拇指先行脱出球孔,中指和无名指向上钩提后脱出指孔。随后顺势拉起,完成滑步投球动作,具体动作如图9-2所示。

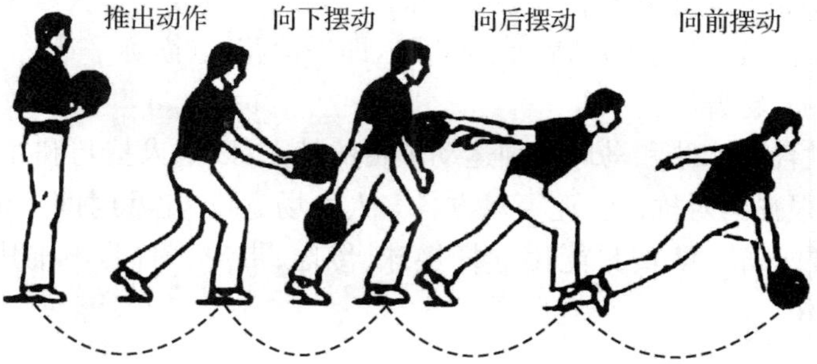

图9-2　四步助跑滑步投球

第二节　轮　　滑

快乐是一种心态,不是一种状态。

一、简介

轮滑(Roller Skating)又称滚轴溜冰、滑旱冰,是穿着带滚轮的特制鞋在坚硬的场地上滑行的运动,它是从滑冰运动过渡而来的。最初一位荷兰的滑冰运动员为了在自然冰融化的情况下继续进行训练,尝试把木线轴安在皮鞋下,试图在平坦的地

图文
轮滑的好处

面上滑行，经过不断改进后终于取得成功。从此轮滑运动便在欧洲兴起。1861 年，轮滑项目在巴黎世界博览会上的精彩表演确立了其在体育运动大家庭中的地位。1863 年美国的詹姆斯？普利姆顿用金属轮子代替木质轮子，发明了更为适用的新型轮滑鞋滑。

1884 年，英国首次举办了全国轮滑锦标赛。1892 年 4 月 1 日，国际轮滑联盟在瑞士成立，使得轮滑运动向正规化、国际化进一步发展。后来由德国、法国、英国和瑞士 4 个国家发起，于 1924 年成立了国际轮滑联合会，现在总部设在西班牙的巴塞罗那。1936 年在德国的斯图加特举行了首届世界轮滑球锦标赛。1937 年在美国制定了第一个速度轮滑比赛规则，1938 年在英国伦敦举行了首届速度轮滑世界锦标赛。1939 年制定了花样轮滑规则，1947 年，在美国的华盛顿举行了首届世界花样轮滑锦标赛，从此，轮滑运动在世界各国得到迅猛的发展，并真正走上轮滑竞赛的道路。

二、轮滑运动的分类

现代轮滑运动分为极限轮滑、速度轮滑、花样轮滑、自由式轮滑和轮滑球五大项。

(1)极限轮滑：也叫特技直排轮，是现在年轻人的追捧，主要分为街式和专业场地，专业场地分道具赛和半管(U 型池)。

(2)速度轮滑：以单排、双排轮滑鞋为比赛工具的竞赛项目，分场地跑道比赛和公路比赛两种。

(3)花样轮滑：最早是为了能让花样滑冰选手在无冰的情况下也能够训练，而后才发展成了一项独立的运动，分为规定图形滑、单人滑、双人滑、舞蹈和团体 5 个项目。比赛在不小于 50 米长、25 米宽的场地上进行。根据动作的难易程度、舞姿的优美程度打分确定胜方。

(4)自由式轮滑：最有代表性的就是 Slalom，即平地花式(简称平花)。其他还包括速降、休闲轮滑、花式刹停、轮舞等。

(5)轮滑球：融合了冰球和马球两种运动项目的特点，以个人技巧和团体协作为基础，比赛规则宽松，具有很强的对抗性。比赛双方各 5 人上场竞技，比赛时间上下各为 20 分钟，中间休息 5 分钟。要求每个队员只能用球杆接球、传球、带球、射门，不准用身体接触球和冲撞，不准有野蛮动作。

三、轮滑运动装备

1. 轮滑鞋

轮滑鞋主要由以下结构组成。

(1)上鞋：即轮滑鞋上面的鞋型组成部分，是决定轮滑鞋性能的主要部件。上鞋一般分为外壳和内胆两部分，但速滑鞋和个别的专业平花鞋是没有外壳和内胆之分的。轮滑鞋中，只有速滑鞋少了一个其他品种轮滑鞋都有的东西，叫 cuff。它的作用是保护脚踝，便于让脚踝的力量很好的发挥出来。内胆是在鞋里面那层厚厚的海绵的东西，它的作用是可以缓解脚部和外壳之间的摩擦，最重要的是厚实的内胆棉可以使轮滑鞋的包脚性非常好，从而把轮滑鞋的性能完美的发挥出来，更便于使用者学习轮滑技能。

(2)刀架：刀架即为连接轮子及上鞋之间的金属框架(儿童鞋中也有塑料的)。刀架的材质和结构形式是决定轮滑鞋性能的第二大要点。除了一些成人专业速滑鞋的刀架装有五个轮子，和一些非常简单的儿童玩具鞋的刀架只装三个轮子之外，其他所有的单排轮滑鞋的刀架都装有四个轮子。

(3)轮子:现今的单排轮滑鞋的轮子一般都是 PU 轮(只有极少数的劣质的轮滑鞋是塑料轮子),这种材料的轮子可以适应各种场地和状况。轮子由外面的轮胶和里面硬质的轮毂构成。

(4)轴承:轴承安装在轮子的轮毂里面,轮子的两面各安装一个轴承,两个轴承之间装有一个轴承定位套,作用是给轴承定位,不让它在轮毂里有攒动,从而达到轴承转动的理想状态。

(5)穿钉:就是把轮子固定在刀架上面的螺钉。

(6)底钉:就是把刀架固定在上鞋下面的螺钉。

2. 轮滑护具

轮滑护具一般包括头盔、护掌、护肘、和护膝。护具的功能在于当练习者在进行轮滑练习过程中一旦出现跌倒或撞击事故时,它能够起到将对身体的冲击力量加以分散、缓冲和吸收的作用。护具的选用可根据练习者自身的轮滑技术水平和所进行练习的技术动作而定。

四、基本技术

1. 站立

(1)“丁”字脚站立:即两脚成“丁”字靠拢站立,前脚跟靠住后脚弓,上体稍前倾,重心略偏于后脚,如图 9-3(a)所示。

(2)外“八”字脚站立:即两脚尖外展 40°～50°成“八”字,脚跟靠住站立。上体稍前倾,重心落在两脚中间。如图 9-3(b)所示。

(3)平行站立:即两脚平行分开稍窄于肩,脚尖稍内扣,膝部微屈,重心落在两脚中间,如图 9-3(c)所示。如果练习者是穿单排轮滑鞋做此练习,则还要注意站立时两脚略向内侧倾倒,有利于稳定站立。

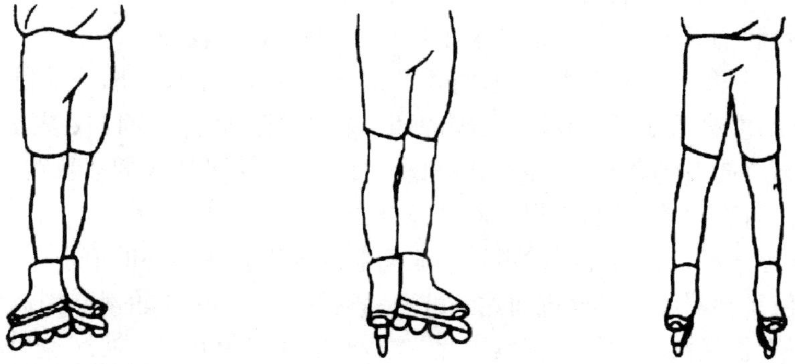

(a)“丁”字脚站立　(b)外“八”字脚站立　(c)平行站立

图 9-3　轮滑运动站立图示

2. 滑行

(1)单脚蹬地双脚滑行。两脚成外“八”字脚站立,两膝微屈,右脚用内刃蹬地,将重心推送至向前滑行的左腿上,右脚蹬地后迅速并向左腿,成相距 15～20 厘米的平行站立,两脚滑行。接着用左脚蹬地，将重心推送至向前滑行的右腿上，左脚蹬地后迅速与右腿并拢两脚滑行。

(2)交替蹬地交替滑行。两脚成外“八”字脚站立，两膝微屈，重心移至右腿上，右脚用内刃蹬地，将重心推送至成半蹲向前滑行的左腿上，重心迅速移向左脚并成左脚支撑滑行，接着向前收右腿，同时左脚用内刃蹬地，把重心推送至成半蹲支撑惯性滑行的右腿上，重心迅速移向右脚并成右脚支撑滑行。

(3)前滑压步转弯。左转弯时，右脚内侧轮蹬地，左脚以外侧轮着地并向前滑出，滑行一段后，右脚内侧轮蹬地向前超越左脚在左前侧落地滑出，此时重心移至右脚内侧轮上。同时左脚用外轮在右后侧蹬地，蹬后前移至左前侧，支撑滑行。右转弯与左转弯动作相同，方向相反。

(4)“8”字形后滑。两脚稍稍分开，平行站立，开始脚尖稍向内，两腿弯曲，用两脚内刃向前蹬地，同时两脚跟向两边分开，向后外滑至两脚稍宽于肩时，两脚眼内收靠拢，恢复至开始姿势，随后重复上述滑行动作，两脚一开一合向后滑行。

(5)“S”形后滑。两脚成内“八”字，用右脚内刃蹬地，身体重心移向左侧，成左脚向后滑行。右腿在体前伸直，随即右脚放在左脚内侧，恢复开始的姿势。然后再用左脚蹬地，身体重心移向右侧，成右脚向后滑行。左腿在体前伸直，随即左脚放在右脚的内侧。

3. 停止

(1)连续转弯减速法。由于在轮滑的转弯技术中，除了弯道压步技术以外，其它的各种转弯方法都会对滑进的速度产生一定的消能作用，因此，我们在需要减速或停止的时候，可做连续的惯性转弯或短步转弯动作来消耗滑行的速度惯性，逐渐减速，达到制动的目的。这种方法有较简单而容易掌握、稳定性强而不易摔倒、并适合各种场地和轮滑鞋的优点，但它的减速距离长，制动速度慢。

(2)“A”型停止法。当我们在滑行中需要减速或停止的时，两脚与肩同宽或稍宽于肩，两膝微屈内扣，以轮子的内刃着地，两脚尖内扣成“A”型，重心落在两脚中间略偏脚跟处，脚跟用力向外张挤，利用轮子的内刃与地面的摩擦来起到减速制动的作用。这种方法可使我们在直线上进行制动而无需转弯，但减速距离较长，制动速度较慢。

(3)“T”型停止法。在向前滑行中，将重心放在左脚上，左膝微屈，同时抬起右脚，右脚脚尖外转，横放在左脚后成“T”型，以右脚的四个轮内侧面摩擦地面，减缓滑行速度，此时，重心下降并逐渐移向右脚，加大摩擦直到停止滑行。此方法可使我们在直线上进行制动，熟练后减速的距离可有效地缩短，以提高制动速度。

(4)制动器停止法。双排花样轮滑鞋的制动器因其安装在鞋尖的前下方，因而它的制动方法是外转以使制动器摩擦地面进而达到减速制动的目的。单排轮滑鞋因制动器是装在鞋的后跟处，所以在快速滑行时不可突然用此方法，而应在采用其它方法减速后再用此方法做最后的急停。其方法是，在较慢速滑行时将装有制动器的脚放在前面，两脚前后开立，重心降低并移到后腿上，上体直立同时前脚前伸，脚尖抬起用鞋后跟的制动器着地，并用适当的力量压地，使制动器与地面摩擦，达到降速制动的作用。

第三节 定向运动

人生的路上，我们都在奔跑，我们总在赶超一些人，也总在被一些人超越。人生的要义，一是欣赏沿途的风景，二是抵达遥远的终点；人生的秘诀，是寻找一种最适合自己的速度，莫因疾进而不堪重荷，莫因迟缓而空耗生命；人生的快乐，在于走自己的路，看自己的景，超越他人不得意，他人超越不失志。

一、定向运动概述

定向运动是借助地形图和罗盘按规定的顺序独立地寻找若干标绘在地图上的地面检查点，并以最短的时间完成全赛程的运动。活动通常在野外森林中进行，也可在城市近郊、公园、校园等进行。

1. 定向运动的产生与发展

定向运动源自19世纪末瑞典的斯堪的纳维亚半岛和挪威联合王国。世界第一个定向运动赛在挪威的奥斯陆军营区举行。20世纪初定向运动扩展到北欧的芬兰、丹麦等国，后来逐渐在世界其他国家开展。1961年，丹麦的哥本哈根成立了国际定向联合会（IOF）。1977年，定向运动被认定为奥林匹克运动项目。

定向运动于1979年传入我国，1992年，我国加入国际定向联合会，1994年，北京怀柔举办了首届全国定向锦标赛，2004年，定向运动被列入全国大学生运动会正式比赛项目。

2. 定向运动的分类

定向运动分为定向越野、接力定向、滑雪定向、山地车定向、轮椅定向、夜间定向、公园定向、校园定向等不同形式的定向活动。

(1) 定向越野。定向越野是定向运动的主要比赛项目之一。参赛者要依靠标有若干检查点和方向线的地图并借助指北针，自己选择行进路线，依次寻找各个检查点，用最短的时间完成比赛者为优胜。

(2) 接力定向。接力定向以接力比赛的形式将比赛线路分成若干段，每个选手完成其中一段路程，各段选手的成绩累加为该队的最后成绩。

(3) 夜间定向。夜间定向是徒步定向运动中较刺激的一种比赛形式，不仅增加了比赛的难度，也增加了比赛的吸引力和紧张性、趣味性。

(4) 公园定向。公园定向是在城市公园、小城镇、居民区、校园或类似地形上举办的徒步定向比赛。

3. 定向运动的特点

定向运动是一项体能和技能相结合、体力和智力相结合的运动，也是一项融合人与自然的户外运动项目。它不仅能强健体魄，而且能培养人独立思考、解决困难的能力及在压力下迅速反应、果断决策的能力，也有助于提高人们的社交能力和扩大社交网络。

4. 定向运动的基本条件

(1) 定向图。越野图上的方位是上北下南、左西右东，在现场正确辨别方向之后，只要将越野图的上方对准现场北方，即可判别正确方位，此方法简捷方便，是定向越野比赛中最常用的方法。

(2) 指北针。指北针是定向运动中唯一可借助的合法器材，要保持指北针的红色指针与地图上指明北方的红色箭头或地图顶部红色横线方向一致。

(3) 检查点的点标及点鉴。每个点标都有相应的编号，是参赛者辨别是否通过此标志点的依据。参赛者到达此点后，通过点鉴在卡片上打卡做标记。

(4) 打卡片。一般每组参赛选手有一张打卡片，用于记录参赛者成绩。

(5) 号码布及参赛服装。比赛组委会提供相应的号码布或专用的参赛服装，以便对参赛者进行必要的规范和保护。

延伸阅读

各类气象的安全问题注意事项

(1) 雷暴。积雨云开始堆积并变黑时可能发生雷暴，一般持续时间较短。外出遇到暴雨天气时，需及时掩蔽；手中持有导体如铁锹、金属杆雨伞等要将其抛至远处；不在旷野中奔跑。

(2) 闪电。最好的防护场所是洞穴、沟渠、峡谷或高大树丛下的林间空地。若在露天的野外，应蹲在离孤立大树两倍高度距离之外。若在孤立的凸出物附近躲避，该凸出物顶端至少要高出头部 15～20 m。避开裸露的山峰、山脊及平坦的开阔地。

(3) 山洪。避开最易聚水的长沟或河床下的平坦延伸地带，必要时向较高地带转移，注意不要试图徒步涉过已达膝盖的溪流。

(4) 各类天象的变化规律。

① 天气变好的征兆。白天谷风一般自山谷吹向峰顶，夜间则相反；白天山口朵朵云团逐渐分化成雾气，并逐渐消散，傍晚日落时西方山谷出现橙色或玫瑰色的晚霞；清晨草地有露水和霜冻，晚间山下有雾，且天气较凉；星光稳定，清晰易见。

② 天气变坏的征兆。白天谷风从山顶吹向山谷，夜间从山谷吹向山顶；早晨出现绢云，之后黑云增多并不断下沉；云团行走较快，并不断增多是暴风雨的前兆；风向突然变化，并伴有乌云；干热或雾气弥散后突然能见度转好；清晨雾漫山谷，至晚仍不散；白天太阳周围出现晕圈，夜间月亮周围出现晕圈是大风的前兆；黎明前星光闪烁不定；傍晚气温升高。

二、定向运动方法

(一) 定向运动基本常识

1. 地形图标定

通常采用上北下南、左西右东的方法进行标定，或采用指北针，使其盒内的定向箭头转向地形图上方，箭头两侧的平行线与地形图上的磁北线重合或平行，再转动图，使盒内磁针北端对准磁北方向即可。

2. 现场对地形

将地形图上标记的各种符号、地貌特征与现场地形进行对照用以判断当前所在方位。

一般是先对照主要方向，再对照次要方向；先对照易辨地形，再对照一般地形；先对照地物，再对照地貌。对照地形时，先标定地图，以站立点为中心，将站立点控制在一定范围内，由点到线、由线到面，逐步扩大对照范围。

3. 确定站立点

(1) 地物估测法。一般是在对照站立点附近地形的基础上，根据明显的地形和地物判断站立点位置。若附近没有明显的地形特征，可先标定地形图，对照周围的地形细部，分析站立点与周围地形特征间的关系位置，再进行判断。

(2) 后方交会法。站立点地形特征不明显时可采用后方交会法。选择离站立点较远和图上和现场共有的 2～3 个明显的地形点，将指北针直尺边分别切于图上两个地形点符号的定位点上，一次瞄准现场相应地形点，分别沿直尺边画方向线，方向线的交点即为站立点位置。

4. 基本定向技术

(1) 拇指辅行法。将地图正置，把拇指放在地图上站立点所在位置，前进时拇指随之移动。

(2) 利用指北针。利用指北针准确找出目标方位，每次向目标出发前，先观察周围地势地貌，以便准确到达目的地。

(3) 搜集途中明显特征物。辨别途中明显的特征物以确保前进方向及路线的正确。

5. 迷失方向的处理

最可靠的方法是“迷途知返”，循着足迹回到原出发点，再重新定位方向。迷失方向时可采取以下求救方法。

(1) 燃烧烟火，夜间迷路时可燃烧火堆，或利用手电筒、照相机做信号标记。

(2) 声音传导，可利用哨子或用敲击声、喊声、回声做信号。

(3) 制作标记，可因地制宜在所走路段隔一段距离留下相同标记符号。

(4) 利用反光镜，利用能发光的物品如金属信号镜、玻璃片、眼镜等回光反射信号。

延伸阅读

露营的基本知识

(1) 应尽量在坚硬、平坦的地上搭帐篷，不要在河岸和干涸的河床上扎营。

(2) 帐篷入口要背风，帐篷远离有滚石的山坡，门最好朝南或东南面以能看到清晨朝阳。

(3) 为避免下雨时帐篷被淹，应在篷顶边线正下方挖一条排水沟。

(4) 帐篷四角用大石头压住，营地尽量不要选在棱脊或山顶上。

(5) 帐篷内应保持空气流通，在帐篷内做饭要防止着火。

(6) 晚间临睡前要检查是否熄灭了所有火苗，帐篷是否固定结实。

(7) 为防止虫子进入，可在帐篷周围撒上一圈煤油。

（二）穿越不同地形的方法

1. 穿越行走的方法

注意徒步行走时，开始速度放慢，走几分钟的适应过程之后再加快脚步。行走过程中全脚掌着地，从脚跟过渡到脚尖，通过摆臂来平衡身体，注意调整好步伐节奏，最好采用腹式深呼吸法，整个行程合理分配好体能；上坡时走"之"字形路线，身体重心落在前脚掌，身体稍前倾；下坡时重心落至后脚掌，身体稍下蹲以降低重心。

2. 行走原则

行进过程中注意遵循有路不越野、走高不走低、障碍提前绕、就近不就远、人在地上走、心在图上移、遇事须冷静等原则。

3. 山地穿越

沿山脊线或山体斜面行走。上山时上体放松并前倾，屈膝，全脚掌或前脚掌着地，缩小步幅，两臂配合两腿协调摆动；下山时上体稍后仰，屈膝，脚跟先着地，身体重心平稳下移，两臂摆幅减小，尽可能沿直线下坡。

4. 沙漠戈壁穿越

注意处理好周围温度、活动量与饮用水存储之间的关系。最好采取慢行以保持体力，每走 1 h 休息 10 min，白天行走时注意防晒，尽可能利用阴影遮蔽，可采取"夜行晓宿"的行走方式。

5. 热带丛林地穿越

为防蚊虫叮咬，最好穿靴子，扎紧裤腿塞进靴子，同时系好领口、袖口等开口端，鞋面可涂驱避剂或肥皂等做好先勤保障。

6. 草坡、碎石坡穿越

（1）直线法。用于攀登坡度小于 30°的坡面，上升时身体稍前倾，全脚掌着地，屈膝，两脚呈八字形，步幅减小。

（2）之字形。用于攀登坡度大于 30°的坡面，按之字形路线左右斜越，盘旋而上，攀登时屈膝，上体前倾，内侧脚尖向前，全脚掌着地，外侧脚尖稍外撇；注意左方转弯时先迈左脚，右方转弯时先迈右脚，以平衡身体。

（3）下坡。注意"上山弯腰，下山凸肚"，即上山时上体前倾，下山时身体后仰。坡度小于 30°时，稍屈膝，脚跟先着地，重心落在两脚跟再过渡到全脚掌，步子小而有弹性；坡度大于 30°时，仍采用之字形路线斜下山，身体向内后方倾斜以保持平衡。

7. 渡河

尽量穿着鞋子选择河水较浅、水流较缓、无暗流和漩涡的地方渡河。单人过河可选用长杆撑河底渡河，两脚交替移动时，身体稍前倾，靠杆子支点进行移动。双人过河时注意两人面对面站立，双手互搭在肩上做侧跨步前进，步调一致。多人过河时可采用"墙式"方法互相牵手或搭背，面向水流方向横渡前进。

（三）定向运动的基本战术

定向运动比赛是对参赛者竞技能力的全面考验，由于其路线的复杂性、路程的多变性、比赛的阶段性等特点，在比赛过程中就涉及战术的灵活运用，如比赛中需要巧妙运用概略定向和精确定向，对赛程中的体能和智能进行合理分配，根据技术需要决定体力支出，根据体能情况合理选取行进路线等。

第四节　登 山 运 动

到山林里去，享受大自然的洗礼，为生活增添健康气息。

一、登山运动概述

登山运动也称为阿尔卑斯山运动，是在特定的地理环境中，从低海拔的平缓地形向高海拔山峰进行攀登的一项体育活动。

1. 登山运动的产生与发展

横贯法国、意大利、瑞士和奥地利等国家的阿尔卑斯山是登山运动的诞生地。1786 年，一名山村医生帕卡德与当地山区水晶石采掘工人巴尔玛结伴登上勃朗峰，人们由此将 1786 年称为登山运动的诞生年。19 世纪登山运动得以迅猛发展，一是以阿尔卑斯山脉为中心的经济登山运动受到广泛关注；二是世界各地著名山脉如安第斯山脉、喜马拉雅山脉等地的登山活动也开始形成。目前人类已经登上了 8 000 m 以上世界所有的独立山峰。

我国素有“靠山吃山，靠水吃水”的俗语，可见人类的生产生活一直与山系紧密相连，且民间还有许多登山习俗，如九九重阳节登山远眺插茱萸，文人骚客们也有“会当凌绝顶，一览众山小”的登山感悟。

2. 登山运动的分类

登山运动分为高山探险、竞技登山、攀岩运动、旅游登山四大类。

(1) 高山探险。高山探险是一项运动员在器械和装备辅助下，经受各种恶劣环境考验，以攀登高峰绝顶为目的的登山活动。

(2) 竞技登山。竞技登山是一种运用熟练的攀登技术和各种技术装备，专门攀登悬崖峭壁或冰壁的登山活动，也被誉为“高山上的芭蕾”、“岩壁上的艺术体操”。

(3) 攀岩运动。攀岩运动是一种不用攀登工具，仅依靠手脚和身体平衡攀登陡峭的悬崖或人造岩壁的竞技性运动，它既是考验体力与技巧的休闲项目，又是一项挑战自我能力和心理极限的运动项目。攀岩源于 20 世纪 50 年代，直至 1974 年才被正式列为国际竞技体育运动项目。攀岩分为两种形式，一种是自由攀登，不采用任何设备，利用岩石裂缝、岩洞、悬岩等徒手进行攀登；另一种是用专门的攀岩器械进行的攀登活动。

(4) 旅游登山。旅游登山是一种结合旅游和登山两项活动于一体的活动项目，一般是在特定的旅游景点进行，高度在 3 000 m 左右，安全设施、生活设施、交通设施等较为完善，以观赏游览为目的，如我国著名的“五岳”每年都吸引着大批的登山旅游爱好者。旅游登山形式多样，内容丰富多彩，深受大众青睐。

3. 登山装备

登山装备包括登山活动的专用装备、保障装备和生活装备。此外，登山食品、燃料等是登山活动的物质保证。

(1) 专用装备,包括被服装备、技术装备和露营装备等,与登山活动直接相关。

① 被服装备,如御寒服装、风雨衣、高山鞋、行囊、防护眼镜等。

② 技术装备,如冰镐、冰爪、安全带、主绳、辅助绳、铁锁、钢锥、铁锤、雪铲等。

③ 露营装备,如帐篷、睡袋、炊具等。

(2) 保障装备,是为应付各种意外情况及其他目的而备用的一些器械,如氧气装备、通信器材、摄影器材、自卫武器、交通工具、观察仪器、医药救护器等。

(3) 日用装备,即生活用具,一般有起居用品、卫生用品、简单工具、常备药品、辨向图仪、娱乐用品、纸张文具、缝纫用品、照明设备及体育用品等。

4. 登山的技术等级

为推动登山运动发展,中国登山协会出台了《登山运动员技术等级标准》,将登山运动划分为六个等级:国际级登山运动健将、运动健将、一级登山运动员、二级登山运动员、三级登山运动员、登山运动员。

“登山运动员”称号仅需登上海拔超过 3 000 m 以上的山峰即可;“三级登山运动员”要求男子需登上海拔高度 6 500 m 以上的独立山峰,女子需登上 6 000 m 以上的独立山峰;在此基础上每增加 500 m 高度,上升一级称号,直到“国际级登山运动健将”称号需8 500 m。

延伸阅读

如何取火种

在没有火柴或打火机的情况下,可用以下几种方法取火种:

(1) 凸镜引火法。利用放大镜照射汽油、酒精和枪弹的发射药或导火索,可在 1~2 s 内点燃引火物。

(2) 弓钻取火法。用坚韧的树枝或竹片绑上鞋带、绳子或皮带,做成一个弓子,在弓上缠一根干燥的木棍,用它在一小块硬木上迅速旋转,这些磨出的黑粉末冒烟会生出火花。

(3) 藤条取火法。找一根干树枝,一头劈开,用东西将裂缝撑开,塞上引火物,用一根藤条穿在引火物后面,双脚踩紧树干,迅速左右抽动藤条,使之摩擦发热点燃引物。

(4) 击石取火法。找一块坚硬的石头做火石,用刀背敲击火石,使火花落到引物上,当引火物开始冒烟时,缓缓地吹火,使其燃起明火。

二、登山运动的基本方法

(一) 登山运动基本术语

1. 保护

保护分自我保护和相互保护。自我保护是指依靠自己采取保护措施做好本人的保护工作,如在身后的可依托保护物上固定好保护自己的绳索等;相互保护是指在攀登陡峭的岩壁或冰裂地带等带有一定危险性的地区时,队员间互相进行的保护措施。

2. 冲顶

冲顶是攀登高山过程中,在适应性训练、运输和建营等一系列登顶前准备工作就绪后,向顶峰的冲击。

3. 单攻

单攻是以一座山为冲顶目标，登顶后沿原路下撤。

4. 登山旅游

登上旅游一般是到名山大川旅行游览而进行的攀登活动，路途中可进行观赏奇峰险岭、摄影和采集标本等活动。

5. 登山营地

登山营地是为满足登山运动员适当休息和运输物资等需要而设置的营地。如攀登海拔 5 500 米以上的高峰时，一般设基地营和中间营地两种。

6. 低压舱

低压舱是用于测试和锻炼登山运动员缺氧耐力的装备。通过运动员在低压舱的耽留时间，测试其对缺氧的耐力，由此测出其登高能力。

7. 高山病

高山病也称为“高山适应不全症”，是由人体对高山缺氧环境适应能力不足而引起的各种临床表现症状，如头晕、头痛、耳鸣、恶心、呕吐、脉搏和呼吸加快、四肢麻木等，严重的甚至出现昏迷症状。

8. 高山反应

高山反应是急速进入高山地区或在高海拔地区居住期间，由于对缺氧状况不能完全适应而出现头晕、心慌、气短等症候群，一般无器质性病变，多在一周左右可痊愈。

9. 山间行进原则

在山区行进时，首先要了解山区的地理和环境气候，坚持“走梁不走沟”、“走纵不走横”、“缓慢攀登”、“大步走”等原则，无路时尽量选择在山脊、山梁、林木稀疏地方、河流小溪边缘行走，行进过程中合理控制节奏和速度，行进全程合理分配体力，一般采取登山用 1/3，下山用 1/3，留下 1/3 的余力以保存体力。

（二）结绳方法

1. 捆绑登山绳

将绳索分成左右两边，将末端折返做成一个环，用绳子的另一端缠住绳捆，将此末端穿入环中，拉紧绳子两端，打一个平结。

2. 丁香结

当受到的拉力与地面垂直时，此结较为结实有效。将绳索活端绕过固定物，活端压在绳索上，再绕环一圈，将活端向上从绳下穿过，活端方向与绳索固定部分相反，将两个环靠近拉紧即可。

3. 圆材结

圆材结主要用来捆绑物体。将绳索末端环绕固定物，再绕过固定部分，将活端塞进绳索的环形内，再绕环绳索数次到安全为止；轻轻拉动固定部分，系紧圆材结即可。

4. 索针结

先将绳索弯曲成环，将环的一边拉到绳索固定部分上面，固定部分突出绳环，使固定物穿过突出部分和绳环之间，拉动活端，系紧绳索即可。

5. 蝴蝶结

将绳索绕手三圈，第三圈绕在中间，最外圈环从另两圈环下通过，系紧绳索即可。

6. 速解结

一根绳索双股绕过固定物，将固定段曲成一环穿过第一个绳环，再将活端曲成一环，使此环穿过固定段形成的绳环，拉动固定段系紧即可。解开此结时，仅需拉动活端。

（三）保护方法

1. 固定保护

是对行进者或攀岩者预设的专门保护。保护者将主绳进行固定，选择有利位置专门负责保护，在一些危险性大路段多采用此法。

（1）交替保护。用于结组攀登陡峭岩壁或登雪山陡坡。一个结组内只能有一人行进，其他人停止行进，将冰雪锥或冰镐打入坡面作为支点，并将主绳缠绕上，根据行进者的速度做收放绳动作。行进者走完主绳间隔距离后停下重复做保护者动作，依次反复进行。

（2）上方保护。用于攀登峭壁。保护者在岩壁顶部利用自然物将主绳一端固定，再将身体通过安全带、铁锁等结在主绳的相应位置构成自我保护，将主绳通过保护器与自己相连；主绳另一端抛给岩壁底部的人，底部攀登者将绳端结在自己安全带上，保护者随着攀登者的行进，不断收绳前进。

（3）下方保护。用于攀登上方无预设保护点的岩壁。保护者站在攀登者下方，将主绳一端在下方固定点绑好，另一端让攀登者系在安全带上，攀登者在行进上升过程中，保护者不断放绳。

2. 行进中保护

行进中保护是在出现险情后依靠同伴或保护措施而采取的一种应急保护方法。最简便的方法是用主绳将2～5名队员的身体连接在一起，构成一个结组。

3. 自我保护

在进行过程中如出现意外情况，不要消极依赖别人保护，而是尽量做出各种自救动作进行自我保护。注意失误滑坠时，向同伴高呼“保护”的同时，迅速成俯卧姿势，用全力摩擦冰镐与坡面，以减轻下滑速度。

（四）攀登的基本技术

1. 基本动作技术要领

（1）拉。抓住前上方牢固支点，用力拉引身体向上攀登。

（2）撑。利用缝隙、台阶或其他地形，以手掌和前臂使身体向上或左右方向移动。

（3）推。利用侧面或下面的岩体或物体，借助手臂力量使身体移动。

（4）靠。利用能容纳身体的裂缝，用背部靠住一侧岩面，四肢顶住对面岩石，使身体上移。

（5）张。将手伸进岩缝中，弯曲手掌或握拳，以此抓住岩石缝隙并移动身体。

（6）蹬。用前脚掌内侧或脚趾蹬力将身体支撑起来，以此减轻上体负荷。

（7）挂。用脚尖或脚后跟挂住岩石，维持身体平衡使身体移动。

(8) 踏。用前脚掌下踏在支点上，以此减轻上肢负荷，移动身体。

2. 三点固定法

攀登时，攀登者的双手和双脚构成人体的四个支撑点，当移动一手或一脚时，其他三个支点保持固定状态使身体平衡，这是攀岩保持平衡、稳定、省力和成功的关键。

(1) 身体姿势。身体自然放松，以三个支点稳定身体重心，随着动作的转换身体重心随之移动，身体和岩壁保持一定距离，上下肢协调舒展，上拉和下蹬同时用力，身体重心落在脚上，保持面向岩壁，三点支撑固定的直立姿势。

(2) 手臂动作。手是抓握的支点，维持身体平衡，使身体顺利向上攀登的关键所在。攀登时手的动作变化需根据支点的不同而采取不同方法，如抓、握、挂、抠、扒、拉、撑等。

(3) 下肢动作。双脚是全身重量的主要支撑点。两脚外旋，大脚趾内侧贴近岩面，两脚微屈以脚踩稳支点来维持身体重心，膝部不接触岩壁；尽可能用全脚掌踏在凸出或凹入的岩石上以利固定。

(4) 手脚全身协调配合。注意练习攀岩时先练好上肢力量，以手指、手腕和前臂力量为主；再配合脚腕、脚趾及腿部力量，使身体重心随用力方向的不同而协调移动。

3. 上升技术

(1) 上升器攀登法。第一个攀登者到达峰顶后，在上方将主绳一端固定，另一端扔至崖壁下方，固定拉紧。攀登者将上升期用扁带连在安全带上，调好长度，一手握上升器，另一手握主绳，沿绳子方向蹬伸双腿向上快速推上升器，使身体不断沿主绳上升。

(2) 抓结攀登法。这是一种用两根辅助绳在主绳的手握端打成抓结，另一端打成双套结，不断向上攀登的方法。攀登时可利用岩壁的摩擦力向上抬腿，始终保持面朝岩壁直立姿势。

4. 下降技术

(1) 下降器下降法。将上方主绳搭在岩棱上固定，面向岩壁，两腿分开约 80°，蹬住岩棱，身体臀部后坐，使躯干与下肢约成 10°。下降时用前脚掌蹬住岩壁，右手松绳，两脚随身体下降迅速向下移步，始终保持身体平衡。

(2) 坐绳下降。主要是利用主绳与身体的直接摩擦下降。面向固定绳端，两脚夹住上方固定的主绳，将身后主绳沿右腿外侧绕至体前，经腹、胸、左肩至背后，拉至右侧，用右手在胯后将其握紧。下降时右手始终握住主绳，随身体下降逐渐松动主绳，注意保持身体平衡。

5. 踢步技术

(1) 直线攀登。迈出脚的脚尖朝下，用脚尖部分沿水平线垂直冰面方向用力踢入，身体重心随脚的左右转换而左右移动。左脚踢入时，身体重心移向左脚；左膝伸直，踢出右脚，身体重心移至右脚。注意两脚并排成一线。

(2) 斜线攀登和水平横渡。雪坡上行走时注意靠坡的一侧脚一定要贴紧坡面，屈膝，以前脚掌踢入雪面，脚外侧稍用力。水平横渡时双脚要与行进方向平行。

(3) 直线下降。迈出脚脚尖朝上，屈膝，脚跟承担整个身体重量，稍挺胸，腰向前，直立站；上体放松，腿部紧张，身体重心转换及时，步幅稍小，下降步伐平衡有节奏。

第五节　野外生存及野外生存生活训练

言语有节，则过失少；举动有节，则悔恨少；欲望有节，则钻营少；
欢乐有节，则灾祸少；喜怒有节，则忧患少；饮食有节，则疾病少。

野外生存生活训练是现代高校一种全新的体育课内容，将原有的仅限于体育课堂开展的竞技性很强的跑、跳、投、攀爬、跨越等基本内容扩展到社会和大自然中。这种在野外生存生活训练的模式不仅打破了高校体育课程长期的封闭格局，还丰富和完善了高校体育课程体系，使学生在增长知识、锻炼身体、陶冶情操之余，学会学习，学会生存，学会做人，也利于促进学生德智体美全面发展。

一、野外生存概述

1. 野外生存及野外生存生活训练的含义

野外生存，即在远离居民点的山野、丛林、荒漠、高原、孤岛等复杂的地形环境中，没有外援提供维持生命所需必要物质条件情况下，个人或集体依靠自然物质条件，保持生命和维持健康的基本手段和方法。

野外生存生活训练是在特定的场所进行野外生存及生活能力等专门训练的培训方法，有一定的目的性、计划性和可控性。目前它以其独特的挑战性、冒险性、趣味性和实用性等特点而引起了人们广泛关注及浓郁的兴趣。

2. 野外生存的产生与发展

现代野外生存生活源于第二次世界大战时期，当时德国海员发现海上遇险的水手在侥幸逃脱沉船后，因缺乏生存毅力和技能，往往在救援到来之前就放弃求生机会，为此开设了专门的海上遇险求生训练，以训练海员的心理素质和遇险求生技能，提高其身处险境时的生存能力。这种利用野外生存生活训练提高士兵毅力、协作的方法，后来被广泛用于培养个人和团队素质。

当前野外生存训练在一些发达国家中已非常普及，且形式多样、内容丰富，有休闲类、尝试类、挑战类等训练形式。很多国家还将这项活动列入学校教育科目中，作为提高学生体质健康、培养人格、增强社会适应能力、竞争力、生存能力的教育课程。

国内开展野外生存的时间较短，如今国内已有专业从事野外活动的俱乐部，其野外生存活动形式基本以休闲和尝试类活动为主。

3. 开展野外生存生活训练的必要性

(1) 获取野外生存生活常识。获取基本的生存知识，养成健康文明的生活方式，培养团结合作、勇于竞争的意识，形成勇敢顽强的意志品质和创新进取精神，促进身心健康发展。

(2) 培养锻造品格意志。在挑战各种困难中提高身心素质，通过野外生存生活训练，增强体能，培养冷静果断、坚忍不拔、勇于探索、开拓进取、克服困难的意志品质；培养团队精神，增强社会适应能力，学生可以从最初的相互不默契、不融洽发展到活动中和谐相处，彼此信任，相互协作。

(3) 拓展传统体育教学内容。野外生存生活训练的开展将传统意义的体育课堂转移到社会和大自然中，最大限度地拓展体育课程，同时也丰富和完善了传统体育教学模式及内容。

4. 野外生存生活训练价值

(1) 亲近自然。野外生存活动让学生们离开熟悉的城市和校园生活，步入到有江、河、湖、海、田野、山地、草原、森林等原生态自然环境中进行体验式训练。

(2) 学会生活。学生通过野外生存教学和实践，提高生活质量，培养健康、规律的生活习惯，丰富生活情趣，学会生活。

(3) 学会生存。在整个野外生存体验过程中，考验和提高生存者的心、智、能等各方面的素质水平，而这对实践者未来的生存生活能力的提高也将产生积极影响。

学生通过参加野外生存训练，在与大自然亲密接触、体验艰辛、磨炼意志的过程中，可以使其体质健康、心理品质以及适应能力等得到锻炼，也可以使他们提高日常生活能力，养成积极的生活态度，学习并提高生存意识与能力。

5. 野外生存基本装备

根据野外生存装备的用途，将装备主要分为生活装备、活动装备和个人装备三大类。

(1) 生活装备，如帐篷、睡袋、防潮垫、铁铲、营灯、雨布、炉具、套锅、刀具、折叠水桶、碗勺等。

(2) 活动装备，如背包、主绳、辅绳、上升器、下降器、安全带、扁带、岩锥、安全帽、地形图、GPS、罗盘、对讲机等。

(3) 个人装备，如风雨衣、登山鞋、水壶、头灯、急救箱、腰包、手表、口哨、打火机、小刀、笔记本、个人日常生活用品等。

二、野外生存的基本技能

(一) 野外生存生活训练的基本要求

1. 野外生存“五会”

(1) 觅食。正确区分哪些植物可以采食，哪些植物有毒危害健康，及各种可食用动植物在野外条件下的烹饪及食用方法等。

(2) 找水。在无饮用水情况下如何寻找水源，如何收集、净化、淡化水等。

(3) 取火。在无任何取火工具情况下如何取火，如何设置篝火，如何埋锅造饭等。

(4) 设营。在无设营器材情况下，如何选择设营点，如何搭建各种帐篷、雪洞、窝棚和房屋等，如何制作各种营房设施等。

(5) 行进。在复杂情况和地形条件下如何行进，包括懂得辨别方向、渡河以及在山地、丛林、雪地等特殊场地内的行进方法等。

2. 野外生存“四防”

(1) 防伤病。预防和处治日常伤病，如烧伤、骨折、蚊虫叮咬、头疼脑热、肠道疾病等。

(2) 防意外急救。掌握野外急救护送的方法，如会做人工呼吸、会护送伤员等。

(3) 防敌物来袭。预防敌物侵袭，利用自然或人工条件进行伪装，熟悉动物习性，对付突然来袭野兽等。

(4) 防紧急救援。掌握紧急救援常识，如掌握一般的救援信号的发送，以及配合救援的行动方式等。

(二) 野外生存生活常识

1. 野外取水

获取饮用水的途径通常有两条，即挖掘地下水或净化地面水。通常雨水、从断崖或岩石中流出的清水都可直接饮用，水的净化可采用煮沸、饮水消毒片、漂白粉精片以及明矾等方法。

延伸阅读

如何寻找水源

寻找水源在野外活动中非常重要，寻找水源须遵循听、嗅与观察三种基本方法：

(1) 凭借灵敏的听觉器官，注意山脚与山涧、断崖盆地是否有山溪瀑布流水声。

(2) 到山林中嗅闻潮湿的气味。

(3) 观察动植物、气象和地理环境也可找到水源，如有香蒲、沙柳、马莲、金针、水芥的地方水位较高，水质也较好。

2. 采捕食物

野外生存获取食物的途径主要有两种，一是猎捕野生动物，二是采集野生植物。

一般可食用的昆虫有蜗牛、蚯蚓、蚂蚁、知了、蟑螂、蟋蟀、蝴蝶、蝗虫、蚱蜢、湖蝇、蜘蛛、螳螂等；河中的河蟹、虾、鱼类等，注意食用前最好完全加热熟透。

可食野生植物有野果、野菜、藻类、地衣、蘑菇等。常见野果有山葡萄、蓝莓、黑瞎子果、茅莓、沙棘、火把果、桃金娘、胡颓子、乌饭树、余甘子、野栗子、椰子、木瓜等；常见野菜有苦菜、鱼腥草、马齿苋、刺儿草、荠菜、野苋菜、扫帚菜、菱、莲、芦苇、青苔等，野菜可生食、炒食、煮食或通过煮浸食用。

3. 野炊及野餐

可搭建简易炉灶用以烧水、煮饭，如可搭建三石灶、吊灶、坑灶、火塘灶等，具体可根据周边环境具体解决。

① 三石灶。取三块高度相同的石块使三角形摆放，将锅或壶架放在当中。

② 吊灶。找不到合适石块建灶，可找 4～6 根长约 30～40 cm 粗的树枝搭建，将锅或壶架在木桩上，下方生火。

③ 坑灶。在既无合适石块又无树枝情况下，可在地上挖深约 20～30 cm，长约 120 cm，宽约 30～40 cm 的斜形穴坑，坑口向风吹方向，用木棍架在坑上，将锅或壶吊在木棍上即可。

延伸阅读

野外篝火搭架方式

常用篝火方式有框架式、放射式与排列式。

(1) 框架式。将木柴交互成 90°搭成“#”字形框架，层层上叠从底部点燃。

(2) 放射式。将木柴或树枝以某点为圆心呈放射状排放,从中心点燃,可用于做饭。

(3) 排列式。取3～5根较粗木材平行排列,两端用树枝或石块垫起,木柴下放置引火的干柴树枝,用于做饭与露营极佳。注意干燥、未腐朽的木柴点火好,朽木火势较小,栎树、山樱桃等硬杂木和松木较好,易点燃。

(4) 食物调制。目前市场上方便食品较多,因此野炊时可根据需要携带一定的方便食品或在野外采集一些野生植物。注意结合好吃、营养、简单方便等原则进行烹饪,保障食物烹饪熟透方可食用。

(三) 野外生存安全知识

1. 蚊虫叮咬防治

在野外为防止昆虫叮咬,最好穿长袖衣裤,并扎紧袖口、领口、裤口等处,皮肤暴露部位涂搽防蚊药;不在潮湿的树荫和草地上坐卧;宿营时点燃艾叶、青蒿、柏树叶、野菊花等驱赶昆虫。被昆虫叮咬后,可用氨水、肥皂水、盐水、小苏打水、氧化锌软膏涂抹患处消毒止痒。

(1) 蚂蟥叮咬。遭到蚂蟥叮咬时,不要硬拔,可用手拍或用肥皂液、盐水、烟油、酒精滴在其前吸盘处,或用燃烧的香烟烫,让其自行脱落,然后压迫伤口止血,并用碘酒涂搽伤口以防感染。也可在鞋面上涂些肥皂、防蚊油,或将大蒜汁涂抹于鞋袜和裤脚,都能起到驱避蚂蟥的作用。

(2) 蜇伤。被蝎子、蜈蚣、黄蜂等毒虫蜇伤后,伤口红肿、疼痒,并伴有恶心、呕吐、头晕等症状。要先挤出毒液,再用肥皂水、氨水、烟油、醋等涂擦伤口;或将马齿苋捣碎,将汁冲服,渣外敷;此外蒜汁也有一定疗效。

2. 中毒

中毒症状有恶心、呕吐、腹泻、胃疼、心脏衰弱等。遇到此种情况,首先要洗胃,快速饮用大量的水以加速排泄,用指触咽部引起呕吐,然后吃蓖麻油等泻药清肠,再吃药用炭等解毒药及其他镇静药。为保证心脏正常跳动,应喝些糖水,并立即送医院救治。

3. 中暑

中暑症状为突然头晕、恶心、昏迷、无汗或湿冷,瞳孔放大,发高烧。发病前常感口渴头晕,浑身无力,眼前阵阵发黑。此时应立即到阴凉通风处平躺,解开衣裤带以放松全身,再服十滴水、仁丹等药。发烧时可用凉水浇头或冷敷散热。如昏迷不醒,可掐人中、合谷等穴位。

4. 冻伤

如发现皮肤有发红、发白、发凉、发硬等现象,应用手或干燥的绒步磨擦伤处,促进血液循环,减轻冻伤,轻度冻伤用辣椒泡酒涂擦便可见效。如伤者身体冻僵,不要立即将其抬进温暖室内,应先摩擦肢体,做人工呼吸,待伤者恢复知觉后,再抬到较温暖的地方抢救。

延伸阅读

野外如何做好环保工作

(1) 不要破坏自然界的平衡状态。大自然中植物彼此保持着微妙的平衡,接触大自然时,不要破坏这种平衡,不乱折花木,不乱捕鸟兽。

(2) 恢复自然界原有风貌再离开。离开野外时，注意随手带走垃圾，如空罐头瓶、塑料袋、吃剩的鱼肉汤肴等，掩埋好临时厕所；使后来者也能享受到洁净的大自然。

(3) 野外收拾工作。碗盘尽量不用洗洁剂来洗，尤其不要在河中使用化学剂漂洗物品，以免污染水源。做好餐饭，尽量吃完，不要残留。烹饪用火要特别小心，临走前检查火是否熄灭，分多次浇水，并用手轻拨沙土加以掩灭。

5. 晕厥

野外昏厥多由摔伤、过度疲劳、饥饿等原因造成。主要症状为脸色突然苍白，脉搏微弱而缓慢，失去知觉。遇到此情况，应立即使患者体位平卧，头部放低；可适当按压人中、百会、合谷等穴位。待患者醒来后让其喝些热水，并注意适当休息。

6. 脚底出水泡

小水泡最好不要刺破，局部涂些抗生素软膏或碘酒，再包扎即可；水泡较大，需将泡刺破，挤出组织液，再用消毒纱布敷药包扎。

思考与练习

(1) 保龄球的基本技术包括哪些？

(2) 轮滑的基本技术包括哪些？进行轮滑运动时需要注意什么安全事项？

(3) 什么是定向运动？穿越不同的地形有哪些不同方法？

(4) 什么是登山运动？攀登常用的技术手段有哪些？

(5) 什么是野外生存生活训练？大学生开展此项活动有必要吗？

(6) 请举例说明野外生活需要注意的安全事项。

附　　录

附录1　大学生体育合格标准

一、为了贯彻德、智、体全面发展的教育方针，促使学生养成经常锻炼身体和讲究卫生的良好习惯，不断增强体质，提高健康水平，培养社会主义现代化建设需要的合格人才，根据《学校体育工作条例》，特制定《大学生体育合格标准》（以下简称《标准》）。

二、本《标准》在全日制普遍高等学校中施行，适用于有正式学籍的本、专科在校学生（不含体育专业学生）。研究生或其它类型的高等学校学生可参照执行。

三、本《标准》从身体形态、身体机能、健康状况及体育课、课外体育锻炼等几个方面，综合评定学生的体育成绩，《标准》按百分制计分。

（一）开设体育课的年级，学生成绩的评定办法：

1. 身体形态满分为10分，用维尔维克指数评定，即：[体重(kg)＋胸围(cm)]×100÷身高(cm)；

2. 身体机能满分为15分，用肺活量指数评定，即：肺活量(ml)÷体重(kg)；

3. 身体素质满分为10分，按《国家体育锻炼标准》达标成绩评定；

4. 视力状况满分为5分，按视力等级评定；

5. 体育课成绩满分为50分，按体育课总成绩评定（体育基本理论知识满分为10分，其他为40分）；

6. 课外体育锻炼满分为10分，按早操、课外体育活动的出勤表现评定。

（二）未开设体育课的年级，学生成绩的评定办法：

1. 身体机能满分为20分，评定办法同（一）；

2. 身体素质满分为50分，评定办法同（一）；

3. 健康状况满分为5分，评定办法同（一）；

4. 体育理论知识满分为5分，按统一考试成绩评定；

5. 课外体育锻炼满分20分，评定办法同（一）。

（三）属下列情况之一者，奖励5分，并可累计加分：

1. 凡课外体育锻炼出勤率达到98%以上，并认真锻炼者；

2.《国家体育锻炼标准》达标成绩为优秀或获等级运动员称号者；

3. 凡参加比赛破纪录创造优秀成绩者；

4. 学生会、班级的体育干部，在组织各项体育活动中工作认真负责者。

四、测试与评标准分

《标准》中的身体形态、身体机能的测试按1985年《中国学生体质健康调查研究检测细则》中有关方法进行。

《标准》的各项评分标准见评分表(即表 1～表 4)。

表 1　身体形态评分表

性别	指标：维尔维克指数=$\frac{体重(kg)+胸围(cm)}{身高(cm)}\times 100$ 分值 年龄组	10	8	6	4	2	平均值 $\bar{X}$	标准差 S
男	19 岁以下(含 19 岁)	79.55≤X≤88.25	88.25<X≤90.43 79.55>X≥77.38	90.43<X≤92.6 77.38>X≥75.2	92.6<X≤94.78 75.2>X≥73.03	94.78<X 73.03>X	83.90	4.34
男	20 岁以上(含 20 岁)	81.11≤X≤89.13	89.13< X≤91.14 81.11>X≥79.11	91.14< X≤93.14 79.11>X≥77.1	93.14< X≤95.15 77.1>X≥75.10	95.15<X 75.10>X	85.12	4.01
女	19 岁以下(含 19 岁)	78.31≤X≤88.53	88.53< X≤91.09 78.31>X≥75.76	91.09< X≤93.64 75.76>X≥73.2	93.64< X≤96.2 73.2>X≥70.65	96.2<X 70.65>X	83.42	5.11
女	20 岁以上(含 20 岁)	78.24≤X≤88.5	88.53< X≤91.07 78.24>X≥75.68	91.07< X≤93.63 75.68>X≥73.11	93.63< X≤96.2 73.11>X≥70.6	96.2<X 70.6<X	83.37	5.13

表 2　身体机能评分表

性别	指标：肺活量指数=$\frac{肺活量(ml)}{体重(kg)}$ 分值 年龄组	15	12	9	6	3	平均值 $\bar{X}$	标准差 S
男	19 岁以下(含 19 岁)	88.55<X	80.12<X≤88.55	63.26<X≤80.12	54.83<X≤63.26	X≤54.83	71.69	8.43
男	20 岁以上(含 20 岁)	90.28<X	81.96<X≤90.28	65.32<X≤81.96	57<X≤65.32	X≤54.83	73.64	8.32
女	19 岁以下(含 19 岁)	70.7<X	63.55<X≤70.7	49.25<X≤63.55	42.1<X≤49.25	X≤42.1	56.40	7.15
女	20 岁以上(含 20 岁)	73.32<X	65.49<X≤73.32	49.83<X≤65.49	42<X≤49.83	X≤42	57.66	7.83

表 3　视力等级评分表

正常视力(≥1.0)		5 分
视力低下	轻度视力不良(0.7～0.9)	3 分
视力低下	中度视力不良(0.4～0.6)	2 分
视力低下	重度视力不良(≤0.3)	1 分

表 4　达到《国家体育锻炼标准》与《标准》得分换算表

达到《国家体育锻炼标准》分数	《标准》得分	
	开设体育课年级	未开设体育课年级

五、等级评定与登记

各项的实际得分之和为《标准》的最后得分。总分达到60分为及格，80分为良好，90分为优秀。每学年评定一次成绩并记入《大学生体育合格标准登记卡片》。达到《标准》良好以上成绩者，方可评为"三好"学生；达到《标准》优秀成绩者，方可获奖学金或奖学分。学生毕业时的体育合格标准成绩，按各学年（包括毕业当年）的平均成绩评定，凡平均成绩达到60分，同时毕业当年级成绩也达到60分者，方可毕业、授予学位，否则不能毕业，按结业处理。

附录2　大学生体育合格标准实施办法

一、《大学生体育合格标准》（以下简称《标准》）是对每个大学生接受体育教育状况进行检验的具体尺度，是对大学生毕业时进行个体评价的重要内容，也是落实学校体育教育目标的重要手段，它能较全面地反映学生的体质和健康水平。通过《标准》的实施，促使学生掌握体育的基本知识和科学锻炼身体的方法，养成自觉锻炼身体的习惯。

二、《普通高等学校学生管理规定》（国家教育委员会第7号令）中有关体育、健康状况方面的规定，继续执行，本《标准》中不再重复。

三、《标准》应在校（院）领导下，由教务处、体育教研室（体育部）、校医院（卫生科、医务室）、学生工作部、辅导员（班主任）协同配合，共同组织实施，其职责是：教务处负责学籍管理和考试安排；体育教研室（体育部）负责体育课、身体素质的测试和评定成绩；校医院（卫生科、医务室）负责身体形态、身体机能和视力状况的测试和评定成绩；学生工作部负责组织各系辅导员（班主任）记载学生的早操、课外体育活动的出勤情况和评定成绩；各项成绩，由体育教研室（体育部）汇总，并按照《标准》的要求，评定等级，记入《大学生体育合格标准登记卡片》。

四、"视力状况"的评定，按正常视力和视力低下（眼病除外）的程度分别评分。正常视力，双眼均须在1.0及1.0以上；视力低下者，按双眼平均视力划分等级。

五、"课外体育锻炼"出勤未达到应出勤次数的85%者，该项成绩应记为不及格，该学年的体育合格标准成绩最高记分为59分。

六、学生"课外体育锻炼"的应出勤次数和评分标准，由学校确定，但除特殊情况外，"早操"每周不得少于三次，"课外活动"每周不得少于两次。

七、对患病或有残疾的学生，经医院证明，体育教研室（体育部）同意，可以免测部分项目，但须上保健课，换测其他项目，并注明原因和"保健"字样。

八、《标准》中"未开设体育课的年级"系指体育必修课已结束的高年级。

九、《大学生体育合格标准登记卡片》，学生毕业时要放入本人档案，《大学生体育合格标准登记卡片运行表》供各校执行《标准》时参考使用。

十、各省（自治区、直辖市）教育行政部门对本地各高等学校施行《标准》的情况，要认真检查督促。对施行《标准》成绩显著的学校和个人，给予表扬奖励；对弄虚作假、徇私舞弊者，给予批评教育，情节严重者，给予行政处分。

十一、为使《标准》的实施更加科学合理、简便易行，各校（院）要积极创造条件，逐步使用计算机，力求管理现代化、科学化。

十二、《大学生体育合格标准登记卡片》由学校按照国家教委的统一规范印制。

参 考 文 献

[1] 邱金昌,刘海滨.体育与健康[M].北京:科学出版社,2012.

[2] 邹克扬,贾敏.运动性损伤治疗[M].北京:北京师范大学出版社,2009.

[3] 张培峰,王小安.现代篮球运动[M].北京:人民体育出版社,2012.

[4] 张群力.足球[M].北京:北京师范大学出版社,2009.

[5] 邢琦.大球教程:蓝球、排球、足球[M].北京:北京师范大学出版社,2013.

[6] 刘仁健.羽毛球[M].北京:科学出版社,2010.

[7] 周海雄,张剑峰,王凯军.网球竞赛技术手册[M].北京:人民体育出版社,2014.

[8] 王华,关磊,王永刚.体育舞蹈[M].北京:北京师范大学出版社,2015.

[9]傅遐龄.大学体育教程[M].北京:人民邮电出版社,2012.

[10] 王翔,彭光辉,梁方勇,等.定向运动[M].2版.北京:高等教育出版社,2009.